リアルタイムマーケティング

生き残る企業の即断・即決戦略

デイヴィッド・ミーアマン・スコット 著
楠木 建 解説
有賀 裕子 訳

日経BP社

プロローグ

何かが起きるつどリアルタイムでその情報をつかめば、途方もない競争優位につながる。ただし、情報の活かし方を知っていれば。これはわたしが活況の一九八〇年代にウォール街で働くなかで得た、大きな教訓である。

時は一九八五年。わたしがいるのは、マンハッタン中心部に位置する投資銀行の大口取引フロア。一二時のランチタイムが近づくなか、朝からずっと相場は静かだった。しかし、債券トレーダーは誰ひとりとして持ち場を離れない。何かを逃しはしないか心配なのだ。会社もトレーダーたちを引き止めておきたかった。そこで全員のデスクに宅配ピザが届けられる。

瞬時の判断が物をいう世界に生きる債券トレーダーは、何億ドルもの資金を動かして巨利を稼ぎ出す。毎日が戦いだ。単調な時間が信じられないほど長くつづくなか、折々に何かが起きて、短時間に猛然と売買注文をさばくことになる。

ものの数秒で巨万の富が築かれる一方、たちどころに名声が失われかねない。

もっとも、いまは何も動きがない。これといったニュースがないまま午前中が過ぎていったため、静けさのなか倦怠感があたりを支配している。

数人のトレーダーが業を煮やして、何でもいい、何か相場の材料はないかと、ダウジョーンズ、ロイター、AP通信などのリアルタイム・ニュースにかじりつく。ロナルド・レーガン大統領の今日の様子は？　イギリスのマーガレット・サッチャー首相は？　FRB（連邦準備制度理事会）のポール・ボルカー議長は何か発言していないだろうか？　午後は経済指標の発表予定はないだろうか？　どこかの企業が今日、四半期利益を発表することになっていなかったか？

トレーダーたちは、データやニュースに目を通しながら、巨額を動かす機会を虎視眈々とうかがっている。彼らが凝視するブルームバーグ端末のスクリーンには、債券価格の**変化が瞬時に**映し出される。先物市場や為替市場のデータは、売買注文の約定**と同時に**更新される。

トレーディング・フロアではスピードが死命を制するため、トレーダーは関係各所のコンピュータと専用線によるホットラインでつながっている。そう、クレムリンとホワイトハウスのように。そばのデスクで電話機の着信ボタンが点滅し（トレーディング・フロアでは着信音はご法度だ）、トレーダーが中指でボタンを叩きつけるようにして電話に出る。だが彼は緊張をゆるめ、そのしぐさからは、流行の際どいジョークを交わしたり、アメフトについて話したりしているだけだと察しがつく。

ふいに、シニア・トレーダーが声をかぎりに叫ぶ。「連銀が動いたぞ！」

ほんの一瞬、誰もが全身を耳にし、あたりには水を打ったような静けさが広がる。

つづく「国債を買っている！」というシニア・トレーダーの絶叫は、爆弾の落下のような衝撃をもたらす。フロア全体が組織立った混乱に陥る。ピザを脇に押しやったその手で受話器をつかむ。さあ、ボーナスを荒稼ぎだ。

瞬時に、全員が電話に取りつき、少なくとも一カ所、大勢が二、三カ所に同時に連絡を取りながら、顧客に一言「連銀が動いています！」と注意喚起する。

数秒後には、スクリーン一面が緑色に点滅して債券価格の急上昇を告げる。一分も経たないうちに、ダウジョーンズやロイターなど金融情報サービス会社の「ニュース速報」が、ニューメキシコ州アルバカーキからクロアチアのザグレブまで、世界中のトレーディング・ルームの端末に配信される。**わずか六〇秒後には、誰もが情報を手にし、ふたたび全員が対等の立場に戻る。**競争優位は消え去ったわけだ。

ところが、この一分間に一瞬でも先回りしたトレーダーは、取引をものにして稼ぎを得ていた。**誰よりも早く情報をつかむこと**。これこそが、顧客から実入りのよい注文を得るための貴重な武器である。ウォール街では、早耳を活かして即座に動くことが報酬――**うなるほどの報酬**――につながる。

わたしがウォール街での一分間を最初に目の当たりにした一九八五年以降、トレーディング技術は長足の進歩を遂げてきた。だが、当時の状況はいまも新鮮さを失っていない。技術を背景に金融取引の革新が起き、即時情報にもとづく瞬時の判断が巨額の報酬を生み出すのだ。

一九八〇年代、コンピューティング・通信分野のイノベーションは、言葉に尽せないほど大きな影響を金融市場におよぼした。一〇年間に、金融の世界は仲間うちの人脈に支えられた商売から、コンピュータ・システムを駆使して二四時間休むことなくグローバル取引を行うビジネスへと変容した。この革命的な変化を受けて、新たなる成功の秘訣が生まれた。新鮮な情報をコンマ数秒――つまりリアルタイム――で集めて意味を読み取り、行動へとつなげることである。

ここまで到達するには四半世紀を要した。だが、マーケティングやPRの世界でも、金融分野のリアルタイム革命の影響は、ついに「実益」へと結びつきはじめている。

この動きの先頭に立つのは誰だろうか。本書をお読みいただくと分かるが、莫大なIT予算を持つ巨大企業ではない。的外れもいいところだ。

いま展開するリアルタイム革命では、機敏さが最強の武器である。第1章で述べるように、規模と技術の洗練度で抜きん出たマーケティング巧者であるはずのアメリカ企業が、壊れたギターとビデオカメラを携えた怒れるカナダ人の前に、まったくお手上げだったのだ。

リアルタイム・マーケティング　目次

II　市場とつながろう

III

事業をすぐに成長させよう……291

I 革命の到来

目を覚ませ、革命だぞ！

あなたが慣れ親しんだ手法や手順は、すでに致命的なほど時代遅れかもしれない。事業の物語はいまや分刻み、つまりリアルタイムで展開しているのだ。しかもその筋書きは、もはやあなたが広告予算を使って動かすマスメディアではなく、顧客どうしの情報交換をとおして決まる。

今日の世の中ではスピードと機敏さが成功への必須条件だが、にもかかわらず、たいがいの組織はいまだにゆっくり周到に事業を進めている。何カ月もかけて一歩ずつ地歩を固め、最新動向には慎重に時間をかけて対応する。

今回ばかりは、遅れは致命的な危険につながるかもしれない。しかし、それを避ける方法はある。本書『リアルタイム・マーケティング』のパートⅠが示すとおり、事業針路や社風を新しい環境に合わせて改めるうえでは、従うべき明確な道筋があるのだ。

さっそく、リアルタイム時代のマーケティングとPRのルールを紹介したい。

第1章 いますぐ事業を拡大する

リアルタイム性を特徴とする最近の事業環境では、世論はもはやマスメディアには左右されず、規模は決定的な優位性ではなくなった。勝利をもたらすのはスピードと機敏さである。

この第1章では、「デイブVS巨大企業」の攻防をとおして、デイブというたったひとりの個人が、世界屈指の「科学的」マーケティング、PR、顧客サービスを誇る超巨大企業を打ち負かす様子を追いかけたい。併せて、ほかの抜け目ない企業がすかさずデイブの一撃に便乗する様子も紹介していく。

スピードと機敏さは今日、競争優位の決め手としてかつてなく重要になっている。

二〇〇八年三月三一日、シカゴ。離陸を待つユナイテッド航空の機内で、窓側席の女性が「ひどい！　ギターをあんなふうに放るなんて」と叫んだ。

カナダのポップ・フォーク・バンド『サンズ・オブ・マクスウェル』のシンガーソングライター、デイブ・キャロルと仲間たちは、誰のギターかすぐにピンときた。本拠地ノバスコシア州ハリファックスから、一週間のツアーのためアメリカのネブラスカ州へ向かうあいだ、彼らの四本のギターはユナイテッド航空に預けてあった。果たして、ベース奏者が機外に視線を向けると、ユナイテッドの荷物担当者が彼のベースを放り投げていた。

バンドのメンバーは、最終目的地オマハへの到着を待たずして、苦情を言うことができた。何しろ、自分たちの楽器が手荒な扱いを受ける様子をじかに目撃したのだから。飛行機から降りる時に、目にした光景を客室乗務員に説明したところ、「地上職員に話してください」と告げられた。ところが、シカゴ・オヘア空港の地上職員は、「オマハの職員に言ってください」という。

案の定、デイブがオマハに着いてハードケースを開けると、三五〇〇ドルのテイラー製ギターは壊れ果てていた。しかも、オマハのユナイテッド職員からは苦情をはねつけられる始末だった。

こうして、デイブは修理代の一二〇〇ドルを取り戻すために、何カ月にもわたってユナイテッドに電話をかけたりメールを送ったりした。そのたびに応対者は責任逃れをしてデイブをたらい回しにした。インドのコールセンターから、ニューヨークの荷物取り扱い本部、さらにはシカゴの荷物担当へ。

九カ月がむなしく過ぎ去った後、ついにデイブは「ノー」というけんもほろろの通告を受けた。ユナイテッド航空はいっさい補償に応じないというのだった。

「あの瞬間、はたと悟ったんだ。負け戦をつづけてきたんだとね」。デイブはこうわたしに語ってくれた。「あいつらの狂気のサイクルにはまり込んでいた。電話をかけたり、メールを送ったり、向こうの言うままに何でもしたさ。顧客を苛立たせて申し立てを諦めさせるような仕組みができていて、ユナイテッドの手並みは見事というほかない。けれど、気づいたんだ。僕はミュージシャンなんだから、手立てがないわけじゃないって。だから、最後通告を受けた時に言ってやったさ。『考え直させてみせる。こっちはシンガーソングライターなんだ。ユナイテッド航空をテーマに三曲作って、ユーチューブ上で発表してやるからな』ってね」

デイブはこの誓いどおりに、二〇〇九年七月六日、『ギターを壊すユナイテッド航空《United Breaks Guitars》』をユーチューブに投稿した。壊れたギターをテーマにした、楽しいメロディと覚えやすい歌詞である。

ユナイテッド、ユナイテッド、僕のテイラー・ギターを壊してくれたね
ユナイテッド、ユナイテッド、大したことをしでかしてくれたね
壊したんだから、直すのが当然だろう
責任があるんだから、そうと認めてくれよ
別の航空会社を選ぶべきだった

さもなきゃクルマで移動すべきだった
だってユナイテッドはギターを壊すから
なんたってユナイテッドはギターを壊すから

わずか四日後、この動画の再生回数は一〇〇万回に到達した。そして二〇〇万回、三〇〇万回と記録を刻んでいった。

再生回数が跳ね上がったのは七月八日から一一日にかけてだ。この期間、一日に最大一〇〇人がブログ上でこの動画を話題にしたのである。ちなみに、再生回数が釣鐘曲線を描きながら増えている点に注目してほしい。最初はゆるやかだったが（デイブ・キャロルはさほどメジャーではなかった）、それから急増した後、頭打ちになっている。これについては第3章でもう一度、「リアルタイム版・正規分布の法則」の重要性を説明する時に触れたい。

これはメディア対応のスピードをめぐる物語である。

『United Breaks Guitars』はほどなくリアルタイム現象となり、デイブは一躍時の人へと押し上げられた。注目度は高まっていった。というのも、デイブにはリアルタイムでメディアの取材を受ける心構えと手腕があり、この話題が新鮮なうちにほんの数日で何十ものインタ

『United Breaks Guitars』ユーチューブの動画再生回数

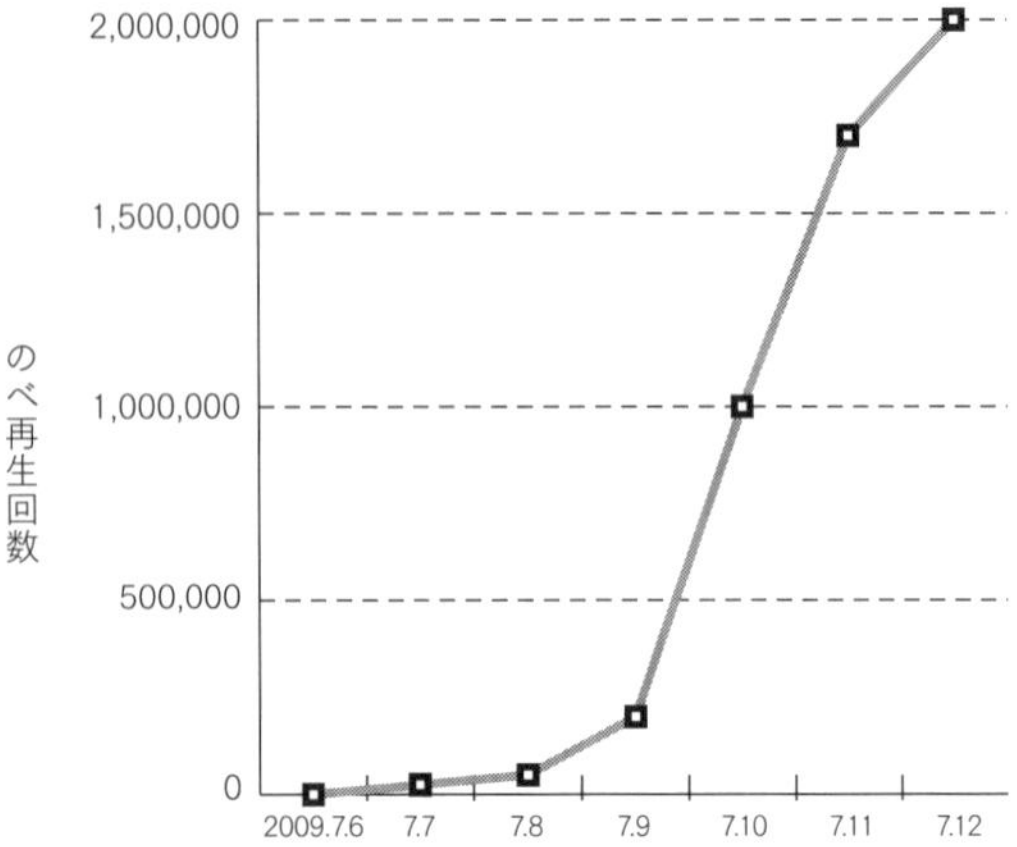

ビューに応じたのだ。

これは市場とのリアルタイム対話をめぐる物語でもある。

デイブのギターの製造元であるテイラー・ギターは、リアルタイムの機会にうまく乗って顧客の高評価を勝ち取った。デイブがユーチューブ上で曲を発表した数日後には、社長のボブ・テイラーがみずからユーチューブの動画に登場し、移動の多いミュージシャン向けにギターの梱包法や、航空会社のルールを最大限に活かす方法をアドバイスしたのだ。

さらに、これはリアルタイムでの製品創造の物語でもある。

『United Breaks Guitars』ブログで取り上げられた件数

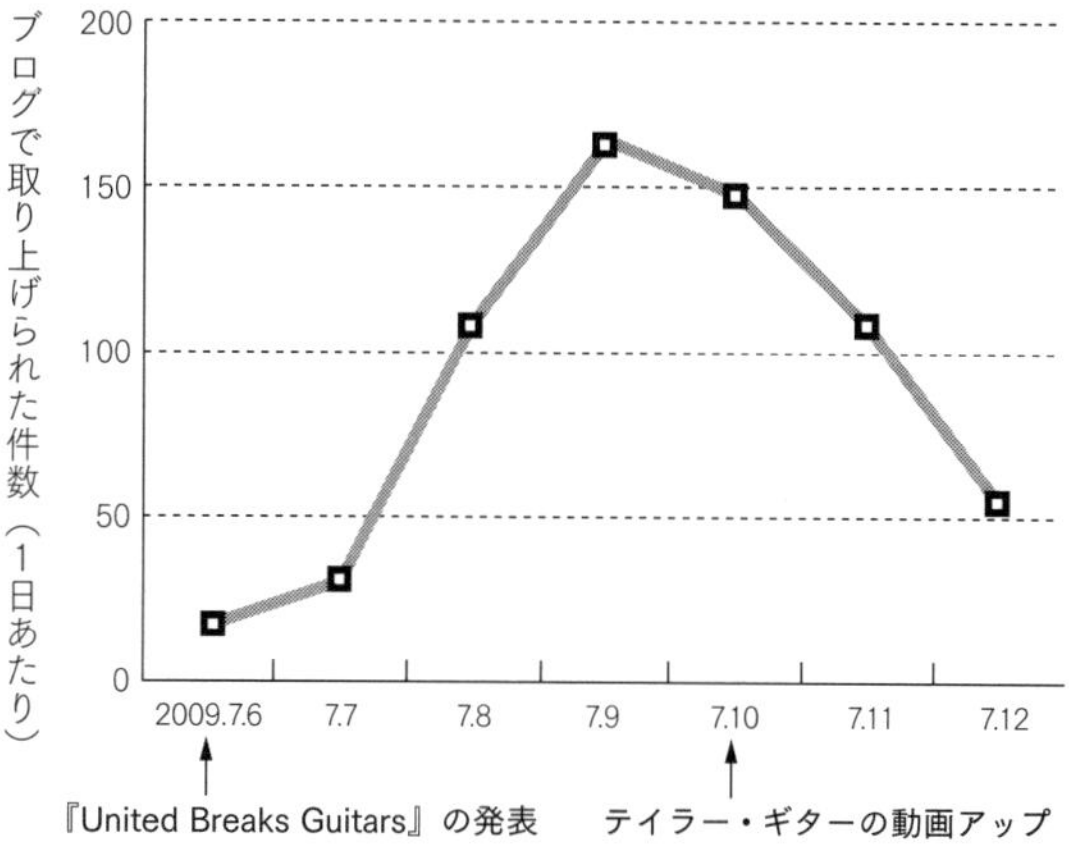

ダウジョーンズ・インサイトにもとづく分析

プロのミュージシャン向けに壊れにくい楽器ケースを製造する専門メーカー、カールトン・ケースも、やはりチャンスをうまくつかんだ。ものの数日後には新製品『デイブ・キャロル仕様旅行用ギターケース』を市場に送り込んだのだ。

最後に、これは顧客とのつながりを拒否した企業の物語でもある。

ユナイテッド航空は、自社ブランドを容赦なく晒しものにした迫真の動画が登場して何百万人もの潜在顧客の目に触れ、巨額を投じたメディア広告の効果が帳消しになったにもかかわらず、完全な頬かむりを決め込んだ。消費者と接する機会がきわめて多く、何十年ものあいだ広告、ＰＲ、「科学的な」顧客サービス手法に凄まじい金額をつぎ込んできた業界の最大手が、この対応とは。

『United Breaks Guitars』はユーチューブ現象の一例として、各メディアで活躍する何千人もの評論家やコメンテーターの注目を集めてきた。ただし、ふたつの側面が見落とされている。ひとつには、デイブの動画がなぜあれほど注目されたのか。もうひとつは、機敏な脇役企業が、いかにうまく流れに乗ったかである。

ウィルスのように増殖していくデイブの大企業批判

わたしはデイブが『United Breaks Guitars』をユーチューブに投稿した三日後、読者から連絡を受けてこの動画の存在を知った。あの時点での再生回数はおよそ二〇万回だった。三〇秒ほど視聴した後、わたしは「これは**いますぐ**ブログに書かないと」とつぶやいていた。あまりにも新鮮でワクワクしたから、ブログの読者とツイッターのフォロワーには、ほかから情報が届く前に自分から紹介したかった。

そこで一気に記事を書いて動画へのリンクを埋め込み、第一報を受けた三〇分後にはブログ上で公開していた。併せて、数万人のフォロワーに向けてリンクをツイートした。デイブの動画に何百万人もが注目したのは、わたしひとりの功績ではない。だが、わたしは先回りができた。なぜなら**リアルタイムで**対応したからだ。わたしは「取引をものにしてやる」と意気込む債券トレーダーのような気分だった。

『United Breaks Guitars』の有力メディア
（テレビ、ラジオ、新聞、雑誌）への１日あたりの露出回数

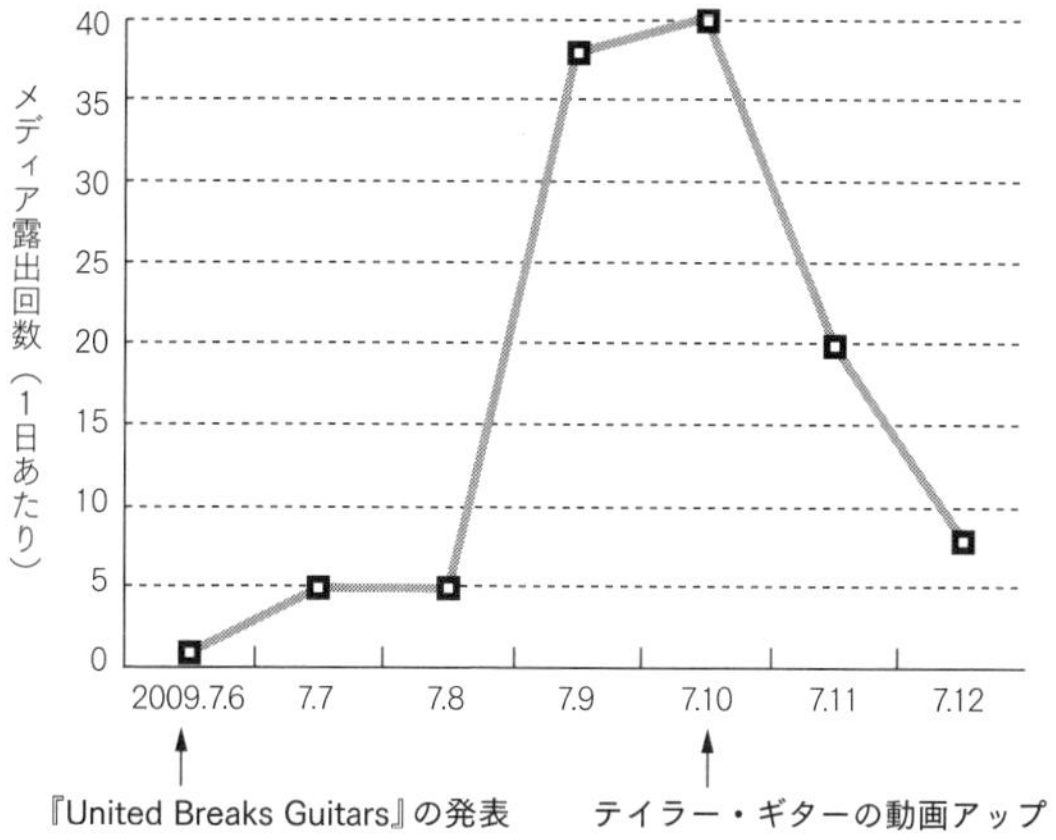

ダウジョーンズ・インサイトにもとづく分析

デイブの動画の再生回数が最初に跳ね上がったのは投稿の翌日（七月七日）だった。『ザ・コンシューマリスト』のウェブサイトにリンクが掲載されると、二万五〇〇〇回へと急増したのだ。この日、『ロサンゼルス・タイムズ』がデイブに電話をかけ、カナダの新聞・雑誌数社もアプローチした。

翌七月八日、CNNが『United Breaks Guitars』の一部を番組で紹介すると、デイブはメディアの世界で瞬く間に有名人となった。

デイブはこうした引っ張りだこの状況に慌しく対処しながら、大方の広告代理店では太刀打ちできそうもないリアルタイムPRを仕掛けていった。家族がコミュニケーション対策室を設け、続々と舞い込む電話やメールでの取材依頼をさばき、できるかぎり露出効果の高いメディ

アに出演できるよう、デイブのスケジュールの優先順位を決めていった。いま、この一五分間は注目が集まっている、だから、チャンスを最大限に活かさなくてはならない——。

デイブの言葉を紹介しよう。「凄まじい数の視聴者の目に触れている、そう実感したのは、カナダのCTVの録画取材を受けている時だった。インタビュアーから、『ちょうどいま、ウルフ・ブリッツァーがホスト役を務めるCNNのニュース番組ザ・シチュエーション・ルームが、あなたのことを取り上げていますよ』って言われたんだ。……インタビューを次々とはしごしたさ。次のスタジオへ向かうクルマのなかでも、携帯電話で新聞社からのインタビューを受けたものだ」

こうしてデイブは、二、三日のあいだに『ウォールストリート・ジャーナル』『USAトゥデー』『ロサンゼルス・タイムズ』などの新聞社、CBS、CNN、FOXといったテレビ局からの合計何十件もの取材をこなした。メディアに取り上げられるつど、ユーチューブの再生回数は顕著に増加した。

リアルタイムのメディア露出急増の軌跡

二〇〇九年七月六日月曜日：デイブ・キャロルが大西洋夏時間の深夜に『United Breaks Guitars』をユーチューブに投稿。「僕が寝る時までに再生回数は六回になって

いた」（本人談）

七月七日午前八時：起きた時には三三〇回になっていた。……興奮して、動画製作者に電話をかけたほどだ」。午前中に地元紙『ハリファックス・ヘラルド』の取材を受け、その日のうちにネット上に取材内容が掲載された。

七月七日正午：再生回数五〇〇〇回に到達。『ザ・コンシューマリスト』のウェブサイトに動画のリンクが載ると、数時間で二万五〇〇〇回へと急増した。テイラー・ギターのボブ・テイラーとカールトン・ケースのジム・ラフォリーも動画を視聴。ラフォリーからデイブに提携の打診がある。**いいかい？　動画投稿からわずか一二時間後には、カールトン・ケースから提携話があったんだ！**

七月七日午後八時：デイブの演奏中に、ユナイテッド航空から留守電メッセージあり。話をしたいという。『ロサンゼルス・タイムズ』からも同様の伝言。

七月八日：「この日には周囲が慌しくなっていた」（デイブ）。『ロサンゼルス・タイムズ』とカナダの新聞・雑誌から何件か取材を受ける。ＣＮＮが動画の一部を紹介すると、ユーチューブの再生回数が五万回を突破。ＦＯＸニュースとＣＢＳから揃って取材申し込みが入る。またもユナイテッドから電話があり、話し合いの時間を設ける――ただし二日後だ。**ユナイテッドと急いで話す必要なんてないさ。何しろ、九カ月ものあいだ適当にあしらわれたんだか**

ら。

七月九日：再生回数が二〇万回を超える。わたしのもとに読者からデイブの動画についての情報がもたらされ、すぐにブログで取り上げる。ラフォリーとデイブが、デイブ・キャロル仕様旅行用ギターケースの計画を練る。

七月一〇日：『United Breaks Guitars』がユーチューブ上で再生回数一〇〇万回達成。テイラー・ギターがデイブの一件に対応した動画をユーチューブに投稿。デイブがユナイテッドと電話で話をするが、この期におよんでも謝罪なし。ただし、「残念な出来事」をめぐる逃げ腰の言葉とともに、ついに補償金の提示がある。デイブはいまさら遅すぎるとしてこれを断り、代わりに、同じような目に遭った別の人に払ってくれと告げる。

七月一二日：『United Breaks Guitars』がユーチューブ上で再生回数二〇〇万回達成。

七月一九日：デイブ・キャロル仕様旅行用ギターケースのウェブサイト公開。**新製品開発と発売までのスピードに注目してほしい。**

七月二二日：BBCテレビによるインタビューを受ける。「インタビューが放映された数分後には、他局から次々と取材依頼が入って、あの日だけで九件の電話インタビューに応じたんだ」（デイブ）。『United Breaks Guitars』をiTunesで公開。イギリス国内でカントリー&ウェスタン部門のダウンロード数第一位に輝く。
七月二三日：『United Breaks Guitars』がユーチューブで再生回数三〇〇万回達成。
八月一八日：デイブがユナイテッド三部作の第二弾を発表。
九月一四日：シカゴのオヘア空港（言うなら「事件現場」である）でユナイテッドの幹部三人がようやくデイブに謝罪する。**ユナイテッド航空の後手後手で間の抜けた謝罪と、デイブ・キャロル、テイラー・ギター、カールトン・ケースの機転の利いた速やかなコミュニケーション努力を比べてほしい。**
九月二二日：デイブ、連邦上院公聴会で航空旅客の権利について証言。

騒動の舞台裏：ユナイテッド航空、テイラー・ギター、カールトン・ケース

デイブ・キャロルの『United Breaks Guitars』をきっかけに巻き起こった現象は、「ワールド・ワイド・レイヴ」（わたしの造語。二〇〇九年刊行の同名の拙著を参照いただきたい）の典型例である。つまり、誰かのネット上での発言や書き込みを大勢が引用して広め、連鎖反

応を生み出すのだ。デイブの一件をもう少し掘り下げると、学ぶべき点が数多く見えてくる。

デイブの成し遂げたことはそれ自体、とても素晴らしいと思う。『United Breaks Guitars』の第一弾は、本書を書いている時点で、すでに一一〇〇万回近くもユーチューブ上で再生されている。だが、わたしが一連の推移を眺めて感嘆させられたのは、テイラー・ギターとカールトン・ケースがリアルタイムで動いて、デイブの注目度上昇によって生まれたマーケティング機会を見事にとらえた様子である。それに引き換えユナイテッド航空はと言えば、窮状があれよあれよと拡大していくなか、ただ手をこまねいているのだった。スピードと機転を発揮する小粒企業と、鈍重で気の利かない巨大企業。両者の隔たりこそ、現実に革命が到来している証だろう。

テイラー・ギターとカールトン・ケース、それぞれの対応をぜひ詳しく見ていくべきだろう。

テイラー製ギターを壊したら、この男が黙ってはいない

『United Breaks Guitars』が脚光を浴びた時すでに、デイブ・キャロルはテイラー・ギターにとって知らない存在ではなかった。カリフォルニア州エルカホンに本社を置くこのギター・メーカーは、社主が『ウッド&スチール』という雑誌を発行しており、デイブのバンドを特集したことがあったのだ。デイブの側も、一〇年来使ってきたテイラー・ブランドに強い愛着を抱いていた。だから、ただ古いギターが壊れたことを歌詞にしたのではない。ユナイテッドが壊した

のは彼の愛しいテイラー・ギターなのだ。

テイラー・ギターの創業者兼社長ボブ・テイラーは、歌詞のなかで自社製品があれほど尊重されているのだから当然かもしれないが、動画公開から二四時間以内に元従業員からの情報で『United Breaks Guitars』を知った。ボブ・テイラーはわたしに、「ごく初期からデイブのファンでした。……彼が当社のギターを使っていると語る前からね」と話してくれた。だが、壊れたギターが自社製だと知ると、テイラーはすぐさまデイブに連絡を取り、新品の無償提供を申し出た。しかも、ほかにも手を打ったのだ。

テイラーは言う。「折しも、当社のマーケティング担当者と話し合っていたのです。穏当なメッセージをとおして、デイブほか、飛行機での移動中にギターが壊れた経験を持つ何百人ものお客さまの力になるにはどうすればいいか、とね。……この種のトラブルは珍しくないと分かっていましたから、『みなさんの落ち度ではありません。……みなさんの落胆をわたしどもも受け止めています……これからは移動時にギターを傷つけずにすむよう、ご提案があります』と知らせたかったのです。製品の修理についても告知をしたいと思いました」

こうしてボブ・テイラーも、デイブの動画に対応して独自に『Taylor Guitars Responds to "United Breaks Guitars"』という動画をユーチューブに投稿した。この動画は自社のサービスセンターで撮影されており、製品価値について美辞麗句を並べたものではない。テイラーはこう説明する。「お客さまと当社はいわば家族のようなもので、お客さまはわれわれをリビングルームに招いてくださったのだ――そんな思いを伝えたかったのです。……『みなさんとのあいだに垣根はありません、当社はお力になれるはずです』というのが趣旨でした」

わたしは動画を見て、あまりの誠実さに心を打たれた。ボブ・テイラーと言葉を交わしてその理由が分かった。テイラー・ギターは彼の分身のような存在なのだ。テイラーは高校時代にギターづくりをはじめ、一九歳でこの会社を興した。三五年後のいまも、高校時代の「恋人」に変わらぬ愛情を抱きつづけ、その想いが言葉の端々に滲んでいるのだ。

この短い動画でテイラーは、移動の際に楽器をどう荷造りして運べばいいかヒントを示している。わたしに語ってくれたところによれば、彼は一〇年ほど前から動画を活用しているという。最初は従業員教育、そして最近では自社のウェブサイト（taylorguitars.com）やユーチューブ上でマーケティングを行うためだ。

「テーマがギターなら、カメラに向かって話すのも苦になりません。……『ＵｎｉｔｅｄＢｒｅａｋｓＧｕｉｔａｒｓ』関連の動画は二回撮り直しをしましたが、わたしがかけた時間は合計で約一五分でした。このほかスタッフが、プランづくり、管理、投稿といった作業に数時間を費やしましたね」

運輸保安局（ＴＳＡ）とアメリカ音楽家連盟（ＡＦＭ）は二〇〇三年に、ギターの飛行機内への持ち込みを認める取り決めをしましたが、いくつもの航空会社によって楽器が好ましくない扱いを受けていまして、何千人ものミュージシャンがそうした逸話を語ってくれるでしょう。

飛行機に乗る時には、その航空会社の楽器取り扱いに関するルールを確かめてください。印刷して携行するとよいでしょう。客室乗務員のなかにも、楽器の機内持ち込みについての自社のルールを知らない人は大勢います。ですから、楽器を持ち込むのはルールに沿っていると穏やかに説明して、そのルールを書いた紙を示せば、とても有利にことを運べるでしょう。

『United Breaks Guitars』を受けてテイラー・ギターがユーチューブに投稿した動画は、たちどころに何万人もに視聴され、五〇〇人以上が高評価やコメントを残した。ギターの携行や修理といった情報提供が主な中身であるため、視聴者の多くはプロとして音楽活動をする人々、つまりテイラーの主要顧客層だと考えられる。

わたしには、これは投資効果のきわめて高い取り組みだと思える。一日分にも満たない労力しかかかっていないのに、本書の執筆時点までに、主な顧客層に該当する五〇万人超もの人々が、何分も費やしてこの動画を視聴してくれたのだ。それもこれもすべて、テイラーが抜け目なさと俊敏さをいかんなく発揮して、リアルタイムのマーケティング機会――デイブ・キャロルの動画が注目を集めている少しのあいだの機会――をつかみ取ったからである。

わたしはこの本を執筆しながら、ほとんどのマーケターには、テイラー・ギターに負けないほどの機動性を発揮する用意はないと知って、愕然とした。たとえチャンスに目を留めたとしても、大多数の企業は、そのチャンスが失われようとしている時点でもなお議論に時間を費やしているだろう。

では、ボブ・テイラーはいったいなぜ、あれほど迅速に動けたのだろうか。

知識や情報を広める好機

テイラー・ギターは、ギターの適切な手入れや取り扱い方法を何年も前から案内していたが、顧客はこのような情報を、使用マニュアルの後ろのほうに書かれた内容ともども見過ごしがちである。そこでボブ・テイラーは、デイブ・キャロルの体験こそ、大切な情報について「大変だ、頭に入れておかなくては」という意識を呼び起こす絶好のきっかけになると考えた。

彼は、『United Breaks Guitars』の再生回数がわずか五〇〇〇回だったころに、いち早くこれを視聴した。

彼の言葉はこうだ。「知識や情報を広める好機だと思いました。飛行機に乗る時にギターをどう扱えばいいか、大勢が話題にしていましたからね。……うまいきっかけができた時にそのチャンスに飛び乗らなくてはいけないと、前々から感じていました。旬が過ぎてしまっては後の祭りですから。デイブが動画を活用していましたから、わたしたちも動画上で説明を行おうと考えたわけです」

社内ではすでに何本もの動画を作成した経験があったため、やると決めたらすぐに行動に移すことができた。ユーチューブのチャンネルも設定ずみだった。

「人気ミュージシャンたちが話に乗ってくれるのを待つのではなく、すぐに録画に取りかかりました。草の根的な取り組みですから。デイブの動画が人気を集めているうちに、視聴者を惹きつけたかったのです」

ボブ・テイラーは人気ミュージシャンの協力を待っていたわけではないが、彼らのお陰で自社製ギターに注目が集まった時に、その稀な好機を活かす方法は心得ている。

「当社のブランドを少しばかり躍進させてくれる、そういう出来事はごくごく稀少です。ニュース番組のキャスターが、デイブのギターはテイラー製だと語っていました。創業から三五年になりますが、これほど大きなチャンスが舞い込んだことは、両手で数えられるほどでしょう。……注目の女性シンガーソングライター、テイラー・スウィフトがうちの製品をステージで使いはじめた時とかね。幸運の女神が微笑んでくれたら、そのチャンスを逃すわけにはいきません。デイブのお陰で、テイラー・ギターの知名度はずいぶん上がりました。当社のブランドが大躍進したのです」

リアルタイム製品開発の具体例

デイブ・キャロルの災難をジム・ラフォリーが見逃すはずはなかった。彼の製品はまさに、移動中の楽器損傷を防ぐために作られているのだ。そのうえ、カナダのハリファックスにあるデイブの自宅は、ラフォリーが社長を務めるカールトン・ケース・ノースアメリカの本社（ニューブランズウィック州モンクトン）からクルマで三時間のところにある。

カールトンの製品は、バイオリンやチェロなどの弦楽器を最も安全に保護するケースとして、世界中の音楽関係者から評価されている。なかでもギターケースは稼ぎ頭だ。実のところ、デイブがユナイテッド航空を利用する時に、ギターをカールトン製ケースに入れていたなら、問題は起きなかったかもしれない。

ラフォリーはわたしにこう語ってくれた。「当社の主なお客さまは、演奏を生業とする方々です。この層の方々にもっと当社製品をお使いいただくのがわたしの目標です。アーティストは製品の理想的な伝道者ですから、ぜひとも大切にしたいと考えていました」

「火曜日の朝、弁護士から『〝United Breaks Guitars〟の動画を見た』と電話がありました」。当時の再生回数は二万五〇〇〇前後だった。「そこでわたしはデイブに電話をして、『あなたこそ、うちの製品の最高の広告塔になるでしょう』と伝えました。デイブも、一瞬にしてその意義に気づいてくれました」

ユーチューブの再生回数が二〇万を超えるころには、『デイブ・キャロル仕様旅行用ギターケース』が誕生していた。ハードケースはひとつひとつ手作りされ、色は表面が一六色、内側は一二色から選ぶことができる。

「新規のお客さまを獲得するために、思い切った価格設定をしました。北米内の配送料込みで七二五ドルです」

デイブ・キャロルは割引特典を得て満足し、仲間のアーティストたちも通常より安価なカールトン・ケースの発売を喜んだ。通常製品との違いは、ラフォリーが大急ぎで用意した特製マークだけなのだが。

こうして『デイブ・キャロル仕様旅行用ギターケース』は、デイブがユーチューブ上で曲を発表した数日後には、カールトン社のウェブサイトで発売が告知され、デイブのサイトでも販売プロモーションが行われた。

たしかに、特製マークを貼っただけではある。しかし、製品開発に数カ月あるいは数年の「プロセス」を伴う昨今の産業界にあって、着想から数日で発売にこぎつけたのは特筆すべきだろう。「わたしはもともと製品管理畑の出身です」とはラフォリーの弁である。「だからすぐに動くことができたのです。もっとも、何をしたかといえば、デイブの了解を取り、ラベルと価格を変え、配送の手配をしただけですがね。これまでのところ売れ行きは好調です。デイブ・キャロル仕様を発売した影響で、それまで鳴かず飛ばずだった製品が急に売れはじめた例もあるんですよ」

凝り固まったユナイテッド

デイブ・キャロルの動画によって自社の荷物担当者がきまりの悪い注目の浴び方をしたにもかか

わらず、関係者のなかでユナイテッド航空**だけは**、表向きは騒動をただ傍観していた。デイブは世界のあらゆるメディアに取り上げられていた。ボブ・テイラーは、貴重な楽器の保護・修理法をミュージシャンに案内していた。ジム・ラフォリーは、この時とばかりに特別仕様のギターケースの発売に乗り出していた。

この間ユナイテッドは沈黙を貫いた。同社のＰＲスタッフからは、ウェブサイト上での説明も、メディア向けの声明も、デイブの動画を取り上げた多くのブログ（わたしのブログもそのひとつだ）へのコメントも、いっさいなし。リアルタイムの対応をしなかったのだ。

これを怠ったことにより、批判が燎原《りょうげん》の火のように広がる前にそれをかわしたり、和らげたりする大きなチャンス――そして、お客さまに共感や思いやりを示すチャンス――を逃した。奇想天外でユーモラスな対応をする代わりに、ユナイテッドは完全なる黙殺を決め込んだ。そして以後も、無数のチャンスをみすみす逃したのだ。あるいは、こんな対応法もあったのではないか。「スーツケース・カメラ」を開発して、オヘア空港で飛行機に乗せられてから、空港の荷物管理システムを通過して別の機内に収まるまでのスーツケースの旅程を記録する、というのはどうだろう。中身を一分ほどの動画にまとめて、荷物主任によるナレーションを添えるのだ。こうすれば、好意的な関心をリアルタイムで集められただろう！

水面下では、ユナイテッドはデイブに連絡を取って事態の収拾を図ろうとした。だが、それさえどこかぎこちなかった。「申し訳ないという言葉はなかった」とデイブはその様子を振り返っている。「**残念です**と言って、補償を申し出たんだ。ただし、動画とは関係なくて、僕が**得意客**だからだという。僕は初めから、もし動画に訴えなくちゃならないなら、自分では補償は受け取らないと公言していた。代わりに、荷物の破損に遭った誰か別のお客さんにお金をあげればいい」

意図を汲み取ってもらうまでにはかなりの荒療治を必要としたが、デイブは、ユナイテッドもようやくあの一件から教訓を得ただろうと考えている。彼が聞いたところでは、『United Breaks Guitars』を題材にして顧客サービス研修を行い、ちょっとしたミスがみるみるうちに悲惨な結果につながりかねないことを社員たちに教えているのだという。そして二〇〇九年九月一四日には、シカゴでデイブとユナイテッド航空の上級幹部との対面が実現した。

「みんな愛想がよくて、申し訳ないって言ってくれた。責任を認めたんだ。弁解はしなかったけど、背景説明はしていた。僕のほうからは、ギターの取り扱いルールを明確にして、ミュージシャンに機内持ち込みを認めるべきだと伝えた。ルールは前からあるにはあったけれど、分かりにくかったんだ。そこでユナイテッドは目立つようにリンクを設けた」

残念ながら、**公の場で**何の対応も示さず、ネット上での急激な騒動の広がりから本能的に目を背けようとする姿勢は、産業界ではいまだに嫌というほどはびこっている。わたしの見たところ、これには数多くの理由がある。具体的には、「責任を認める発言をしてしまうこと」を恐れる法務部門による悪影響、最前線の担当者の動転、PR会社からの的外れな助言、「ノーコメント」で通そうとする企業文化に染まりきった幹部の石アタマなどだ。

ユナイテッド航空は、いくらかの教訓は得たのかもしれないが、なおも機会を逃しつづけている。わたしは本書のリサーチの一環として、二〇〇九年一〇月七日にユナイテッドのメディア対応スタッフにメールで取材を申し込んだ。公正を期して、ユナイテッド側の主張も紹介したかった。どのような教訓を得たかを聞き出したかったのだ。

メールにはすぐに返信があったが、取材は受け入れてもらえなかった。こうして、あなたが本書を読んでいるいまもダメージは広がっている。ここまで読んできて、「ユナイテッドに乗ろう」と思うだろうか？

ユナイテッド航空は、この嵐のような出来事から本当に教訓を引き出したのだろうか。今度同じような状況に陥ったら、リアルタイムでネット上の対話に加わる重要性に気づくだろうか。批判の一部をかわすために気の利いた動画を作成するだろうか。騒動を逆手に取り、人間的なやさしさを発揮して乗客への心遣いを示すだろうか。

デイブの大金星

ユナイテッドがこのめぐり合わせから何も学ばず、何も得なかったとしたら、デイブ・キャロルには正反対のことが当てはまる。彼のミュージシャンとしてのキャリアは、ユーチューブ上で脚光を浴びて大きく花開いたのだ。バンドにはライブへの出演依頼が引きもきらず、ウェブサイトやi

Tunes上での楽曲の売れ行きも好調だ。

「どのみち、とんでもない不注意のせいでギターを壊されたのなら、壊したのがユナイテッドでよかったよ」とデイブは言う。動画の再生回数が一二〇〇万回を超えたいま、彼は「ユナイテッドのお陰で僕はブレイク《break》したんだ！」とジョークを飛ばす。

デイブは有名になったが、そもそもは知名度を上げようとしたわけではない。「大それたことは期待していなかった。ユナイテッドの人たちに、動画を見て真剣に受け止めてほしかっただけだ」

日が当たらないままの動画が多いなか、デイブ・キャロルの動画がワールド・ワイド・レイヴを生み出したのはなぜだろうか。わたしがこの問いを投げかけた相手は全員、デイブの曲を理由として挙げた。たしかに素晴らしい曲だ。デイブはこう語る。「曲づくりには長年の経験がある。テーマをうまく展開させて、ここぞというところでサビも利かせた。けれど、インディーズ・ミュージシャンにとって聴き手を増やすのは大変だ。あの曲も、ユナイテッドが絡んでいなかったら、これほど広まらなかったと思う。人気が出たのは、ユナイテッドを取り上げたからなんだ」

曲が大切なのは当然だが、わたしの見たところでは、動画の視聴回数がものの何日かで数万から数百万へと飛躍的に伸びたのは、発表直後の慌しい時期に、デイブが何十もの取材に応じることができたからだ。つまり、動画の存在がクチコミで爆発的に広がる陰では、デイブによるリアルタイムのメディア対応努力が欠かせなかったのである。

突如としてメジャーになったため、デイブのミュージシャンとしての人生は予期しなかったさまざまな展開を見せた。自分ブランドをリアルタイムで築きなおすのに成功したため、好き嫌いはさておき、彼の名前は永遠に『United Breaks Guitars』とともに記憶されるだろう。彼はその役どころを熱心に演じている。

「みんなこの曲を知っている。僕を知ってもらうきっかけとして理想的だろう。それに最近は、企業イベントで顧客サービスをテーマに講演してほしい、なんて依頼までくるんだ」

意外にも、航空旅客の権利について話す機会も舞い込み、二〇〇九年九月には上院公聴会でこの問題について証言した。「いまでは、ギターを抱えて飛行機に乗ると、必ず正体を悟られる。大勢のミュージシャンから、ギターを持って移動する大変さに世の中の注意を引いてくれてありがとう、っていう連絡も入る。何といっても、これは飯の種に関わるからね」

リアルタイムの関わり

リアルタイムのマーケティング
リアルタイムの製品開発
リアルタイムのコミュニケーション
リアルタイムの顧客サービス

デイブVS巨大企業の攻防では、怒りに燃えたカナダ人ミュージシャンが、アメリカ屈指の巨大マーケティング・顧客サービス企業を、コテンパンに懲らしめているが、ここからわたしたちは何を学べるだろうか。急遽立ち上がったひとりの素人が、地球上でひときわ洗練された企業を打ちのめすとは、いったいどういうことだろう。ふたつの小さな企業は、この攻防を制した者の勢いにどうやって乗ったのだろう。

答えを書こう。戦いのルールが変わったのだ。力関係が後戻りのきかないかたちで変化しているのだ。

企業規模やメディアを動かす力はもはや決定的な優位性ではない。
今日ではスピードと機敏さが物をいう。

デイブ・キャロルが携行式地対空《スティンガー》ミサイルばりに破壊力抜群の曲を送り出した背景には、スピードと機敏さ、さらには創意工夫と職人芸がある。

ボブ・テイラーのようにその時々の出来事にリアルタイムで対応するには、機転と、会社ごと流れのただなかに飛び込む度胸が求められる。だが、その見返りは凄まじいものかもしれない。テイラー・ギターは市場の需要を満たそうと懸命に汗を流している。製造本数は記録的な水準に達し、二〇一〇年の時点では二〇〇八年の過去最高記録を二五％近くも上回っている。リアルタイムの発想をすれば損益にも好影響をおよぼせるわけだ。

ユナイテッド航空のような巨大企業を舵取りする人々にしてみれば、これはじつに心臓に悪い状況を生みかねない。おそらく、官僚体質に染まった巨大組織をふたつ統合して規模を手に入れようとするのが、果たして問題の解決と拡大どちらにつながるか、じっくり考えさせられるはずだ。

巨大企業にとっては恐ろしい状況だが、肩を落とす必要はない。たったひとりで新規事業を立ち上げた人にも、巨大グローバル企業を経営する人にも、事業環境にリアルタイムで対応して成長するチャンスは平等に与えられているのだ。

次章からは、この新しい環境で勝ち残るための条件を実践的な視点で見ていく。そして、そう、第5章にもあるように、大企業も勝者になれるのだ。……秘訣さえ心得ていれば。

第2章 特ダネをつかむ人、逃す人

第1章では、ひとりの男性がリアルタイムのPRとマーケティングを駆使して、動きの鈍い巨大航空会社を跪《ひざまず》かせる様子を紹介した。この章では、リアルタイム革命によって大きな地殻変動が起きている具体例をさらに見ていく。

二〇〇九年六月二五日午後二時二〇分（太平洋標準時）、一本のニュースが世界を駆けめぐった――「マイケル・ジャクソン、ロナルド・レーガンUCLA医療センターにて死亡が確認される」。このニュースをすぐさま報じて、全世界を衝撃に陥れたのは誰か。『ロサンゼルス・タイムズ』、CBSニュース、CNN、それともFOX？　残念ながら、いずれでもない。

この悲しい知らせをいち早くキャッチしてウェブ上で報じたのは、新興の芸能ニュース配信会社TMZである。世界中のメディアがこのニュースを伝える時、そこには必ず、マイケルの死を象徴するあの救急車とTMZのロゴがある。報道ビジネスに参入して五年足らずのTMZが並み居る他社を出し抜いた。多数の記者を擁する地元マスメディアさえも、TMZの軍門に下ったのである。

規模と実績で勝るマスメディアはなぜこのスクープを逃したのか？　タイガー・ウッズの愛人騒動の発火点となったキャデラック・エスカレードの大破をめぐる報道合戦でも、ＴＭＺが先頭集団に加わっていたのはなぜか？　そして、ブリトニー・スピアーズとケビン・フェダーラインの破局という特ダネまでものにした秘密は？

しかも、全米のマスメディアが売上高の激減に苦しむこのご時世だというのに、二〇〇五年に彗星のように現れたＴＭＺは、二〇〇八年には二五〇〇万ドルを売り上げるまでになったのだ。その秘密はどこにあるのだろう。

朝刊紙、夜のニュース番組、報道系の週刊誌など、融通の利かない制作サイクルに縛られたメディアが衰退する一方、リアルタイム・メディアの利用者と利益は増えている。

二〇〇八年の大統領選挙では、多数のアメリカ人が史上まれに見る激戦の行方に固唾を呑み、ニュースに釘付けになったが、それでも従来型マスメディアの退潮には歯止めがかからなかった。片や、新興メディアの『ポリティコ・ドット・コム』が、政治報道の本丸に攻め込んでリアルタイム・ニュースというニッチ市場を切り開き、政界関係者、政治マニア、記者の関心を奪った。『ワシントン・ポスト』の元記者が二〇〇八年の大統領選を控えた時期に旗揚げしたポリティコは、ウェブ上で選挙情勢を時々刻々伝える手法を強みに急成長を遂げた。選挙の合間の短い期間にも、医療保険制度改革をめぐる論議など、意見の割れるテーマについて最新状況を幅広く報じることによって、読者を飽きさせずにいる。主な読者は国内政治に強い関心を寄せる人々である。『バニティ・フェア』によれば、人員削減が相次ぐメディア業界にあって、少し前までは影も形もなかったポリティコは、二〇〇九年には一〇〇人を雇うまでになっていた。

なぜ、『ワシントン・ポスト』の元記者ではなく、同紙みずからポリティコを立ち上げなかったのだろうか?

ＴＭＺやポリティコをめぐっていくつもの問いを投げかけてきたが、結局のところ、すべての答えはただ一点に集約される。これら新興の二社はともに、「世間が熱い視線を向ける先に焦点を合わせ、好奇心を掻き立てる中身をリアルタイムに発信すれば、優位性を手にできる」と心得ているのだ。対象は重大テーマでもいいし、レディー・ガガでもいい。人々の関心にリアルタイムで応えれば利益になるのである。

どんな時でもひときわ強い関心を引くものといえば、カネになる情報をおいてほかにない。だからこそ、プロローグでも触れたように、リアルタイム革命の火蓋は金融業界で切って落とされたのだ。

こう考えると、一九八一年にゼロから出発した企業が金融革命の波に乗って成長街道を驀進し、二〇〇八年には六五億ドルを売り上げるなど、いまや巨大グローバル・メディアの出世頭となったのも、不思議ではないだろう。

リアルタイム・メディアの成功例としてもうひとつ、『ハフィントン・ポスト』が挙げられる。政治、ビジネス、芸能などのニュースをリアルタイムで配信するこのサイトは、二〇〇五年五月九日の開設からわずか六年後に、AOLによって三億一五〇〇万ドルで買収された。

リアルタイム性がニュースの生命線である証をさらに知りたければ、ブルームバーグはいかがだろう。ブルームバーグは金融機関向けにリアルタイムでニュースやデータを提供するという、当時としてはまったく新しい事業を切り開いた。そして、ほかの複合メディア企業がとめどなく衰退していくのを横目に成長をつづけ、テレビ業界に進出したり、『ビジネスウィーク』のようなメディアに触手を伸ばしたりしている。創業者のマイケル・ブルームバーグは、ニューヨーク市長の座を射止めて大都市さえも掌中に収めてしまった。

CBSやタイム・ライフのような同業他社を抜き去り、ニューヨークを拠点にメディア業界に君臨するブルームバーグ。その原動力はリアルタイム性である。この点で、ブルームバーグは旧来メディアに対する「新興メディア」の勝利を象徴する存在だ。だが、新興メディアが必ずしもリアルタイム性を身につけているとはかぎらない。

グーグル、ついにリアルタイムの世界へ

カリフォルニアの人々は起床が三時間も遅いくせに、「因習にとらわれた東海岸よりも自分たち

のほうが先進的だ」と考えがちである。だが、「シリコンバレーのゴジラ」ことグーグルがブルームバーグのＤＮＡに刻まれた強みに目を留めたのは、わたしがこの章を書いている二〇〇九年の末になってからである。リアルタイム性を高めなくてはいけないと気づいたのだ。

制作ではなく配信に特化しているとはいえ、グーグルも一種のニュース媒体に違いない。だが、最近までリアルタイム性を帯びてはいなかった。二〇〇九年も暮れようとするころ、検索結果にリアルタイム情報を反映させるという発表が、遅まきながらなされた。こうして現在では、ツイッターやフレンドフィードの内容やニュースやブログ記事の見出しが、掲載や更新からわずか数秒後には検索にひっかかるようになった。

ひとつ告白がある。

このニュースが目に飛び込んできた時、興奮のあまりわたしの胸は早鐘を打ちはじめた。「ネット誕生以来の重大な節目に立ち会っている」――そう思うと背筋がゾクゾクしてきた。そこで、すべてを放り出してこの急展開を追いかけることにした。

グーグルが検索の即時性を高めるという知らせは、ツイッターのタイムライン（ＴＬ）から入ってきた。それを見るなりわたしは、グーグル・ニュース検索のサイトに飛んで、件の発表に関するニュース記事を探した。残念ながら、すでにおびただしい数の記事があった。やられた！　何時間か前、このニュースが流れた時は会議室に缶詰になっていたから、先陣を逃してしまった。それでも、早いうちに何かを書きたかった。

そこで手始めに、グーグルの公式ブログに載った発表文に目を通した。リアルタイム機能は最新の検索技術に支えられていて、これをもとにグーグルは日々、一〇億を超す文書のモニタリングと何億件もの最新情報を処理するのだという。

これに先立って、コンテンツ提供をめぐるツイッターとの合意も発表されていた。だが今回のリアルタイム検索のお披露目に際しては、新たにフェイスブック、マイスペース、フレンドフィード、ジャイク、アイデンティカといった主要リアルタイムＳＮＳとのコンテンツ提携も公にされていた。嬉しいことに、グーグル・トレンドには「今日の急上昇ワード」欄が追加されていた。これを使えば、その時々でネット上で何が一番ホットな話題かが分かる。このような流行フレーズのリスト（ツイッターには早くから標準装備されていた）は、最新のトレンドをつかむうえで欠かせない。

今回、一連の取り組みを自社ブログで発表したのも、グーグルがリアルタイム化に向けて動きはじめた証だろう。こうして、「すごいことだ」というツイートやブログ記事がみるみる増えて、ニュースは瞬く間に広まっていった。

自社関連のニュースを最初に発表する場として公式のサイトやブログを選ぶのは、重要なリアルタイム手法である。一番大切な愛顧者に最初に情報を伝えられるからだ。しかも、何か質問が届いた場合には、リアルタイムでコメントや説明を返せる。この戦略については後で詳しく述べる。

リアルタイム検索をめぐるこの発表は、グーグル本社に集う同志たちがついにリアルタイム・メディアの重要性に気づいたことを示す、意義深い出来事である。わたしは今回のイノベーションが実現するまで長いあいだ、リアルタイム性に欠けるせいでグーグルの検索エンジンの真価が発揮されていないと感じていた。

わたしは何年にもわたり、二社が展開する合計三つのサイトを当たらなければ必要情報を探り出せないことに首をかしげていた。ニュース検索と、掲載から数日を経たウェブ・コンテンツの検索にはグーグルを使っていた。だが、リアルタイム情報を探すには、ツイッター検索（およびＴｗｅ《ツイー》ｅｔＤｅｃｋ《トデック》のようなサービス）が頼りだった。それがいまや、グーグルだけで事足りるようになった。

グーグルのイノベーションは、「人々の意見をリアルタイムで聞くことは、企業の死命を制するほどの重要性を持つ」という気づきをもたらした。デイブ・キャロルの苦情に対応する際にユナイテッド航空に欠けていた気づきが、ついに広まったのである。

本書を執筆している時点では、グーグルはデータ利用をめぐるツイッターとのいざこざのせいでリアルタイム検索を停止しているが、みなさんが本書を手にするころにはおそらく復旧しているだろうと信じたい。それほどリアルタイム性は重要なのだ。

ニュース制作サイクルの罠

ＴＭＺ、ポリティコ、ハフィントン・ポスト、ブルームバーグといった新興勢力が、『ピープル』

『ワシントン・ポスト』『ニューズウィーク』などの新聞や雑誌を凌駕しているのはなぜだろう？　アメリカ人がネット上で空前の量のニュースや情報を消費する時代にあって、二〇〇九年には新聞業界で合計一万五〇〇〇人以上の職が失われたのはなぜか？

メディア事業で持続可能なビジネスモデルを実現するには、リアルタイム性の重視が欠かせないのだろう。

では、旧来のメディア企業はなぜ一気にリアルタイム対応を実現しないのか？

わたしの見たところ、制作プロセス、つまりニュース・サイクルの影響ですっかり染みついた習慣が足かせになっているのだろう。新聞なら毎日の入稿締め切り、テレビニュースならゴールデンアワーの放送時間に照準を合わせているのだ。ネット上に進出するチャンスが訪れても、オンライン版はあくまでも付け足しでしかなかった。付け足しである以上、それによって社風の根本的な変革が促されることはなかった。

世間の熱い好奇心を満たすリアルタイム・コンテンツを届ければ、大いなる優位性を手にできる。

この間にも、リアルタイム志向をもとに船出した新興企業は成長をつづけており、これはニュース業界にかぎらない。経済のあらゆる分野において、即時性の力に気づいた者が繁栄をつかんでいる。リアルタイムの威力は、あなたの事業にも影響をおよぼしている。

カンファレンス会場で目に見えない力を実感する

カンファレンスは、媒体としても事業としても、ニュース・メディアとはまったく異質である。そのカンファレンス事業では、まったく別の形のリアルタイム革命が起きている。

以前はカンファレンスといえば、弁論家が語り、プログラムをもとに型どおりに進む一方通行型だった。古代ローマのキケロの時代から、聴衆はそれを拝聴するものと相場が決まっていた。お開きになる直前には聴衆にも質問の機会が与えられ、休憩中には内容をめぐる雑談を交わせただろうが、テレビと同じく、主として片方向のコミュニケーションだった。

講演で生計を立てているわたしのような人間は、当然ながら、生《ライブ》のイベントは廃れてしまうのかと気を揉んだ。だが、興味深い現象が起きた。亀のように歩みの遅かったカンファレンス業界が、多少なりともリアルタイム性を身につけはじめたのである。

最近では世界のどこでも、カンファレンス会場で講師が話をしているさなかに聴き手はリアルタイムで連絡を取り合っている。講演を聴きながらその中身を議論できる「別チャンネル」は文字どおり画期的である。しかもこれによって、場合によっては地球の裏側からでさえも新たな聴き手を招き入れることができる。

ハッシュタグ（特定のテーマに関するツイートを探しやすくするために添える識別符号）を使えば、会場の聴き手も、別の場所にいる人も、この別ルートにつながることができる。写真や動画をカンファレンスの最中に投稿する出席者も多いから、会場の様子を外からリアルタイムで把握できる。

こうして、いまでは内輪のイベントも世界に公開されるようになった。優れたプレゼンテーションは即座に絶賛を浴び、お粗末ならこれまた即座に叩かれる。

わたしは最近では、パネル・ディスカッションの進行役を務める際に、会場の聴き手からはもちろん、ツイッター経由でも質問を受け付けることが多い。ボストンでの催しでは、ニュージーランドから質問が寄せられた。わたしが目の前の聴き手に向かって答えると、何人かがそれをツイートして、会場外の質問者に伝えてくれた。

時として、ネット上のチャットは脱線する。先ごろなど、わたしのベルトの趣味についてのツイートが飛び交った。しかし、たいていはベルト談義よりも有益なやりとりがされている。講師のその時々の話題に合わせて、関連するネット上の資料へのリンクをツイートすることも多い。

ツイッターによる別チャンネルが売り上げに直結する場合もある。アムステルダムのイベントで講演した時、現地で書籍販売を手がけるダニエル・ショーテンが、拙著『マーケティングとPRの実践ネット戦略』（神原弥奈子監訳、日経BP社）の特売情報へのリンクをツイートした。何とも気が利いているではないか。

ツイッターだけではない。今時のカンファレンス参加者のなかには、GPS（全地球測位システム）を利用したモバイル・アプリケーションを使いこなす人もいる。たとえばフォースクエアを使えば、カンファレンス・ホールのどこに友人がいるか（あるいは、どこのバーにしけこんでいるか）が分かる。ライブ映像をストリーミングするQikのようなサービスを使えば、誰でも講演の模様をネット上にリアルタイムで投稿できる。

いま大切なこと

人類最古のメディアである書籍の分野でさえ、即時性のパワーを活かす独創的な方法が模索されている。

二〇〇九年末、セス・ゴーディンは七〇人の「大思想家」を選び、題名一語、長さ一ページのエッセーの寄稿を呼びかけ、集まった原稿を電子書籍『いま大切なこと（未訳／What Matters Now）』にまとめて無償で公開した。寄稿者にはベストセラー作家のエリザベス・ギルバートやトム・ピーターズ、テクノロジー分野の権威であるケビン・ケリーやガイ・カワサキ、出版人であるティム・オライリーやアリアナ・ハフィントンらが名を連ねていた。

ゴーディンの厚意により、この電子書籍には『注目（Attention）』と題する拙文も載ったため、わたしはこの本のリリース時期を知っていた。このため関係者のひとりとして、ネット上での事態の推移をリアルタイムで追いかけ、その衝撃のほどを実感する機会に恵まれた。『いま大切なこと』は、二〇〇九年一二月一四日午前五時（東部標準時）にゴーディンのブログで公開された。寄稿者は公開時刻まで口外しないでおき、公開後、いっせいにブログやツイートで取り上げるように依頼されていた。そこで、ほかの寄稿者と同様にわたしも、午前五時ちょうどにブログ記事が自動投稿されるように設定しておいた。

一時間も経たないうちに『いま大切なこと』がツイッター上の旬のフレーズとなり、「今日の急上昇ワード」入りを果たした。凄まじい勢いでツイートやリツイートが行われ（リツイートとは、他人のツイートを転載して自分のフォロワーの目にも触れさせること）、一時その頻度は毎秒一ツイートを超えたほどである。寄稿者のブログにも続々とコメントが集まっていた。ほどなく、寄稿者以外によるブログ記事が登場しはじめた。このような例では、ブロガーは往々にして、誰よりも早く記事を掲載して一番乗りの余勢で議論をリードしようとする。

債券トレーダーが機動力に物をいわせて稼ぐのと同じく、ブロガーはいち早く大きなネタを取り上げて議論をリードしようと鎬を削る。

カリスマ的なマーケティング思想家のセス・ゴーディンが、何十人ものオピニオン・リーダーをこのプロジェクトに招き入れたとあって、大勢の人々が、そこに集まったアイデアを自分のブログで速やかに紹介したいと考えた。このため一番乗り競争が繰り広げられ、ブログ記事の本数は予想どおりの推移を示した。

わたしがダウジョーンズと共同で同社のインサイトという製品を使って分析したところ、発表当日に『いま大切なこと』に言及したブログ記事は一一九本だった。二日目は九〇本、三日目は四八本、四日目は二七本だった。その後、本数は急減していった。

第3章で詳しく説明するが、これはお決まりのパターンである。以後の三週間、『いま大切なこと』に触れた記事は平均して一日五本だった。何カ月も経った後でも、一日に数回はこの電子書籍が取り上げられていた。

『いま大切なこと』の刊行後ほどなく、セス・ゴーディンが「ネット上の注目度は、べき乗則に従っている」と語っていた。「(報酬の有無を問わず)ネット上で仕事をする多くの人は、スーパーマンに登場するカメラマン、ジミー・オルセンよろしくスクープ合戦に血眼になっている。ニュースは燎原の火のように広まるから、先陣を飾らなくては意味がない。わたしは、『いま大切なこと』が脚光を浴びるのを見ても少しも驚かなかった。そうなるよう計画したわけだから。何十人もの著者がいっせいに発表を行ってここかしこでニュースの種を生み、関心を燃え上がらせたんだ」

『いま大切なこと』についてのブログ件数

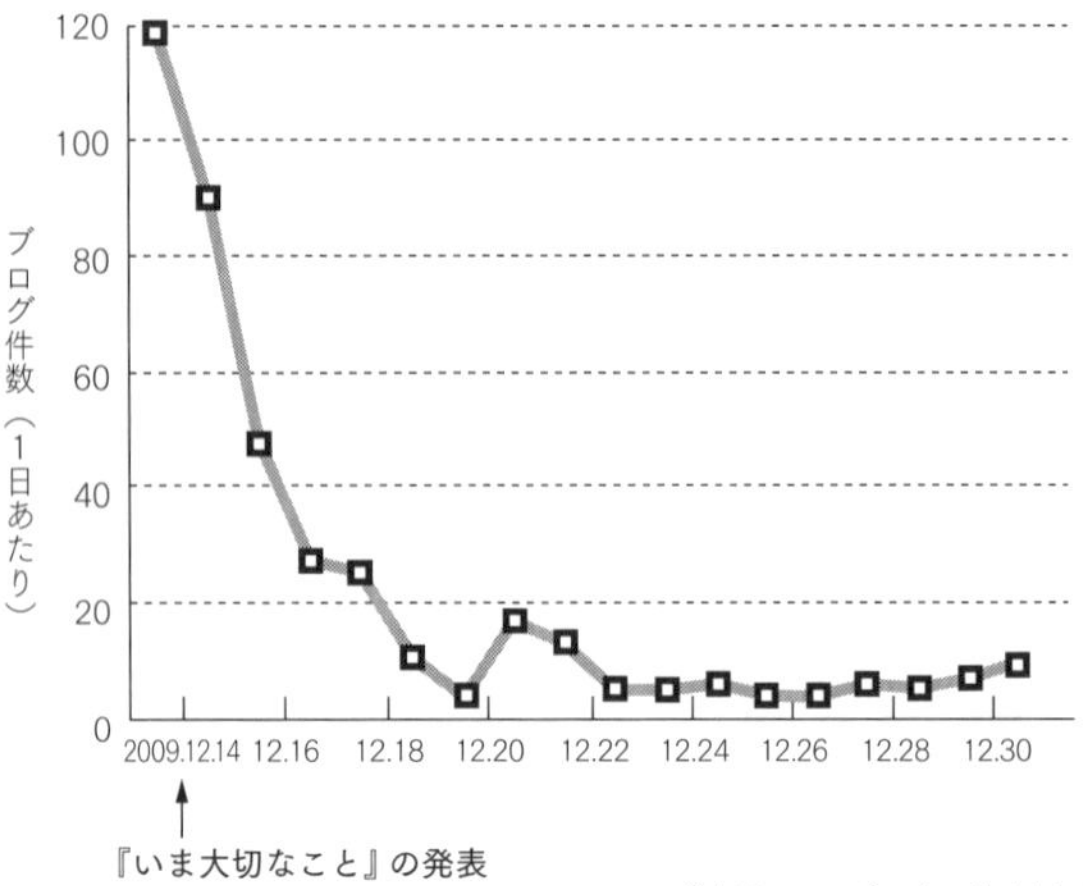

ダウジョーンズ・インサイトにもとづく分析

パターンを見通せるだろうか？

デイブ・キャロルと壊れたギター。セス・ゴーディンと発表直後にブレイクした電子書籍……。これらと同じようなパターンは、リアルタイムで動くネットの世界のいたるところで何度となく繰り返されている。

プロローグからここまで、さまざまな実例を紹介してきた。なぜならこれらは、いままさに変化が起きていて、そこに何らかのパターンやメカニズムが働いていることを示しているからだ。

ここまでに登場した実例を頭の片隅に入れておいていただきたい。というのも第3章では、そうした実例に共通する新たなパターン、メカニズム、法則を取り上げるのだ。つづく第4章では、みなさんの組織が新たな現実に順応しようとする際に役立ちそうな姿勢や発想を紹介したい。

第3章　リアルタイム時代の法則

リアルタイム革命に突入したいま、ビジネスに携わる人々は新たな真実を求めて手探りで前へ進んでいる。ルールが変わり、道しるべも失われてしまった。州間ハイウェイが通る以前の一九五〇年に作られた地図をもとに、クルマでアメリカ横断に挑戦するようなものだ。かつての国道はほとんど痕跡をとどめていない。

そこでこの本の出番である。この本は、あなたを未知の領域へと導くために設けられたナビゲーターなのだ。顧客や顧客になりそうな人々の会話すべてに加わり、先方の言葉が**終わるか終わらないかのうち**に合いの手を入れることにより、目的を果たす方法を掘り下げていく。企業、NPO（非営利組織）、政府機関、起業家、さらには求職者もこれを実践できる。

ウェブを利用する大きな利点は時間の節約である。この意識は消費者のあいだにも確実に広まっている。以前は図書館で何時間もかかった調べものも、いまや検索エンジンを使えばものの数秒で片づく。あれこれ比べてショッピングをするにしても、昔ならクルマで街中の店をはしごしたり、電話帳と首っ引きで探したりしていたものだが、最近では地元だけでなく世界中から瞬時に購入できる。

インターネットの登場で事業のペースは一変した。時間の流れが速まり、スピーディに動いた者が得をするようになった。

それに引き換え、企業がこうした変化の重みを痛感し、最近のペースに合わせて業務の進め方を刷新した気配はなかなか見つからない。それどころか、マーケティング、PR、コミュニケーション、製品開発、顧客サポートはあたかも、最高速度の低い一九五〇年代製のクルマがハイウェイの低速車線をのろのろと走っているようなものだ。

「通行の邪魔だからクラクションを鳴らしてすませよう」という気持ちをグッとこらえて、今時の込み入ったスピード事情を辛抱強く説明しよう。

スピードをめぐる新法則

コミュニケーションのスピードと一口に言っても、いまではいくつもの要因が絡み合っている。

理想的な**テンポ**は、相手と向き合って言葉を交わす時と同じ自然なペースである。何かを問いかけたところ、相手はただこちらを見つめたまま何も言わず、ようやく返事をくれたのが一時間後だったりしたら、あなたもきっと当惑するだろう。これはすぐに分かるはずだ。

ところが、今時のトピックの範囲や、それが縦横無尽に変化していく様子となると、それほど容易には理解できない。

デイブ・キャロルと壊れたギターをめぐる話題に、降って湧いたように何百万もの人々が加わる。新しい情報が舞い込むと、彼らはすぐさまそちらに関心を移す。そして、話題が盛り上がるのも速ければ、飽きられるのも速く、いったん潮が引いた後はとても静かなものである。

いったい何が起きているのだろう？　どうしてこうなるのか？

ネット上ではふたつの「法則」に沿って情報が広まっていく。これらは新しいものではない。目に見える現象を説明するために、何年も前から使われてきたのだ。高校の科学のテストでお目にかかったかもしれない。しかし、このふたつ、つまり**べき乗則と正規分布の法則**はいまでは、市場にどれくらい速やかに対応しなくてはいけないかを決定づけている。

リアルタイム版・べき乗則

べき乗則は、自然界と人間界、両方で繰り返し登場する。ある事象が集中的に起きた（「スパイ

リアルタイム・マーケティング＆ＰＲのべき乗則

ク」と呼ぶ）かと思うと急減し、その後もポツポツとは発生するものの間隔は空いていって「長い尻尾《ロングテール》」を描く、これがべき乗則である。

　自然界では月面のクレーターの大きさが、べき乗則に従っている。クレーターの直径をタテ軸、数をヨコ軸にとってグラフを作成すると、左端には直径が何マイルもある大型クレーターが集まって曲線を急上昇させるが、残りは何百万個ものごく小さなクレーターばかりであるため、曲線はすぐにヨコ軸に張り付いたようなロングテールを形成するのだ。

　人間界に目を転じると、ウェブサイトの人気度がうってつけの例だといえる。グーグルやウィキペディアなど、ごく一握りの超人気サイトは一日に何百万もの訪問者を集めるが、それ以外は訪問者の少ないサイトが無数にあるため、訪問者数をタテ軸、サイト数をヨコ軸に取ったグラフでは左端だけが突出していてあとは地を這うようなロングテールがつづく。

この本のテーマに戻るなら、リアルタイム環境での速報の広まり方がべき乗則に従っている。だからわたしはこれを「リアルタイム・マーケティング&PRのべき乗則」と呼んでいる。

わたしが初めてこの「法則」に接したのは、プロローグにも書いたように、ウォール街で働いていた時である。FRB(連邦準備制度理事会)による市場介入が報じられた直後の数秒間に取引が集中したのだ。大口の投資家が一気に動いたのである。介入のニュースは場が閉じるまで尾を引いたが、取引はまばらになっていった。

衝撃的な知らせが飛び込んできた時もこれと同じ状況が起きる。ワールド・トレード・センターの炎上と倒壊。ジョン・レノンの不慮の死。ケネディ暗殺。これらの瞬間、自分がどこで何をしていたかを誰もがまるで昨日のことのように覚えている。

ネット上では、事件が起きると瞬間的に記事の件数が跳ね上がる。以後、新しい記事の件数は急カーブを描いて減っていく。マイケル・ジャクソンがこの世を去った日、ネット上には大量の記事や投稿が現れたが、その大多数は第一報につづくわずか数時間に集中していた。

この法則を理解して胸に刻んでおくのは決定的に重要である。さもないと、目と鼻の先で重大事が起きたのに気づいた時にはすべて終わっていた、などという状況になりかねない。ニュースにはすかさず反応しなくては。いの一番ではないにしても、早いに越したことはない。

(プロローグでも触れたように)わたしは債券トレーダーから「ニュースが広く伝わってからでは稼ごうとしても手遅れだ」と教えられた。リアルタイム対応を得意とするウォール街の調査会社、ライトソンＩＣＡＰのチーフエコノミスト、ルー・クランドールからは、市況の分析と解説を即座に行って絶妙のタイミングで流した場合、それが取引行動をどう左右するかを学んだ（わたしは一九八〇年代後半にライトソンＩＣＡＰに勤務していた）。第2章で述べたように、セス・ゴーディンからは、べき乗則を活かして、弾丸スタートばりに一気にメッセージを広める秘訣を伝授された。

リアルタイム版・正規分布の法則

べき乗則は、影響範囲の大きな緊急速報が広まっていく一般的なパターンを示している。他方、時とともにじわじわ伝わっていくニュースは第二の正規分布の法則に従う。

ユナイテッド航空がデイブ・キャロルのギターを壊しても、世の中は少しも気に留めなかった。だが、デイブが曲を作ってユーチューブに投稿すると、少しずつ注目を集めてある時点から急上昇し、やがて流行が去っていった。

正規分布の法則もべき乗則と同じく、自然界と人間界のいたるところで見られる。たとえば、身長別の人数分布をグラフ化すると、平均値のあたりが突出して多く、左右に離れるにつれて人数は少なくなる。

この場合、身長はヨコ軸で示される。ヨコ軸に「時間」を取れば、ロックバンドの人気にもこれと同じ正規分布の法則が働く様子が分かるだろう。無名の弱小バンドがしだいにファンをつかんで

リアルタイム・マーケティング＆ＰＲの正規分布の法則

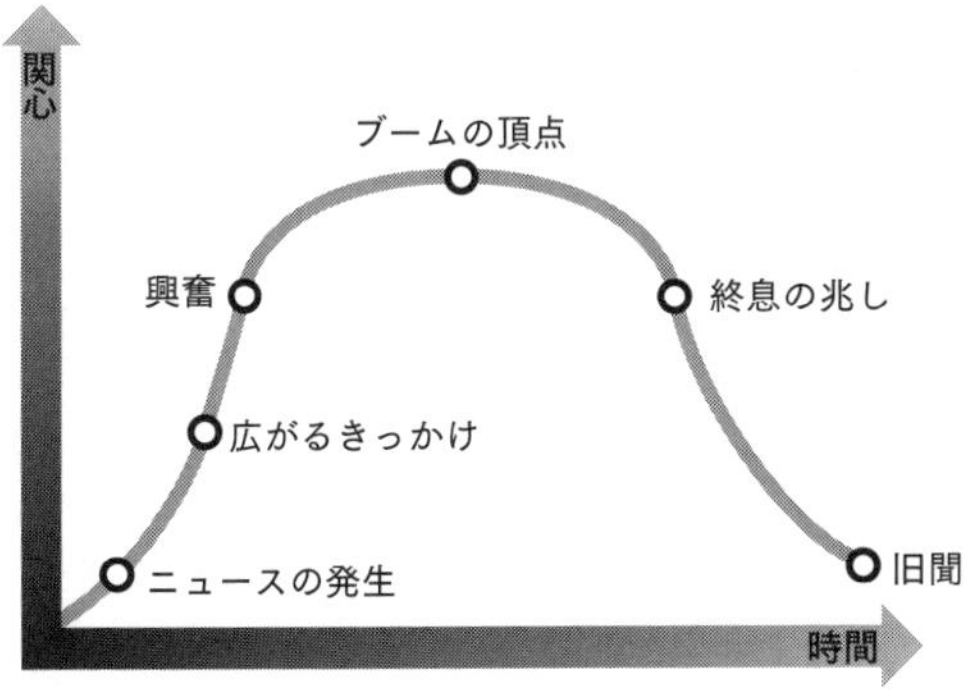

スターダムにのぼり詰め、やがて人気が下火になっていくのである。

ネット上でもこのような現象は日常茶飯事である。ひとりのブロガーの暴言または至言が引き金となり、これに気づいた何人かがブログやツイート、友人へのメールなどで取り上げる。受け手がさらにこれを話題にするようになると、拡散に弾みがつく。これが主要メディアのとある記者の注目を引いて記事になる。こうなるともう勢いは止まらない。デイブ・キャロルを例に説明したように、ネット上で連鎖反応（ワールド・ワイド・レイヴ）が巻き起こるのだ。

こうしてニュースが怒涛の勢いで広がりはじめたら、まずは、べき乗則と正規分布の法則のどちらが当てはまるかを見極めよう。べき乗則なら、ブームは数時間、数分、ひょっとすると数秒で押し寄せるだろうから、すぐに備えをしたほうがいい。だが、まだ動きがゆるやかで正規分布のパターンが当てはまりそうなら、対

関心の高まり

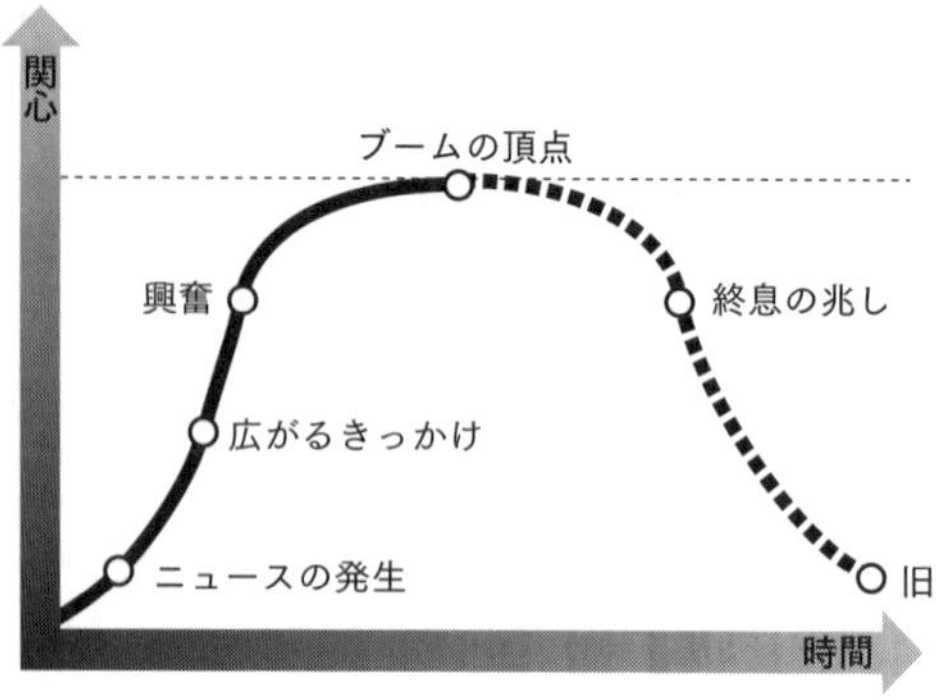

応のしかたはいくつもあるだろう。どちらにしても、手をこまねいていてはならない。早め早めを心がけるに越したことはないのだから。

正規分布はきれいな釣鐘曲線を描く。その形状からも、「早い者勝ち」ははっきりしている。流行の兆しが見えてきたころにライバルの機先を制して動いた人や組織は、数多くの見過ごせない恩恵に浴する。

- 自分が口火を切れば、「アンテナの高い人だ」と一目置かれる。
- 早めに話題を提供すると、そこから意見交換の輪が広がるため、当然、中心にいるあなたの注目度が高まる。だが、後から発言したのでは喧騒にかき消されてしまう。
- 人気の商品カテゴリーに一番乗りすれば、その勢いで何年ものあいだ人気を保てそうだ。
- SNSで早めにアカウントを開いてつぶやきはじ

めると、フォロワー数で後続組を引き離せる。

- 市場とのつながりをいち早く築けば、製品やサービスの認知度が高まるという得がたい成果がある。
- 顧客の不安にすぐに対応して心を通わせれば、配慮や思いやりが評価されるだろう。

あなたならどうする？

リアルタイムで動くウェブ上の世界では、べき乗則や正規分布の法則に従って情報が広まるというお決まりのパターンがいたるところで繰り返されている。このため、あなたやあなたの組織はいくつかの重要な問いを突きつけられている。状況の急展開を、早い段階でキャッチできるだろうか？

いまこの瞬間に次のような事態が持ち上がったら、あなたはどう対応するだろうか？

- 会社が「最も働きやすい職場」として地元紙に紹介される。
- 大きな影響力を持つ業界誌のウェブサイトで、顧客があなたの会社のサービスを激賞。
- 著名な業界アナリストが個人ブログに、あなたの会社について「厄介でとてもじゃないが付き合いきれない」と書く。

- ライバル企業が二五％の値下げを発表。
- あなたの会社のＣＥＯが解任される。
- フォーラムやチャットルームで、あなたの会社の製品に健康リスクがあると指摘される。
- ある巨大企業が、あなたの会社のライバル企業を買収する意向を表明。

右のようなチャンスや難題は寝耳に水で訪れるかもしれない。事態の展開スピードに見極めをつけて、心構えをしておけば、競争をきわめて有利に運べるだろう。

第４章で見るように、大切なのは発想を間違えないことだ。

第4章　リアルタイム時代の発想

あなたの組織で出世の階段をのぼるには、どのような発想や行動が求められるだろうか。大企業ではおそらく、法令遵守の姿勢、用心深さ、合意重視といった堅実さが出世につながりやすい。想像力、自発性、臨機応変など、フットワークの軽さにつながる持ち味は二の次だろう。それが大企業というものだ。計画に沿って一歩ずつ周到に進むようできているのである。

メディア広告で消費者の注目を引き、思うままに誘導できた時代には、それでもそこそこの成果があがった。大企業のペースで世の中を動かすことができたからだ。

ところが最近では、消費者はマスメディアにはあまり影響されず、自分たちでペースを決めている。思いのままにどこまでも空想を広げる。予想もつかないようなことをしてみる。あちらこちらを猛スピードで駆けめぐって縦横無尽に活躍する。

大企業は何十年もかけて、性急に物事を進めるこのような特性をあえてDNAから取り除いてきたのだから、いまになって顧客志向のリアルタイム発想を取り入れようとすれば、意識して大きな努力を払う必要がある。ほとんどの大企業は、こうした発想を理解すらできない。

杓子定規

わたしはこの課題に必死に取り組む世界中の人たちと話をしてきたが、リアルタイムの発想に少しでも馴染んだ人はごくわずかである。会社の方針でもなければ、ビジネススクールで教わるわけでもないからだ。このため多くの人は、チャンスや脅威への速やかな対応を「無謀だ」とか「リスクが大きい」と言ってはねつける。

姿勢や発想というものはとても根が深く、たとえ船が氷山にぶつかりそうになっていても、企業は機敏な動きよりも時間をかけた慎重な対応にこだわる。状況を確かめる、承認を取り付ける、調査をする、「専門家」に相談する、といった手順に時間をかけすぎてしまう。ようやく判断がついたころには、すぐに救命ボートに乗り込まないかぎり助からない状況に陥っている。

企業社会で期待される発想や行い

- 確認を抜かりなく。
- 年間の事業計画や五カ年計画で示されたチェックリストどおりに仕事をする。
- 四半期ごとに業績を把握する。

- 長丁場の「新製品開発」を前提とした発想で仕事を進める。
- 何カ月ものマーケティング&コミュニケーション「キャンペーン」を軸に仕事を組み立てる。
- 上司にお伺いを立てる。
- 決定を部下に説明する。
- 専門家、弁護士、代理人を巻き込む。
- 徹底的に調べる。
- あらゆる選択肢を慎重に吟味する。
- 公表前に万全を期する。
- **自分たち**の時間軸に沿って顧客に対応する。
- **自分たち**に好都合な場合だけ、メディア、アナリスト、評論家と付き合う。

これらはどれも、おおもとから間違っているというわけではない。調査、計画、チームワークの必要性は疑いようがない。問題は、「手順」を重視したせいでスピードや機敏さが犠牲にされる例があまりに多いことだ。これを克服するには、リアルタイムの発想を意識して積極的に取り入れなくてはいけない。

リアルタイム発想

スピードがいかに重要かを意識しておくのが、リアルタイム発想である。いざという時には猛然と動くことの重要性を肝に銘じながらビジネス——そして人生——に臨む姿勢である。

リアルタイム発想を身につけるといっても、ほかの発想を捨てるよう迫っているわけではない。これまでのような事業プランの立案をやめるべきだとか、部下たちに思いのままに行動させてはどうかと主張するつもりもない。メリハリや協働は欠かせない。

時と場合に応じて、用意周到から臨機応変までさまざまなアプローチを取れるようにしておくのが得策である。どういう時はマニュアルを手放すべきかを頭に入れ、瞬発力を培わなくてはいけない。

従業員がリアルタイム情報のパワーを知れば、その企業はとてつもない競争優位を手にする。

このような力を育てるにはたゆみない努力が求められる。つまり、自発的に動くようみんなに発破をかけ、果敢にリアルタイム対応を実践した人を褒め、当たって砕けても大目に見なければならない。どれも簡単なことではないのだから。

リアルタイム時代の仕事の進め方

- チャンスが逃げないうちに行動する。
- 市場の風向き応じてプランを改める。
- 当日のうちに成果を見極める。
- その時々の状況に応じて動く。
- 最新情報をもとに戦略や戦術を展開する。
- 部下に裁量を与える。
- 「ここぞ」というタイミングで腰を上げる。
- 必要な場合はひとりで瞬時に絶妙な判断を下すよう、みんなの背中を押す。
- 手早く調べものをしながらも、行動への備えを怠らない。
- いくつかの選択肢を秤にかけてすかさず方針を決める。
- 完璧はありえないから走りながら突破口を開く。
- **顧客の**ペースに合わせた対応をする。
- メディアに対しては**先方の**ニーズに即応するかたちで情報を提供する。

事業プランニングのプロセス

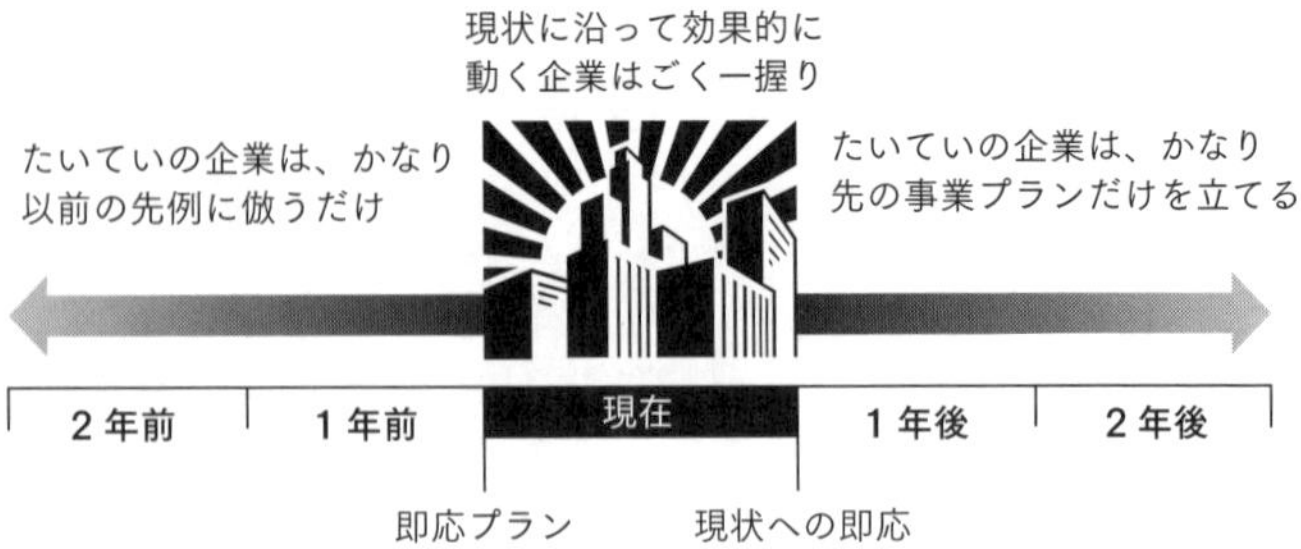
現状に沿って効果的に
動く企業はごく一握り
たいていの企業は、かなり
以前の先例に倣うだけ
たいていの企業は、かなり
先の事業プランだけを立てる
2年前
1年前
現在
1年後
2年後
即応プラン
現状への即応

杓子定規はやめよう

常にネットにつながっていて即座にコミュニケーションが行える世界では、旧来の手法がどれだけビジネス――特にマーケティングとPR――の足かせになるか。まずはこれを知っておかなくてはいけない。

旧来の手法は「キャンペーン」（「軍事行動」という意味もある）向けにできていて、「目標」を達成するために数週間あるいは数カ月をかけて計画を立てなくてはならない。代理店への相談が欠かせないし、メッセージ戦略も立てなければならない。広告のスペースや時間枠の買いつけも忘れてはならない。記者会見用に、カンファレンス会場と軽食も手配しなくては。寿司とサンドイッチ、どちらがよいだろう。

今後の計画を立てるにあたり、マーケティングやPRのチームはたいてい過去を振り返る。一年半くらい前は何をしていただろう？　去年の見本市はどんな様子だっただろう？　そうこうしているうちに、今日この瞬間に何が起きているかが目に入らなくなってしまう。

計画と手順に従うのは楽である。お決まりの仕事だけしていれば、トラブルに陥る心配もない。他方、その時々の出来事にリアルタイムで対応するのは不安を伴う。機転を利かせて冒険をしなくてはならないのだ。

なぜあえてリアルタイム対応を目指すのか？

- 旧来型キャンペーンの発想ではとても太刀打ちできないほど世の中の動きは速い。
- 目の前にとてつもないチャンスがあっても、こちらが気づかずにいたら、リアルタイム志向の目ざとい競合他社にさらわれかねない。
- 危機的な状況になっても一時間もダンマリでは、「状況さえ把握できないダメ会社」と見られてしまう。
- 乗客のギターを壊しておきながら何もせずにいると、その乗客がたったひとりで全社を揺さぶるような行動に出るかもしれない。

大切なのはツールではなくその背後にある発想

「リアルタイムで対応しています」と口先だけで言って問題をはぐらかすのはたやすい。お偉方につかまって、「リアルタイムのマーケティングとPRを扱ったこの本を読んだところだ……それで、うちでは乗り遅れないように何をしているのか」と尋ねられたら、こう答えることもできる。「フェイスブックとユーチューブにページやチャンネルを開設しましたし、一日に平均二、三回はツイートしています」

あなたの会社がネット上で炎上しないかぎり、おそらくツールを持っていることをアピールするだけでその場をしのげるだろう。それに、「すべてはツールしだい」と説く自称「ソーシャルメディアの権威」にも事欠かない。

たしかに、ツイッターなどのツールは重要だ。しかし、肝心なのはツールではなく、そうしたツールが生み出す新たな環境に合う発想を心がけることである。

ソーシャルメディアはツールにすぎない。リアルタイムで重要なのはツールよりも発想である。

そうした発想を身につけたふりをするのを潔しとしないなら、いくつかのレベルで組織の体質を改める必要がある。

個人にとってリアルタイム・コミュニケーションはごく自然

リアルタイムの発想を身につけることにかけては、わたしのような個人事業主はどんな大企業よりも有利な立場にある。問い合わせが舞い込んでも、上司に相談するまでもないからだ（ただし、週末の予定にかかわるようなら、妻と娘の顔色をうかがわなければならないが）。個人事業主へのアドバイスは後ほどいろいろと述べるとして、しばらくは対応の鈍い組織向けの記述にお付き合いいただきたい。

企業規模が大きければ大きいほど、リアルタイムの発想を身につけるのは難しい。走りながら考え、自分から行動を起こし、常識、共感、経験に裏打ちされた判断を活かせるよう、従業員に裁量を与えなくてはいけないが、ほとんどの企業ではこれらすべてが**ご法度**なのだ。

時々だが、こうした特性を失わずにいる顧客サービス担当者に出会う。電話で顧客の悩みを耳にして、マニュアルを離れてすぐに問題を解決しようとする人たちだ。ルールよりも共感や常識を大切にしているのだ。こうした稀少な顧客サービスの英雄によって急場を救われると、顧客は必ずといってよいほどその英雄の会社に強い好感を抱く。ところがこのような人材は、社内では十中八九「はぐれ者」の烙印を押されている。昇進するのはロボットのようにきまりを守る人材なのだ。

セス・ゴーディンが著書『「新しい働き方」ができる人の時代』（神田昌典監訳、三笠書房）で述べているように、やる気のある従業員は指示待ち族ではない。思いやりやフットワークの軽さを活かして仕事をする人は、いまの経済で成功への王道を歩んでいるといえる。成功する人は将来プランを立てて長期の目標を掲げるが、同時に、すべてが計画どおりに進むことなどありえず、いつなんどき予期せぬチャンスや脅威が訪れるか分からないことも心得ている。

リアルタイムの発想を育もうとするなら、これを第二の天性にしなくてはならない。

大企業も何らかの取り組みをしなくては

従業員が多いほど、リアルタイムでのコミュニケーションは難しくなる。指揮命令型の組織では、権限のないまま、あるいは、相談や決まった手続きを経ずに行動するわけにいかず、自分から進んで動こうとする人は、ことごとく押さえつけられるのが目に見えている。

課題はこれまでとは違う調和を見つけ出すことだ。自分から動く権限を従業員に与えて、必要ならホットラインなどを介して上司がリアルタイムに指導するというように。

大きな前進を果たしている企業もある。その試金石は、仕事中にSNSをリアルタイムで使うことを認めているかどうかだ。フェイスブックやツイッターへの接続が**遮断されて**いるようなら、あなたの勤め先はリアルタイム発想を身につけているとはいえない。

リアルタイム発想に慣れた企業は、組織ピラミッドのできるだけ下の方に判断を任せている。顧客サービスの最前線に立つ人は、どうすればお客さまの悩みに一番よく応えられるかを自分で決める。マーケターは仕事について自由にブログに書き、必要ならほかのブログにもコメントを寄せる。PR担当者は問い合わせに即答してよいとされていて、経営者や弁護士に相談する義務はない。

リアルタイム時代に適した企業文化のもとでは、誰もが責任ある大人と見なされるのである。

実現はリーダーの肩にかかっている

あなたがリーダーで組織のすみずみにリアルタイム発想を行き渡らせたいなら、指揮命令を当然とする意識を打ち破らなくてはいけない。従業員を責任ある大人として扱い、進んで行動するよう励ますのだ。コミュニケーション力を磨く機会を与え、ＩＢＭのように、望ましい姿勢とそうでない姿勢の線引きをはっきりさせたガイドラインを作ろう。

変える必要があるのは組織の下層である。だが、それを実現できるのは経営トップだけだ。だからリーダーは、経営思想家のピーター・ドラッカーが投げかけた三つの有名な問いに加えて、もうひとつ新たな課題に直面することになる。

1. **あなたの事業**は何か。
2. **あなたの顧客**は誰か。
3. **顧客にとっての価値**は何か。

新たに考えるべき問いとは、「どうすればより速く価値を届けられるか」である。

第5章 大企業はリアルタイム時代に適応できない……のか？

「大きすぎる企業は潰せない？」。近年しきりに耳にする問いである。だが、リアルタイム革命について語る時は、これとは逆に「大きすぎて**成功**できない会社はあるのか？」と問いかける必要がある。画期的な変化が進むなか、巨大企業も恐竜と同じように図体が大きすぎて絶滅するのだろうか。背筋が寒くなるような問いだが、考えないわけにはいかない。

第4章では、個人や少人数チームはリアルタイムのコミュニケーションとの相性がよいと述べた。だが、巨体をもてあますような組織では、尻尾から頭まで、そして頭から尻尾まで、最新の情報を速やかに伝達できるのだろうか？　ロボットのような反応しかできない宿命にあるのか？　大企業も実は進化しているという証拠はないのだろうか？　これらの問いをきっかけに友人たちのあいだで議論が白熱したため、わたしは「そうだ、ざっくり診断してみよう」と思い立った。だが、いったいどうやって⁉

あれこれ頭をひねった末に、アメリカの上位一〇〇社が格好の診断対象だと気づいた。そこで、

「フォーチュン500」を活用した。アメリカの上場企業五〇〇社を総売上高順に並べた、雑誌『フォーチュン』が発表する毎年恒例のランキングである。幸いにも、この原稿も仕上げの段階に入った二〇一〇年五月三日に最新リストが公表された。

わたしは上位一〇〇社のメディア対応部門にメールでアンケートを送った。ウェブ上をリアルタイムに情報が行き交う新しい現実にどう順応してきたか、問いかけたのである。以下がその文面だ。

最もふさわしい回答者にこのメールをご転送いただければ幸いです。

このアンケートの結果は、まずはわたしのブログに載せる予定です。『ハフィントン・ポスト』に掲載予定の署名記事や二〇一〇年一一月刊行予定の著書でも紹介すると思います。

他社にも同様の依頼をしています。

さて、お尋ねしたい内容は以下のとおりです。

貴社ではこの一、二年のあいだに、リアルタイムのデジタル時代に対応するため、本社コミュニケーション部門とコミュニケーション手順の両方あるいはどちらか一方を改めましたか。

改めた場合、どのような内容ですか。

一文または一段落ほどでお答えください。

ご協力ありがとうございます。

デイヴィッド

末尾には電子署名とウェブサイト、ブログ、ツイッター・アカウントへのリンクを添えた。こうすれば、先方はわたしのことを即座に調べられる。

フォーチュン一〇〇社のうち、回答をくれたのは二八社だった。この結果そのものが、〝アメリカ株式会社〟に光明が見られるとは言いがたいことを示している。さらに残念だったのは、ピント外れな回答が多かったことである。他方、一握りとはいえすでに最先端を走る企業もあり、とても心強かった。つまり、ほかの企業も、正しい問いと向き合いさえすれば追いつけるはずだ。

以下、アンケートから分かった主な点を紹介していく。その内容は、「リアルタイムのコミュニケーションはカリフォルニアの飛び切り先進的な企業や、カナダ人ミュージシャンの専売特許ではない」と物語っており、後の章でも何度か触れることになるだろう。

最初に取り上げるのはある航空関連企業のエピソードである。わたしは月に何回かこの会社の製品に自分の生命を託している。これから紹介する人々がしっかり目を見開いて操縦桿を握っていると知り、正直なところ胸をなでおろした。

ボーイングのレーダー、遅ればせながらハリーの飛行機を発見

コロラド州ボールダーに住むハリー・ウィンザー（八歳）は大の飛行機好き。これまでに描いた

飛行機の絵は数百枚を下らない。そこで、クレヨンで描いたお気に入りの一枚をボーイングに送った。「当社から依頼した以外のご提案はお断り申し上げます」という紋切り型の手紙が届いた時のハリーの落胆といったらない。

ハリーの父親のジョンはこれをきっかけに、自分のブログに「つながりが大切にされる時代だというのに、顧客サービス部門の備えは大丈夫か？」というエントリーを書いた。ハリーの描いた絵とボーイングからの素っ気ない手紙も載せて、読者からのコメントを募った。さらに、リンクをツイートしてこれを広めた。

相手がほかの大企業だったら、話はこれで終わっていた可能性が高い。ハリーは肩を落としたまま、父親は機械的に手紙を寄越しただけの怠け者企業への怒りが収まらず、ネット上でこの一件を知った大勢の人々は巨大企業の愚かしさに呆れる——。

ところが、ボーイングのコミュニケーション担当部長トッド・ブレッチャーは、ツイートを見るなりハリーの父親とそのフォロワーに@BoeingCorporateというIDで返信した。「ウィンザーさんがブログに載せた当社の手紙は、お察しのとおり定型文です。お子さま向けとしては褒められるものではありません。善処します」

ブレッチャーはこの約束を果たした。まずハリーに電話をして、飛行機の絵について言葉を交わした。そして「児童から手紙が寄せられたような時の対応は、このままではいけない。何とかしなければ」と懸命に訴えた。ブレッチャーの速やかな対応に、ネット上で成り行きに注目していた人たちからたちまち賛辞が贈られた。

ブレッチャーはわたしに「当社はデジタル世界でのつながりを大切にして、人間味ある対応をしようと努力しています」と語ってくれた。ボーイングは、リアルタイムで展開するウェブの世界を注視するためにコミュニケーション担当チームを張り付け、彼らに機敏に対応する裁量を与えている。「発想の転換が起きています。社内のお偉方も、対応改善に向けて全力投球しなくてはいけないと分かってくれました」

フォーチュン一〇〇社のなかでボーイングは、リアルタイム時代の課題に積極的に対応する稀少な企業である。わたしのアンケートへの回答状況を、ほかにもいくつか紹介しよう。

チームづくり

「PR、マーケティング、顧客サービスの組織と業務手順を刷新しました。何しろいまやリアルタイム性がデジタルの世界を席巻する時代ですからね」。これはステート・ファーム保険でPR担当の副社長補佐を務めるジョー・ストゥルペックの言葉である。「戦略を立てて実行に移すために、部門横断チームを設けました。ネット上のコミュニケーションを追いかけて、場合によっては書き込みができるように専門チームを充てました。社内外とコミュニケーションする時には、必ずリアルタイム対応を念頭に置くようにしています。ですが、もっと重要なのは、発想が変わったことですね。リアルタイム時代の到来を受けて、消費者の影響力の大きさに目覚めました。人々とじかに意見を交わす利点を大切にするようになりました。そうすれば、ニーズによりよく応えられますから」

コカ・コーラは、コミュニケーション環境が全体として激変する様子を目の当たりにしている。「これまでの『コミュニケーション』と『マーケティング』の垣根が低くなってきています」。こう語るのは、コカ・コーラのマーケティング・コミュニケーション担当上級マネジャー、ペトロ・カクールである。「ですからわが社でも、コミュニケーション業務のとらえ方や、お客さまとのつながり方が変わりました。一方的な発表から双方向の対話へと軸足を移しているところです。新しいトレンドが勢いを増していて、会社の評判への影響も見過ごせませんよね。このため、二〇〇九年三月にデジタル・コミュニケーションとソーシャルメディアの部門を新設しました。きっと、新しいデジタル空間で安心して効果的に活動するうえで役立つでしょう」

フォーチュン一〇〇社のなかでは、インテル、フォード・モーター、シェブロンなどが、新しい領域でのリーダー役を社内で指名している。シェブロンでは、メディア・アドバイザー（企業方針・政府・広報担当）のジャスティン・ヒッグスが二年前からこの役割を担っている。

ネット上を飛び交う情報をモニターする

第8章で述べるが、リアルタイム時代に適応している企業は、自社をめぐる書き込みをソーシャルウェブ解析ツールで熱心にモニターしている。その典型はベライゾン・コミュニケーションズだ。

最高コミュニケーション責任者のピーター・トニスはこう述べていた。「当社はこの二年間に、ソーシャルメディアやオンライン・メディアへの関わりを大幅に強化しました。メディア環境の変化の足取りが急激に速まっていますからね。組織を改編して、ネットの世界の様子を追いかけて速やかに対応できるようにしました。当社のニュースを伝えたり、新製品を発表したりする機会に、こちらから積極的にネット・コミュニティと関われるように、という狙いもあります。組織も再編しました。いまではコミュニケーション専門チームの何人かはデジタル・メディア専任ですし、全員が多少なりともデジタル領域に関与しています」

ウェルズ・ファーゴは二〇〇六年、大手銀行で初めてブログを開設し、ソーシャルメディア専門チームを設けた。「お客さまとの距離を縮めたかったのです」。こう語るのは、ソーシャルメディアを担当するエド・タープニング副社長である。「ツイッター・アカウント@AskWellsFargoが好例です。ツイッターの世界に足を踏み入れて、ウェルズ・ファーゴ関連のつぶやきを探すと、何かでお困りのお客さまに力添えをしたり、取引のお礼を申し上げたりする機会が得られます。ツイッターのようなツールを使うと、お客さまの気持ちや当行関連の情報をいち早くつかめるのです」

ガイドラインの作成と社内教育

詳しくは第13章で紹介するが、ＩＢＭは他社に先駆けてガイドラインを作成して、従業員にリアルタイムのコミュニケーションを奨励している。わたしが話を聞いたかぎりでは、フォーチュン一

○○社のなかには、ＩＢＭと同じようにガイドラインと従業員教育を導入ずみの企業がちらほらある。プルデンシャル・ファイナンシャルもその一社だ。

「従来のコミュニケーション方針を土台にして、従業員向けのソーシャルメディア関連の方針を決め、幹部からも承認を取り付けました。技術は変化しているかもしれませんが、以前から、社内外とのコミュニケーション方法についての充実した方針がありましたから」（プルデンシャルの最高コミュニケーション責任者ボブ・デフィリッポ談）

フォード・モーターでは、グローバル・デジタル・コミュニケーションの責任者スコット・モンティがコミュニケーション担当者を対象とした研修の場を設け、リアルタイム・ウェブが業務にどう関わるかを全員に理解させている。こうした理解は日常のやりとりだけでなく、リアルタイム対応を織り込んだ戦略プランの立案にも役立つ。

インテルはソーシャルメディア研究センターやガイドラインを設けるほか、『デジタルＩＱ』と称する網羅的なソーシャルメディア教育カリキュラムを導入している。ニューメディア・配信担当マネジャー、ケン・Ｅ・キャプランはこう語る。「このカリキュラムによって、リアルタイム対応を短期間に身につけさせることができます。従業員なら誰でも受講できますが、営業とマーケティングの担当者には義務づけています……世界中の従業員を教育するこのカリキュラムの一環として、ニュース、社内の模範例、重要な知見を共有するための社内コミュニティも設けたんですよ」

市場とつながる

ボーイングの例を引き合いに出したように、フォーチュン一〇〇社のなかにもネット上で市場とリアルタイムでつながる企業がある。これは朗報である。UPSもボーイングに劣らないほど先進的である。UPSでPRを担当するデビー・カーティス＝マグリーは、「当社もご多分に漏れず、人々とつながって情報を共有するのは大きなチャンスだと見ています」と語ってくれた。「最新情報や誤った情報にすぐさま対応できれば、メディア、従業員、顧客、一般の人々に事実を的確に伝えられますから」

二〇一〇年一月、ある噂がソーシャルメディア上で猛烈な勢いで広まり、UPSなど数社がこれに気づいた。カーティス＝マグリーが言う。「『大地震のあったハイチ向けにかぎって、重さ二二キロ未満の荷物を無料配送する』とUPSが申し出ているという内容でした。わたしたちは、ツイッターとフェイスブックを通じてすぐさま噂を否定し、公式ブログ『アップサイド』をご覧いただくようお願いしました。ブログには、救援機関への当社の支援、ハイチ向け輸送の中断、一般の方々からの援助物資を受け付ける救援機関などについて記事を載せました。当社の告知を見てこのブログを読んだ方々は、二四時間足らずで一万人近くに達しました。確認したところ、この間に噂を訂正したブログと討議用フォーラムは三八にのぼりました。CNN、『フォーリン・ポリシー』、NPR（ナショナル・パブリック・ラジオ）の電子版が公式ブログでの当社の声明を紹介していました。救世軍がブログ上で噂を打ち消すなど、救援機関も告知に一役買ってくれました」

これらの対応からは、フォーチュン一〇〇社の多くが「**この一、二年のあいだに、リアルタイムのデジタル時代に対応するため、本社コミュニケーション部門とコミュニケーション手順の両方あるいは一方を改めた**」に違いないと推察できる。

お問い合わせ有難うございます

わたしのアンケートに回答を寄せてくれたボーイング、シェブロン、コカ・コーラ、フォード、インテル、プルデンシャル・ファイナンシャル、ステート・ファーム保険会社、UPS、ベライゾン・コミュニケーションズ、ウェルズ・ファーゴなどは、先進的と呼ぶにふさわしい企業である。これら企業の幹部がもしこの本を読んでくださっているなら、こうお伝えしたい。「御社のリアルタイム・コミュニケーション部門は見事な働きをしています。どうかわたしの賛辞をお伝えください」

何と、一部の企業からはリアルタイムで返事があった。「補足質問はありませんか」「電話で詳しいお話をしましょう」「回答は見合わせます」……。こうした返事もまた、わたしのささやかな調査にとって有用である。

わたしがメールを送信したわずか一〇分後に、誰よりも早く返事をくれたのは、レイセオンのコリン・コバルスキーである。これから飛行機に搭乗するところだというのに、回答期限を問い合わせてきた。なんという早業だろう。マラソン・オイルのリー・ウォレンは二時間後に「今日は四半期業績の発表を控えていますので、回答にはもう少しお時間をください」とメールをくれた。これもすごい。フォーチュン一〇〇社の最高コミュニケーション責任者が、四半期で最もコミュニケーションが繁忙な日に、わざわざ時間を割いてわたしのアンケートに即応してくれたのだ。「アンケートには回答できない」という趣旨の即答もあった。実は、フォーチュン一〇〇社のなかで二番目（一五分後）に返信してきたのはマイクロソフトだった。回答を断ってきたのだ。トラベラーズ・カンパニーズとクラフトフーヅからも断りが入った。アンケートには答えてもらえなくても、メディア担当者からすぐに丁重な連絡をもらい、わたしは感謝した。これもまた好印象につながる。

わたしは、このメール調査を客観的に進めてフォーチュン一〇〇社の対応スピードを統計に取りたいと考えていた。ところが、アンケートを送る前にまず、宛先を見つけなければならなかった。これは予想をはるかに超える困難な作業だった。

連絡を歓迎する人、しない人

わたしは雑誌『Eコンテント』の編集協力、『ハフィントン・ポスト』への寄稿、ブログや本の執筆調査などをとおして、企業のメディア対応部門と接する機会が多い。好んで使うのは電話ではなくメールである。いまでも初回は電話で連絡するというジャーナリストもいるが、経験則では、初回の依頼も優に九割を超えるケースがメールである。だから、アンケートもメールで行った。

最初に、一〇〇社のメールアドレスを調べる必要があった。メールをいっせいに送信して、返事が届くまでの時間をできるだけ公平に記録するために、前の週にアドレス情報を集めた。

手順は次のようなものである。まず、二〇一〇年度のフォーチュン五〇〇社リストに示された会社名をそのとおりに入力して、グーグルで検索した。次に、各社のウェブサイトのメディア向けページでアドレスを探した。その際には汎用アドレス（例：media@company.com）を優先した。結局、メディア対応のための汎用アドレスを掲載しているのは二六社だけだった。次善の策としてウェブ上の問い合わせフォームを当たったが、フォームを用意していたのはわずか一四社である。どちらも見つからない企業については個人のアドレスを探した（相手が出張あるいは休暇中かもしれないので、ジャーナリスト的な視点からは避けたい手段だったが）。個人宛に送るしか方法がない場合は、肩書きが最も上位の人物か、最もふさわしい部門に属する人物を選んだ。

幸いにも、AT&T、ヒューレット・パッカード（HP）、レイセオンの三社はソーシャルメディア担当者のアドレスを掲載していた（全員が速やかに返事をくれた）。ここまでで七〇の連絡先がこともなく判明した。大半の企業のついては、一分足らずでメールアドレスか入力フォームのURLが手に入ったのだ。

この先は格段に厄介だった。残りの多くの企業サイトでは、メディア対応部門のアドレスをいく

フォーチュン100社へのメディア関係者からの連絡法

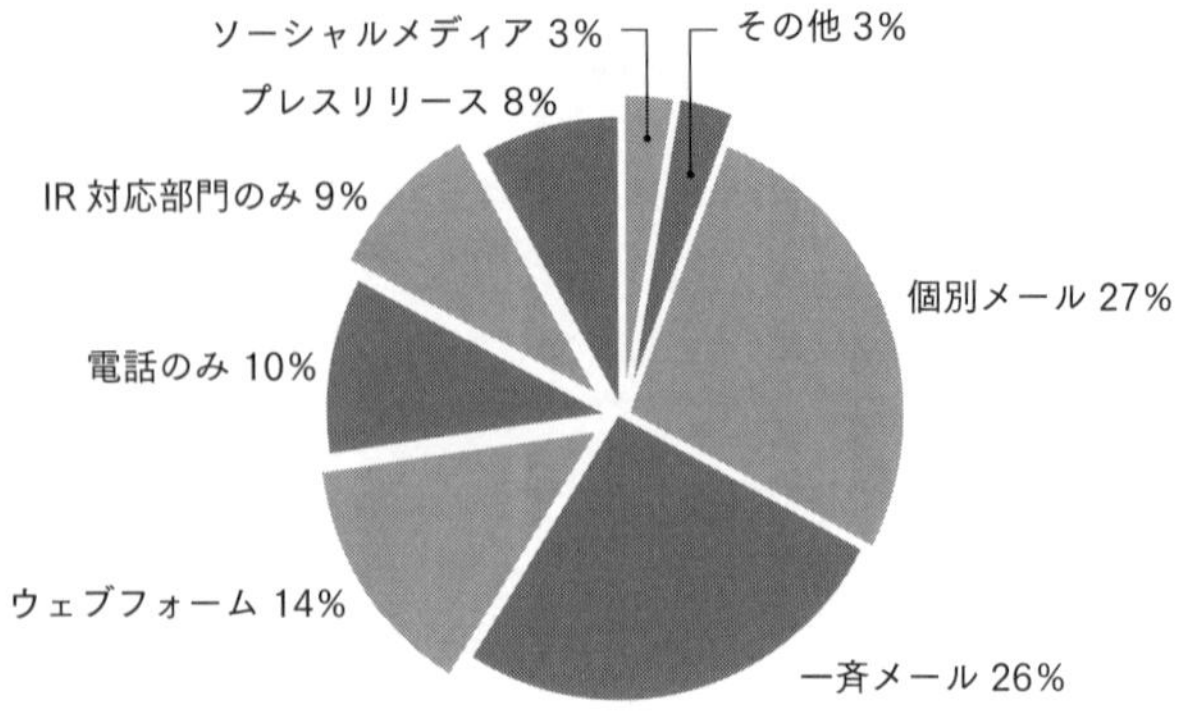

ら探しても見つからなかったのである。そこで仕方なく、一工夫して、プレスリリースから電子メールを拾い出そうとした。この方法で八社の連絡先が見つかった。ほかの九社では、メディア対応部門の連絡先は手に入らず、IR（投資家対応）部門の連絡先で代用した。IRは別部門だが、PR部門とちょくちょく連絡を取り合っているはずだから、わたしのメールをそのまま転送してくれるだろうと考えた。

一〇社は電話番号しか掲載していなかった。もちろん、電話をかけることもできたが、最初は一律にネットを使って連絡すると決めてあったし、何といっても、いま書いているのはウェブ・コミュニケーションの本なのだ。

詳しい連絡先を探す途中では、イライラする経験もいくつかあった。ファイザーは、問い合わせフォームを設けているのはよいのだが、文字数が五〇〇字以内と少なく、わたしのアンケートはとてもではないが収まりきらなかった。何と馬鹿げた制限だろう。五〇〇字を超えると過剰摂取で健康に悪いとでも言うのだろうか？

アメリカン・インターナショナル・グループ（ＡＩＧ）の問い合わせフォームは、まったく機能しなかった。壊れていたのだ。おいおい、ＡＩＧ！　ウォルグリーンのフォームは事前の登録と承認を必要とした。わたしは構わないが、余分な時間がかかるから、せっかく関心を持ったのにそっぽを向いてしまう人もいるのではないか。

いよいよ送信

アンケートは二〇一〇年五月四日（火曜日）、午後一時一分から四四分（東部夏時間）にかけて送信した（アメリカ全土の通常営業時間である）。

明るいニュースはこれくらいにして、恐竜が生息するジュラシック・パークに目を移し、進化の形跡が見られない巨大企業を探してみよう。

アンケート対象の一〇〇社のうち、何らかの返信があったのが二八社、連絡できなかった企業が一一社あった（電話番号しか分からなかった企業と入力フォームが壊れていたＡＩＧ）。つまり、残る六一社からはなしのつぶてだったわけである。

定型文で返信してきた企業もあるので紹介しよう。

マサチューセッツ・ミューチュアル・ライフ・インシュアランス：ご連絡ありがとうございます。電子メールを受け取りました。後ほどお返事いたします（返事はなかった）。

アマゾン・ドット・コム：ご連絡ありがとうございます。ご依頼を承りました。すぐにお返事申し上げます（返事はなかった）。

ウォルグリーン：資料を請求いただきありがとうございます。サイト管理者がすぐにご要望に対応いたします（これも返事はなし。ところで、「サイト管理者」とは何者だろう？）。

ジャーナリストとしての立場から言わせてもらえば、この三社の返信は最悪である。いっさいダンマリの六一社については、理解できなくはない。だが、自動メールで返答を約束しておきながら、それを反故にするとは何事だろう。これら企業は「有言不実行」をコミュニケーション方針に掲げているのだろうか？

デュポン、シスコシステムズ、フェデックスからの返事ときたら、あまりに滑稽で思わず笑ってしまった。

デュポン：「デュポン・ポリシー」の規定により、調査票はすべて書面またはファクスで以下にご提出ください：デュポン・カンパニー、調査回答担当［以下、住所］。届いたアンケー

フォーチュン100社の返信状況

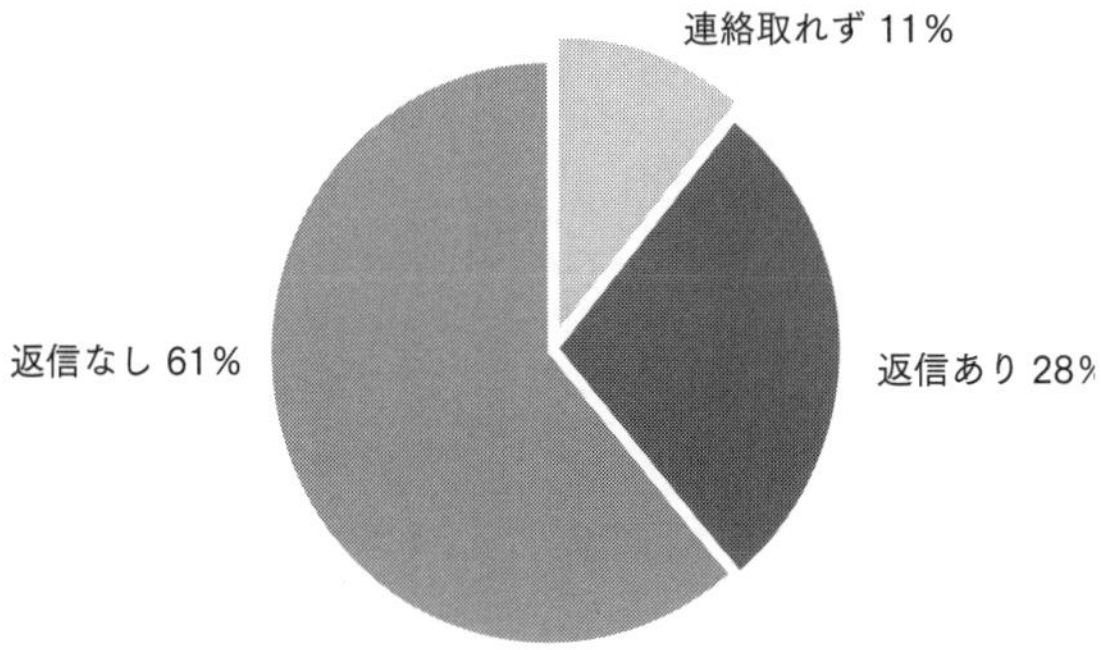

トはふるいにかけたうえで社内の最適任者に渡し、検討のうえ回答いたします。ただし、デュポンは回答を約束するものではありません（そもそも、調査票とは何のことなのか？　それはそうと、わたしは指示に従って依頼を書面で送付した。何の回答も受け取っていないが、向こうにも言い分はあるのだろう。「回答を約束しない」と述べているのだから）。

シスコ：あなたのご意見は、当社のウェブサイト・フィードバック部に提出しました。ご関心をお寄せいただき、ありがとうございます（はぁ？「ウェブサイト・フィードバック部」？　返事はなかった）。

フェデックス：フェデックスは小包の翌日配送では先駆者だが、どうやら、ネット上でのリアルタイム対応には気を配っていないようだ。しかも、自社に届いた電子メールをろくに読んでもいない。依頼から二〇日後、わたしは次のような返事を受け取った。「**お問い合わせありがとうございます。せっかくではありますが、この窓口ではあなた様のご用件に対応しかねます。残念ながら、フェデックスは学生のみなさんからの質問に個別に対応する体制を備えていません。しかし、当社ウェブサイトには豊富な情報を載せてあります**」（おいおい、フェデックスよ。学生からの質問とは何だ。メールの文面も読まず、わたしの素性も確かめなかったのか？　ＣＥＯに「リアルタイム対応ではＵＰＳにまったく歯が立ちません」と報告するのを忘れないように）。

フォーチュン一〇〇社の対応スピード

わたしの手法に疑問を唱えるなら、どうぞお好きに。たしかにわたしは『ニューヨーク・タイムズ』の名物記者トーマス・フリードマンではないし、統計の専門家でもない。だが、わたしだって、たくさんの読者を抱える各種の刊行物に寄稿しているし、ＰＲ畑の人々が関心を持つ分野の世界的ベストセラーも上梓している。何を隠そう、専門はマーケティングとＰＲなのだ。

だから、企業のメディア対応部門の連絡先が見つからず、まともな回答がないか、まったく音沙汰がないなら、その企業のリアルタイム・コミュニケーションの基盤に深刻な欠陥があると指摘しても行きすぎではないだろう。

フォーチュン100社の対応スピード

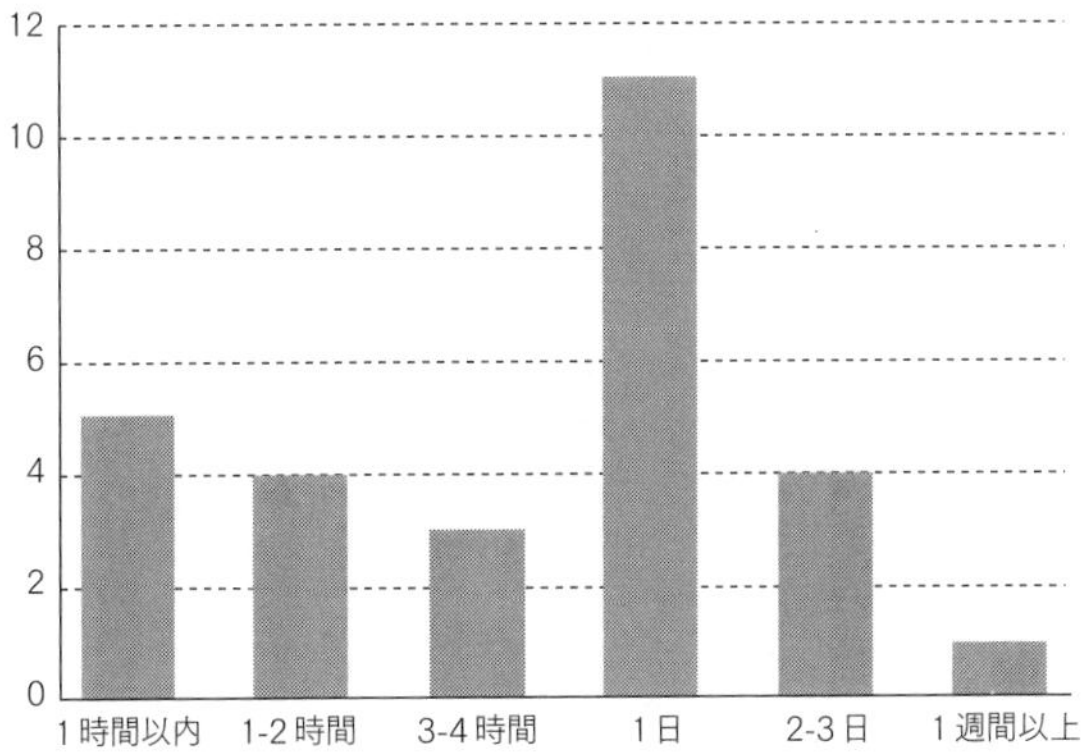

メディアからの問い合わせにリアルタイムで返信したのは、フォーチュン一〇〇社のわずか四分の一。いったいどうしたわけだろう？　先頭グループを形成するのは、一時間以内に返信した五社だ。アンケートを送った当日に合計一二社、翌日はさらに一一社が返信をくれた。

　リアルタイムの発想を身につけたこれら企業は、ほかの面でも優勢である。二〇一〇年の株価を比較すると、フォーチュン一〇〇社に名前を連ねる上場企業のうち、わたしのアンケートに返答した――つまり、リアルタイム・コミュニケーションを実践している――企業の平均はＳ＆Ｐ五〇〇種株価指数を上回り、それ以外の企業の平均はこの指数を下回っていた。二〇〇九年一二月三一日と二〇一〇年九月三日（この原稿の脱稿日）の終値を比べると、回答があった企業の六五％は株価が上昇していたが、無回答の企業ではその比率は三九％にとどまっていた。

フォーチュン100社
2009年12月31日から2010年9月3日までの平均の株価変化率

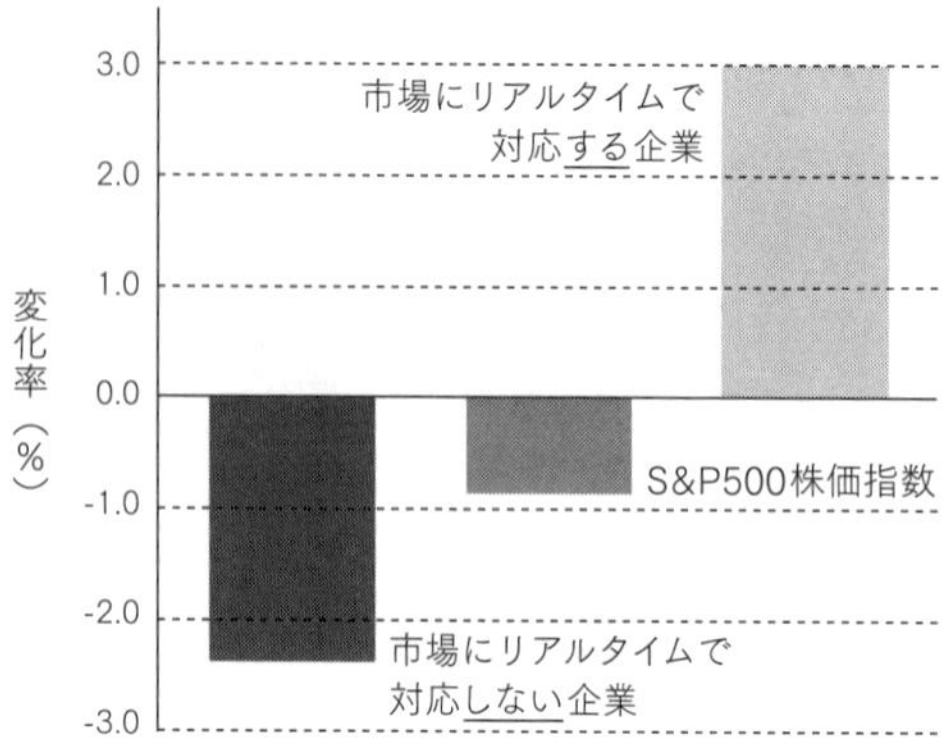

この調査結果は、かねてからのわたしの予想を裏づけている。つまり、巨大企業でも、その気さえあればリアルタイム対応を実践できるのだ。先進的な企業を見てきたし、その実名を挙げることもできる。

残念ながら、この調査結果はわたしの懸念も裏づけてしまった。フォーチュン一〇〇社の四分の三は連絡がつかないか、返答がないか、どちらかだったのだ。ネットの常時接続が当然のいま、これではいただけない。もしあなたが、対応の鈍い企業の株主なら、CEOに手紙を書いて理由をただしてはどうだろう。例によって、なしのつぶてかもしれないが。

リアルタイムのROI（投資収益率）

本書（英語版）の初版を刊行して以来、わたしは世界中の講演で、以上のようなリアルタイム対応に遅れた企業を取り上げて、その株価パフォーマンス

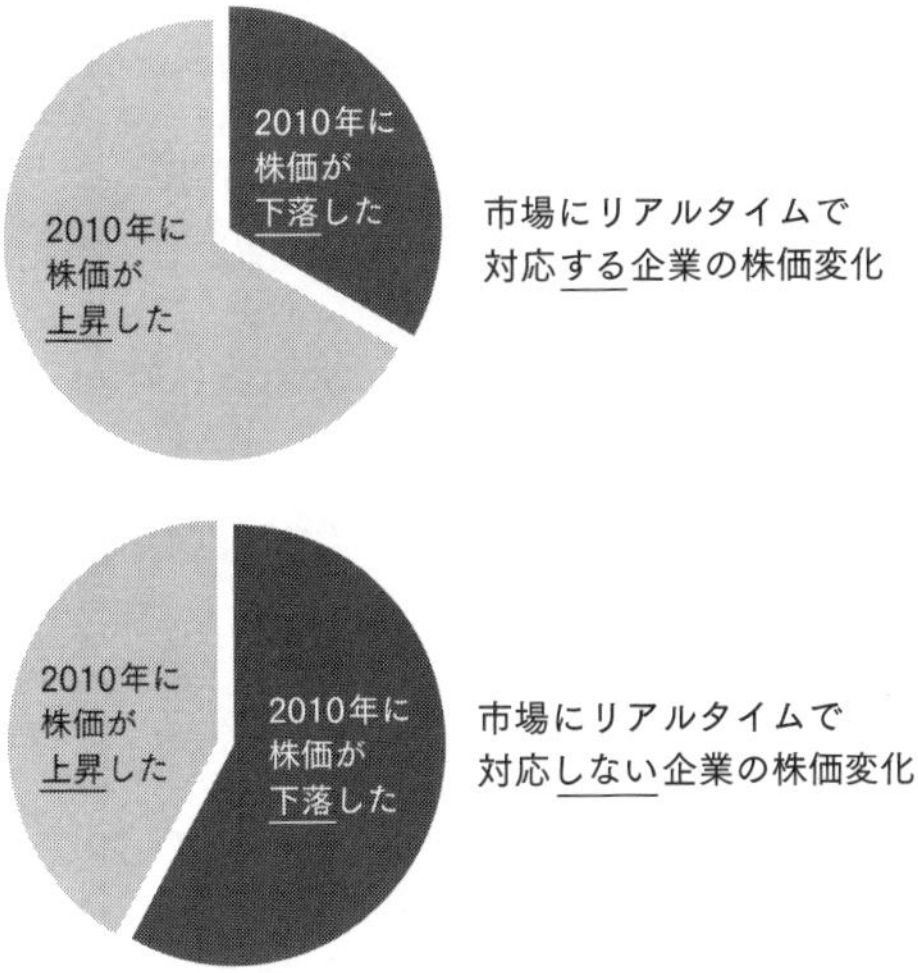

が先進企業に劣っている様子を語ってきた。名指しして情容赦なく笑いものにしたものだ。

この間、大企業のCEOを含む数多くの経営者と意見を交わす機会にも恵まれた。そのたびに同じ質問を持ち出した。「リアルタイム・コミュニケーションに取り組む企業は、なぜこれほど少ないのでしょうか。他社はいったい何をしているのでしょう」

リアルタイム・コミュニケーションを実践する企業はそれ以外の企業に、株価パフォーマンスで平均五％も水をあけている。

惰性に流されている面もあるだろうが、それを別にすると、最大の障害は恐怖心のようだ。未知のものへの恐れ、コントロールを失うことへの恐れである。もちろん、産業界のリーダーが素直に「怖い」

と明かすはずはない。その代わりに、リアルタイム対応が「ＲＯＩ」（投資収益率）を高める証拠が必要だと言う。「数字で納得いくまで説明してもらわないかぎり、リアルタイム・メディアの重要性を認めるつもりはない」などと。

こうしたフレーズを耳にするたびに、笑いを噛み殺さずにはいられない。「あなたのポケットのなかのスマートフォンはどうなのですか。デスクの上の電話は？　電子メールは？　どれもこれもＲＯＩを厳密に計算したうえで導入を認めたのですか」と突っ込みたくなるのだ。

ＲＯＩを持ち出すのはこじつけである。了見の狭いトップダウン型の企業が、降って湧いたような現実から目を逸らすために、ＲＯＩうんぬんという理屈にすがろうとしているのだ。コミュニケーションが休みなく展開するいまの環境で成功するには、第一線の社員に、顧客と対応しながら即決する権限を与えなくてはならない。

だが、それはコントロールを失い、手綱を放すことをも意味する。あれこれ口を出さずにいられないお偉方にとっては、身の毛もよだつような事態だ。だから、恐怖心に駆られて会社のコミュニケーション能力を麻痺させ、時には、社員のソーシャルメディア利用まで全面禁止してしまう。

業界カンファレンスで講演するたびに、この問題に頭を抱える第一線のコミュニケーション担当者に出くわす。彼らは、「お客さまにリアルタイムで対応する大切さを、どう上司に説明すればいいのでしょう。ＲＯＩうんぬんの議論に対処するには？」と問いかけてくる。

答えを示そう。リアルタイム性が必要だという新たな現実に順応した企業は、それ以外の企業と比べて株価パフォーマンスが五%も勝っているのである。

それでもなお、「ソーシャルメディアの利用が会社の将来を決定づける」と納得しない上司がいたら、エジプトのホスニ・ムバラク前大統領の身の上をよくよく考えてもらうとよい。

第6章　革命のライブ中継

　エジプトのホスニ・ムバラク前大統領は、ソーシャルメディアによってその座を追われた最初の独裁者として歴史に名を残すだろう。彼が最後とならないでほしいものである。もっとも、正確に言えばムバラクはこの呼び名にも値しない。すでに忘れ去られているが、チュニジアの独裁者がほんとうの意味での第一号なのだ。

　それはさておき二〇一一年の春には、世界中の人々が畏敬の念を深めつつ見守ったように、モロッコからイエメンにいたるアラブ諸国の若者が勇気を奮い起こして圧政者に立ち向かった。若者たちはフェイスブックとツイッターをとおしてその勇気を得た。数を背景にした勇気と立ち上がる力を、同時に手に入れたのである。

　本書（初版）を書きはじめたころには、すでに中東全体にうねりが広がりゆく兆しが感じられた。二〇〇八年にサウジアラビアのリヤドで講演した際は、現地の女性の多くが父親や夫の寝静まった後にソーシャルメディアにかじりついていると聞かされて驚いた。

イランでは二〇〇九年六月一二日に現職のマフムード・アフマディネジャド大統領が不正な選挙によって再選された際、これに怒って抗議する人々をソーシャルメディアが勇気づけた様子も伝わってきた。欧米の報道機関は軒並みイランから退去させられていたため、この革命の様子を垣間見ることができたのは、ひとえにユーチューブやFlickr《フリッカー》のようなメディアのおかげである。一般市民がテヘラン市街の衝撃的な映像を命がけで撮影し、投稿したのである。何の罪もない若い女性が治安部隊に殺害されるシーンなどは、あまりに痛ましかった。

この事件は、ニュース報道の歴史の転換点となった。世界の主立ったテレビ局や新聞社が、テヘラン発の情報源として主にソーシャルメディアを頼ったのである。

それから二年も経たないうちに、チュニジア人露天商が焼身自殺を図る凄絶な光景をきっかけに、アラブ世界全体に怒りが燃えさかった。

エジプトのムバラク政権は、ソーシャルメディアが民衆の怒りを煽っていることに気づいた。そして対応を誤ったのだ。フェイスブックを使ってカイロのタハリール広場での抗議運動に火をつけて組織化した、グーグル勤務の若きエジプト人ワエル・ゴニムが、アメリカのテレビニュース番組『60ミニッツ』で次のように語っている。「フェイスブックを遮断したのは、体制側の戦略の誤りです。彼らが権力を失った一因はこの失策にあります。何しろ、革命をどれほど怖がっているかを、四〇〇万人に知らせてしまったのですから」

ひるがえってアメリカはどうか。CEOらはいまだに、ソーシャルメディアの価値を示す証拠を出せと言っている。そんなことは、ムバラクの運命を見れば分かるだろう。

ネットの世界は絶え間なく動いている

以前なら、夜のニュース番組の放映時間や新聞の入稿期限を優先するかたちで、二四時間ごとのニュース・サイクルが決まっていた。それがいまでは、ネット上をリアルタイム情報が続々と休みなく流れてくる。主な情報源だけで何千もあり、それらを支える情報は、ブログ、ツイッター、ユーチューブ、Ｆｌｉｃｋｒなどを通じて何百万人もの市民ジャーナリストから提供される。ニュースは待ったなしだから、腰が重い人や会社は置いてきぼりを食う。わたしはそれを思い知って無念の涙をのんだ。

あの日、わたしは、遅くなったので仕事を切り上げることにした。事務所を出て家路につく前に、念のためもう一度メールと留守番電話をチェックしてみた。すると、『ビジネスウィーク』の記者から簡潔なメッセージが入っていた。「ウェブ・マーケティングについて記事を書いていまして、お話をうかがいたいのですが。できるだけ早く電話をいただけないでしょうか」

すぐに折り返すべきなのは分かっていた。だが、その週は忙しくて疲れていた。もやもやした気持ちを抱えながらも、そのまま事務所を出た。運転しながら携帯電話で連絡を入れてもよかったし（もちろん、ヘッドセットを使って安全に）、家族との夕食をすませた後に電話をかけてもよかったはずだ。いつもはすぐさま折り返している。それが習慣なのだ。債券トレーダーだったわたしの本能でもある。それなのに、あの日はいったい何を考えていたのだろう。

次の日、朝一番に電話をかけた。

「必要な取材はすべて終えました」というのが記者の言葉だった。「いずれにしても、ありがとうございます」

メディアの世界はすでにリアルタイムで動いている。あなたもこの動きに着いていかなくては。

その記者の記事を後からネット上で読みながら、あのもやもやした気持ちが甦ってきた。素晴らしい記事だった。世界でも一流のビジネス誌に、わたしの専門分野の記事が掲載されている。それなのに、記事の**どこにも**わたしの発言は引用されていない。「取材を受けていれば、ここにわたしのコメントが入ったはずだ」と、具体的な箇所まで特定できた。だが、そこにあるのは、わたしではなく別人による心憎いコメントだった。

クソッ、失敗した……。

つづく数日間は、リアルタイムの好機をみすみす棒に振ったことを何度も思い起こし、そのたびに自分を責めた。記者からの電話に折り返す際に、（相手よりも）**自分の**都合を優先したせいで、取材を受け損なった。読者にコメントを届ける機会を逃したのだ。

リアルタイムで情報が流れる状況に適応しよう

企業がマスメディアへの露出を希望する場合、従来のやり方では、まずはＰＲ部門が一週間かけてプレスリリースの文面を練り、経営陣や法務部門にじっくり目を通してもらう。そして何週間もの後、ようやく公表にこぎつけると、何とか記事にしてもらおうとしてＰＲ担当者が記者に電話攻勢をかけるのだ。

これとはまったく逆の例もある。予想外の事件が急展開し、企業がはからずもスポットライトを浴びてしまった場合だ。記者の側から取材の電話が入り、最新の情報やコメントをせっつかれるのである。ＰＲ担当者は経営陣、ＰＲ会社、弁護士と相談するために、時間稼ぎをしなくてはならない。

少なくとも従来のルールのもとでは、スケジュールについて全員の了解があった。夜のニュース番組や翌日の朝刊に間に合わせるには、夕方までに発表すればよかった。いまではそれでは通用しない。リアルタイムで対応しなければ、ニュースの流れに取り残されるのだ。

どこかの企業が事件の渦中に投げ込まれるたびに、いまだにリアルタイム・コミュニケーションに疎い企業があることが明るみに出る。ニュースを受けて世間が騒いでいる肝心な時に当の企業はダンマリを通してしまう。首脳陣が本社コミュニケーション部門、ＰＲ会社、顧問弁護士らと延々と協議をつづけて会議室から出てこないのだ。さらに悪いことに、現地のＰＲ担当者は、地球の裏側の本社から声明文についての了解が得られるまで、手をこまねいている。日本の豊田市はそろそろ朝だろうか？

声明文を練りに練ることにどれだけ価値があろうとも、第一報の直後に沈黙を通したのでは、「何かを隠しているのでは」という疑念を生んでしまい、せっかくの声明文も台無しになる。しかも、ようやく発表されたとしても、これまたたいてい、役人の作文のような用心深い声明文であるため、回りくどくて意味不明の逃げ口上に聞こえてしまう。

いまの時代に肝心なのは、相手から必要とされている時にメディアに対応することである。経営陣は、マスメディアとソーシャルメディアの両方で自社についてどんな情報が流れているかを、リアルタイムで把握しなくてはいけない。世間から注視される事態になったら、経営陣もＰＲ部門も、一時間以内には対応できる心構えでいるべきだ。

ニュース記事に影響をおよぼそうとするなら、いまこの瞬間、つまりニュースが誕生した瞬間に動くことだ。

かつてのメディア対応スケジュール

多くの企業の時代錯誤を、架空のおおげさな例をもとに説明しよう。
ある有力な業界誌に、X社の新製品に欠陥があるという記事が載ったとする。以下に示すのは、古い発想から抜け出していない企業にありがちな対応である。

一日目：雑誌が発売になり、問題の記事が自社に悪影響を与えかねないとの情報が首脳陣のもとに入る。対策を練るため、PR部門、法務部門、関連する製品部門、PR会社などの代表者による特命チームを編成。
二日目：特命チームのメンバーが朝から晩までカンヅメ状態で調査と対応案の作成を行う。
三日目：特命チームと役員の会議。経過説明と行動案のプレゼンを経て方針を決定。
四日目：特命チームによる事実の検証と最終案の精査。続いて実行への手はずを整え、プレスリリースなどの必要資料を用意。
五日目：自社サイトに見解や対応策を掲載し、同時にプレスリリースを発表。役員会見の準備。

ここまでに要したのは一**週間**。リアルタイムで動くメディアの世界では、一週間は一世紀に等しい。すでに後の祭りで、すべては水の泡。残念！

アマゾン・ドット・コムという名の偉大な兄弟《ビッグブラザー》

ここで、遅すぎたメディア対応の実例を紹介しよう。しかも、「らしくない」例である。かのアマゾン・ドット・コムが、自社製品の悪評を放置して、お客さま重視の姿勢を印象づけるチャンスを逃したのだ。

二〇〇九年夏、某出版社が何冊かの本のキンドル版を発売した（キンドルはアマゾンの電子書籍リーダーである）。タイトルはジョージ・オーウェルの『一九八四年』や『動物農場』ほか。ところが、発売元は著作権を持っていなかった（傑作な皮肉を後ほど紹介する）。

これに気づいたアマゾンは七月一六日、理由をいっさい説明しないまま、購入者のアカウントから問題のある一連の作品を削除し、返金処理を行った。

顧客は、電子書籍が跡形もなく消えてしまい、キツネにつままれたようだった。なぜ？　アマゾンで購入したはずの商品が手元から失われた――。

キンドル利用者のコミュニティにさっそく波紋が広がり、アマゾンのコミュニティ内にあるキンドル・フォーラムでは、**その日のうちに**数百人がこれを話題にした。ある顧客はこう怒りをぶつけた。

「ぼくも同じ目に遭った。ムカついたさ。わけの分からない返金があって、いきなりアーカイブから本が消えたんだから。アマゾンにメールで説明を求めたら、ただ本に『問題』があったというだけで終わり。悪いけど、人の持ち物を無断で消す時は、返金しようとしまいと、もっとしっかり説明するのがふつうだろ。ついでに言うけど、海賊本を売ったのはアマゾンで、こっちのせいじゃない。売るなら、もっと人手をかけて確認してからにしろよ。『出版社が書籍を引き揚げる場合があります』って言い訳が別の誰かのところにも届いているらしいけど、クソくらえだ」

多くの人がキンドル・フォーラムへの投稿だけでは飽き足らず、ツイッターやブログにも怒りをぶちまけた。ブーイングの嵐がみるみる勢力を強めたのは、ひとつには、キンドル利用者の多くがソーシャルメディアを使いこなしていて、ツイッターでも頻繁につぶやいているからだ。たちまち炎上しそうなことくらい、アマゾンにも予想できたはずではないのか。

その後の一週間、マスメディアはこの一件で持ちきりだった。二〇〇九年七月一八日付『ニューヨーク・タイムズ』に載った記事は、こんな書き出しである。「『一九八四年』に登場する政府の検閲官は、偉大な兄弟《ビッグブラザー》にとって都合の悪い記事を、痕跡もろとも『記憶穴』と呼ばれる焼却炉送りにしてしまう」

何という皮肉か。アマゾンがビッグブラザーとしてジョージ・オーウェルの『一九八四年』を削除するとは。だが、メディアが続々とこの事件を報じるなか、アマゾンからの**公式コメントはいっさいなかった**。これが顧客の怒りに油を注いだ。

第一報から一週間後の七月二三日にようやく、アマゾンのジェフ・ベゾスCEOがキンドル顧客向けコミュニティ・フォーラムに声明を出して謝罪した。

キンドルを通じて違法に販売された『一九八四年』をはじめとする小説に関しまして、先般の弊社の対応をここに陳謝します。弊社の「解決法」は愚かで思慮を欠き、企業理念とひどくかけ離れたものでした。まったくの自業自得であり、これまでに寄せられたご批判を当然のものとして受け止めております。今回の痛切な過ちを苦い薬とし、今後は、使命に沿ってよりよい判断を下すために活かしていく所存です。

お客さまに深くお詫び申し上げます。

アマゾン・ドット・コム創業者兼CEO　ジェフ・ベゾス

ベゾスが謝罪した直後、キンドル・フォーラムの論調は一変した。**最初の一〇分間に**一三件のコメントが寄せられ、そのほとんどがベゾスに好意的な内容だった。一部を紹介しよう。「ありがとう。僕にとってはどのみち、それほど大きな問題ではなかった」（ベゾスの謝罪の一分後）。「とても勇気ある行動だね、ベゾスさま。いまもアマゾン一筋の顧客より：）」（二分後）。

そう、過ちは必ず起こるものだ。どんな組織も早晩、これと似た状況に直面するだろう。ただし、ネット上で絶えず新しい情報が行き交う最近の状況のもとでは、事件発生と同時に対応できるようにしておかなければいけない。さもないと、問題がどんどん大きくなっていく。まる一週間も沈黙していたのでは、状況がまったく分かっていないか、配慮を欠いた会社だと白状しているようなものだ。

この例では、ベゾスの謝罪は心のこもった適切なものだった。だが、謝罪するのが遅すぎた。何百人もがリアルタイムで声をあげたのだから、アマゾンとしても当然、即座に対処すべきだった。初日に不満を吹き飛ばすまたとないチャンスがあったのに、それが活かされなかった。

一週間も待たずに、七月一六日、キンドル・フォーラム、ツイッター、ブログなどで顧客のあいだに波紋が広がった初日にベゾスが発言していたらどうだろう。おそらく、まったく違った展開になっていただろう。マスメディアが嗅ぎつける前にリアルタイムで謝罪していれば、その時点で終息していたのではないか。

次に、ニュース編集室の内側に迫り、どうすれば内容にリアルタイムで影響を与えられるかを考えたい。

ニュース発生と同時に動く

一〇〇年超の歴史を誇る『ウォールストリート・ジャーナル』（ＷＳＪ）紙は、全米最大の発行部数を誇る。欧州版とアジア版もあるため、いまやビジネス・金融分野の世界的な一流紙である。上場企業にとって、ＷＳＪに好意的な記事が載れば値千金である。だからＰＲ担当者は、色よい記事を書いてもらうために記者と親しくなろうと手を尽す。

メディア業界の例に洩れず、ＷＳＪも近年では大きな変化を遂げてきた。記者たちはいまやネットでネタを集め、一〇〇万人近い購読者を持つウェブ最大の有料ニュースサイト、ＷＳＪ電子版で記事を発表する。巨大な電子出版企業へと進化したＷＳＪがたまたま日刊紙も発行している――それが実情なのだ。

しかし、ＷＳＪのデスクや記者に取材したところ、わたしが懸念したとおりの事実が判明した。企業のＰＲ部門のほとんどはいまも、「父親が一九六〇年代に読んでいた紙の新聞だけを発行している会社」というイメージを持って、この巨大ニュース企業に接しているのだ。

ＷＳＪ電子版の読者の多くは電子メール・アラートやＲＳＳフィードを使い、高機能携帯のブラックベリーやｉＰｈｏｎｅでリアルタイムに重要ニュースを入手しているのだが、企業のＰＲ担当者はまだそれに気づいていない。ＷＳＪのニュースは、掲載と同時に世界各地のトレーディング・

ルームにも配信されている。

中国や日本の人々さえ、ＷＳＪの自国語版をリアルタイムで入手している。それどころか、中国語によるＷＳＪ電子版は、中国国内でもひときわ躍進著しいニュースサイトである。

しかも、ＷＳＪのコンテンツは、友人に記事を紹介しようとする人たちの手により、ソーシャルメディア上でも流通しているのだ。


ネットと常時つながる人々は、自分の条件に合ったニュースを、自分好みのプラットフォームから、自分に便利なタイミングで入手する。


ニュースを届ける仕組みだけではなく、ニュース**制作**の方法にも変化が芽生えている。かつては、記者やデスクが記事を書き上げると、翌日版に掲載されるほかの記事と一緒に印刷に回されていた。それがいままでは、クリック一回で瞬時に何百万もの読者のもとに送られる。

二〇一〇年のＷＳＪは、もはや父親世代の新聞とは違うのだ。

一本の記事に複数のバージョン

かつての新聞記事は石に刻まれたようなものだった。最終版の印刷に回された後は、翌日の第一版までいっさい変更はきかなかった。だが現在では、新たな事実や誤りが見つかるつどリアルタイムで更新される。

目配りを怠らずに速やかに動くPR担当者にとって、これは絶好のチャンスとなる。新聞社のサイトに、不正確な情報にもとづく自社の記事が載ったら、すぐさま電話で指摘しよう。記事の取り下げはできないとしても、少なくともこちらの言い分はすぐに追加してもらえるはずだ。

仕組みさえ分かってしまえば、最初から記事の内容に影響をおよぼせるのだから、実に素晴らしいではないか。自分のコメントが引用されているかどうかは、新聞のサイトを見ればリアルタイムに確かめられる。だから、「明日配達される朝刊には、こちら側の事情がより正確に反映されているはずだ」と安心して眠りにつける。

リアルタイム・メディアの世界では、記事内容の「確定」はありえない。更新、訂正、続報、補足がいつでも可能なのだ。

締め切りのタイミングを固定したり、最終締め切りを設けたりする時代は終わった。いまでは、記事の執筆、ネット上での更新といった作業のどの段階でも、速やかに動きさえすれば修正などの依頼ができる。

つまり、PRスタッフは以前とは違い、上司や弁護士の承認を待つあいだ油を売っているわけにいかなくなった。必要に応じて動く権限を担当スタッフに与えなくてはいけない。

リアルタイムのニュース制作

リアルタイム編集の舞台裏を探るために、わたしはスカイニュース・コムのデスク、ジョン・グリプトンに話を聞いた。スカイニュース・コムは、イギリス初の二四時間ニュース専門テレビ・チャンネルの電子版である。スカイニュースはテレビ局と考えられているが、実際は「マルチプラットフォーム・プロバイダー」として、さまざまな経路でリアルタイムにニュースを提供している。具体的には、ネットではスカイニュース・コム、ラジオでは三〇〇以上の民放局、携帯電話、iPhone、SMS（ショート・メッセージ・サービス）のニュース・アラート、さらには駅のプラットフォームやヴァージンアトランティック航空の機内、ロンドンの繁華街ピカデリー・サーカスにある電光掲示板などである。

グリプトンのチームでは、午前七時から午後七時までの繁忙時には約二〇人が働いている。しかし、ニュース編集室には年中無休の二四時間体制でスタッフが詰めていて、全員がすべてのニュース・プラットフォーム向けに記事を書いている。

グリプトンはこう話してくれた。「スカイニュースはリスクをいとわず、定時ニュース番組に頼らない運営をしています。それに、ウェブがすべてだとも考えていません。ウェブサイトはいわばショーウィンドウ。わたしたちは、あらゆる人にコンテンツを提供しようとしています」

グリプトンも部下も常時、ネット上の情報交換に参加しているそうだ。「単なるおしゃべりではなく、質問への返事もすれば会話にも加わります。だからこそ、早い時期にツイッター担当記者を任命したのです。役割はただひとつ、ツイッターの世界に足を踏み入れ、そこでスカイニュースの顔になること。情報がクチコミと、キーボードをたたく指先をとおして広まっていく傾向は、最近では強まるばかりです。制作スタッフも記者もウェブのプロデューサーも、全員がツイッターとＴｗｅｅｔＤｅｃｋを使っているんですよ」。ＴｗｅｅｔＤｅｃｋとは、複数の検索条件を使って複数のツイッターのフィードをリアルタイムでモニターできる無料アプリケーションである。

グリプトンは「全員がフェイスブックに登録し、ＭＳＮライブ・メッセンジャーも使っています」とも言い添えた。「とにかく、こうしたものにつながり、参加しなければなりません。いの一番に最新ニュースを報じようとする以上、あらゆる手段を使って外からのネタに目を光らせています」

ポルノ録音電話《ロボコール》

全米政治的迷惑電話拒否登録という組織の創設者兼CEOのショーン・デイキンにとって、記者への接触は高い成果につながっている。

デイキン率いるこの組織は、ジャーナリストに興味深いネタをリアルタイムで提供して、『USAトゥデー』、ABCニュース、CNNといったマスメディアの注目を集めてきた。

アメリカでは、電話勧誘を拒否できるように「連邦迷惑電話拒否登録」という制度がある。デイキンの設けたNPOの目的は、政治的ロボコール（政治家や政治団体の録音メッセージを流す電話）がこの制度の対象外である事実を広めることだ。『政治的迷惑電話拒否』リストに人々が電話番号を登録できるよう、データベースの運用・管理もしている。

デイキンはツイッター上で「ロボコール」などの用語やフレーズの使用状況をモニターしており、場合によっては、このような用語をツイートした人に連絡して不満の中身を探っている。彼はわたしに、リアルタイムのメディア対応の典型例を話してくれた。

「総選挙をおよそ一週間後に控えた二〇〇八年のある日、太平洋標準時の午後八時ごろでした。北カリフォルニアの住民にポルノ風の政治的ロボコールがかかってきていることを、ツイッターで知りました。ピンときましたよ。『これは面白い。政治家はふつう、ポルノ風のロボコールなどしないはずだから』と思ったのです。そこで、ツイッターでこの件についてやりとりするふたりの女性に宛てて、すぐさまツイートしました。『その候補者は誰でしたか。録音はしましたか。具体的なことを教えてもらえますか』。ふたりから瞬時に返事があって、候補者の名前を教えてもらいました」

カリフォルニア州第一選挙区の下院議員候補、ゼイン・スタークウルフ（共和党）が、投票日の約一週間前の一〇月二六日、一〇万人の有権者にロボコールでメッセージを送っていたのだ。

メッセージはなまめかしい女性の声で録音されていて、スタークウルフの対抗馬マイク・トンプソンについてまるでテレホンセックスのように甘くささやいた。「マイク・トンプソンは、とてもとてもいけない人……わたしたちみんな、金融機関を救済したらダメって言ったのに、トンプソンったらブッシュのお先棒を担いだわ。愛国者法の時とそっくり。ねぇ……ゼインに投票して」

デイキンはこのロボコールについてリアルタイムでブログを書き、すぐさまマスメディアに通報した。彼はこう語っている。「北カリフォルニアのマスメディアには知り合いがたくさんいます。わたしの活動は以前に『サンフランシスコ・クロニクル』と『サンノゼ・マーキュリー・ニュース』で紹介されましたし、サンフランシスコ地区のテレビやラジオにも出演経験があります。ですから、記者はわたしの素性を知っていました。そこで彼らにメールを送り、『下院議員候補のゼイン・スタークウルフが、こんな非常識なポルノ・ロボコールを流している』と知らせたのです。翌朝には、地元のラジオやテレビがいっせいにニュース番組で報じていました。そして晩には、二四時間も経っていないのに、MSNBCの『レイチェル・マドゥ・ショー』で取り上げられたのです」

地元の報道は、デイキンの組織、全米政治的迷惑電話拒否登録にも触れた。もちろん、ロボコールに関する報道はどれもみな、デイキンの組織にとって有難い。なぜなら、投票を誘う電話に煩わされたおおぜいの人の怒りを燃え上がらせるからだ。ツイッターで興味深い話題を見つけてから、それをブログに書き、記者に連絡を入れるのにかかった時間は全部で数分。その甲斐あって翌日には全国番組で取り上げられた。こうしてデイキンは組織の認知度向上を図っている。活動ぶりがCNNで報じられると、登録者は何千人も増えた。

リアルタイムでメディアとつながる

あなたが大組織、あるいはニュースにしばしばお目見えする組織でメディア対応を担っているなら、スカイニュースのジョン・グリプトンによるメディア対応上の助言が決定的な重みを持つはずだ。だが、もっとずっと小さな無名の組織（たとえば、ショーン・デイキンのNPO、全米政治的迷惑電話拒否登録）で働く人も多い。そうした人もデイキンのように、自分の組織が主役ではない話題について、メディアで意見を述べる機会を見つけるかもしれない。そんな時にはもちろん、デイキンと同じようにチャンスを十二分に活かせるはずだ。

従来のメディア対応では、プレスリリース、電話、ジャーナリストとのつて、などが主な手段だった。電話やプレスリリースをないがしろにするよう勧めるつもりはないが、絶えず情報が行き交うネットの世界では、リアルタイムにメディアとつながるためのより優れた方法がありそうだ。

何かが持ち上がった時は、**すぐさま**メディアに連絡する方法をいくつも検討してみよう。効果的で頼りがいのある手段ばかりであっても、状況が目まぐるしく展開するなかでどれが最善かを予測するのは難しい。併用が賢明な場合もある。大切な何かを伝えようとするなら、いくつもの方法を用いるのだ。

メディアが設けた窓口を利用する

多くのマスメディアは、誰でも簡単にニュース・ネタを投稿できる仕組みを設けている。投稿専用のメールアドレスやウェブサイトを用意している例もある。一般市民から寄せられる写真、動画、実況中継を報道に活かすメディアは増えゆく一方だから、そのためのアプリケーションを使うのがメディアとつながる重要な第一歩になる。

たとえば、イギリス随一の人気を誇るニュース・アプリケーション、スカイニュース・iPhoneには、ニュース投稿用のボタンがある。このボタンを押すだけで、手元のiPhoneから写真や動画をスカイニュースにじかに投稿できる。二四時間休みなく市民からニュースを集めていることが、スカイニュース・コムの報道があれほど速い一因なのである。

ニュースをじかに発表する手段として特に有名なCNN・iレポートでは、市民がニュース報道に一役買い、ＣＮＮの報道内容に影響をおよぼしている。フリーランスの映像プロデューサーで『あなたもテレビに出演しよう――ビジネスを成功させるオンライン・ビデオ活用術（未訳）』の著者でもあるスティーブ・ガーフィールドも、これまでに何度もｉレポートに貢献してきた。

「姪の結婚式でメイン州を訪れていた時、ハリケーン『カイル』が襲来しました」とガーフィールド。「わたしはマックブック・プロをつかんで海へ向かい、たたきつける波の様子をとらえた短い動画を制作しました。そして、無料のＷｉ‐Ｆｉがある地元の図書館までクルマを走らせ、ＣＮＮのｉレポートに動画を投稿しました。ほどなく、家族全員でブランチを取っているさなかに携帯電話が鳴りました。『ごめん、ＣＮＮから電話だ。出てもいいかな』と家族に断りながら、顔がほころびましたよ。ＣＮＮはあの映像を全世界に放映したいと考え、わたしが自分で撮影したものかを確認しようとして電話をかけてきたのです。飛び切り気が利いていて、しかもとても簡単でした」

ガーフィールドはニューイングランド・ケーブル・ニュースにも、ライブ・ストリームというインターフェースを使って投稿している。自分の携帯電話から、ニューイングランド・ケーブル・ニュースのスタジオに映像を生中継するのだ。「大雪が降ったので、天気予報と同じように雪の深さを示すために、雪尺を持って家の外に出ました。わたしが実況に登場すると、スタジオの司会者が『ここでスティーブに聞いてみましょう。ボストンにいます。あちらの雪の様子をご覧ください』と告げました。わたしが自宅のまわりの雪の様子を携帯電話から生中継すると、それがテレビで流れました」。ガーフィールドの事例はふたつとも天気がらみだが、記者が興味を持ちそうなものなら投稿テーマは何でもよい。

最近は「革命的」という言葉が氾濫している――わたし自身も使いすぎている。とはいっても、いまや自分の携帯電話から映像を送信して、主要テレビ放送網を通じてリアルタイムで放映してもらえるのだから、まさしく革命的ではないか！

ここで言いたいことはただひとつ。メディアに何かを伝えたければ、ニュースを手軽に投稿できるように設けられた先進的な窓口を見逃してはならないのだ。

ツイートにハッシュタグをつける

ジョン・グリプトンが教えてくれたように、いまや記者が特ダネを探す場はツイッターである。何か言いたいことがあり、記者にそれを知ってほしいなら、ツイッターでつぶやけばいい。だが、確実に記者の目に触れさせたいなら、適切なハッシュタグとＩＤを使うのを忘れずに。

ハッシュタグは、ツイッター上で特定の話題を識別するのに使う。単語（または、頭文字の組み合わせ）の先頭にハッシュ（#、「パウンド」と呼ばれることもある）を付けたものだ。たとえば、二〇〇九年末、英仏を結ぶチャネル・トンネル内で列車ユーロスターが何時間も立ち往生した時には、これに関するツイートを示す識別子として #eurostar が使われた。ハッシュタグを使うと、ツイッター上を簡単に検索して、特定の話題についてのつぶやきをすぐに探し出せる。結果は新しい順に一覧表示される。ジャーナリストはこうやって頻繁にツイッター検索をしているから、あなたのツイートもハッシュタグがあれば彼らの目に触れるはずだ。つぶやいた数分後には、記者から補足情報を求める連絡が入るかもしれない。

これから紹介するデビッド・カールは、出版・情報業界を専門とする調査・コンサルティング企業、アウトセルのディレクター兼主任アナリストである。調査にツイッターを活用するカールは、こう語っている。「情報をふるいにかけて集めるために、絶えずツイッターを使っています。何か事件が持ち上がった時は、ツイッター検索が何といっても一番頼りになりますね。たとえば二週間くらい前に、学術資料を検索できるグーグル・スカラーにアメリカの判例データベースができました。法務情報の分野では大ニュースです。これを最初に知ったのは、ツイッターのフォロー先をとおしてでした。そこで、ほかのツイッター利用者の反応を探ろうと思い、検索をかけました。検索に引っかかったツイートには、関連のブログ記事や重要情報へのリンクがいくつも張られていました。この最初の数時間、わたしのフォローしているアカウントや検索で見つかったツイートには、未知の有益情報はありませんでした。ですから、この件では『全体像をつかんでいる』と自信を持てました。業界の最新動向を追いかけるうえで、ツイッターはとても貴重なビジネス・ツールになりました」

ブログやオンライン・メディア・ルームで意見を述べる

怒涛の勢いで展開するニュースを追いかけるジャーナリストは、専門家のブログや企業のオンライン・メディア・ルーム（ウェブ上に設けられた報道関係者用の特別コーナー）をたびたび訪れて予備知識や引用できそうな情報を探している。

あなたが何かを主張したい時は、できるだけ早くブログに書き、自分の考えを情報として世の中に送り出すのが得策である。アジレント・テクノロジーで設計＆シミュレーション・ソフトウェア部門のシグナルインテグリティ（信号純度）製品マネジャーを務めるコリン・ウォーリックは、情報を素早く広めるために自身のブログを活用している。「ブログがあると、思い立った時にすぐ動けます」と彼は言う。「たとえば、とても手軽に図やグラフを載せて、大切な情報を伝えられます。コンテンツを会社のサイトに掲載するとなれば、三日がかりになるでしょう。ブログなら、五分もあれば意見交換まではじめられます」

わたしもこの手法を何度となく使ってきた。あれは二〇一〇年五月二日の日曜日。冷めたい水道水の入ったグラスを片手に自宅で家族とくつろいでいると、電話が鳴った。発信者のＩＤには見覚えがなかったから、留守番電話につながるままにしておいた。

発信元は「逆９１１」（９１１は緊急通報番号）と呼ばれ、緊急時に全住民に警告を出す地域連絡システムである。メッセージの中身は、数時間前に近隣で起きた水道本管の破裂について詳しい状況を告げるものだった。水道水を飲む時はあらかじめ沸騰させるようにという。

わたしはさらに情報を得ようとしてネットに飛びついたが、まだ情報が出揃っていなかった。しかし、数時間のうちには新聞社のサイトにニュースが載り、テレビ局も水道管から水が溢れ出る映像を流しはじめた。飲用に適さないとみられる水が一〇〇万超の世帯に供給されたことから、州政府、特にMWRA（マサチューセッツ水資源局）はリアルタイムの危機対応コミュニケーションを迫られた。

ボストン市、マサチューセッツ州、MWRAなど地元機関による見事な対処にわたしは目を見張った。MWRAのフレッド・ラスキー事務局長は深夜まで各社のニュース番組に出ずっぱりで、刻々と変化する状況をそのつどリアルタイムで説明したのだ。詳しい内容に触れながらも、完全復旧の見込みについては安易なコメントを避けた。

この件をめぐる当局のコミュニケーション対応は鮮やかだった。そこで翌日、まだ事態が収束しないうちに、ブログに『マサチューセッツ水資源局のリアルタイム危機対応コミュニケーション』というエントリーを書いた。

すると二時間も経たないうちに、『ボストングローブ』のドン・オーコイン記者から連絡が入った。今回の事故についてコミュニケーションに焦点を合わせて取材・執筆中なので、コメントをもらえないか、という趣旨だった。今日中に話を聞かせてもらいたいというメールでの依頼だった。わたしは承知し、すぐに電話取材に応じた。

「年来の警報システム、ついに出番」と題するオーコインの記事は、『ボストングローブ』の一面を飾った。電子版に転載されたほか、通信社経由で広く配信されたこの記事は、拙著『マーケティングとPRの実践ネット戦略』に触れながら、わたしの言葉を引用していた。だがそれは、わたしが物書きだからではない。オーコイン記者の追いかけるネタに関してブログを書いていたから、取材相手としてぴったりだっただけだ。特報をいち早く取り上げたブロガーの存在は、取材源を求めていた記者にとって渡りに船だったのである。ゼネラルモーターズ（GM）の前副会長ボブ・ラッツも、すでに二〇〇四年には個人ブログ『ファストレーン（追い越し車線）』を開設し、これまで紹介してきたとの同じ手法を使った。ラッツは早い時期にブログを書きはじめただけでなく、そのブログを介してジャーナリストともしばしばリアルタイムでつながった。わたしは、退任前のラッツに会ってその手法を詳しく聞く機会に恵まれた。

彼の説明は次のようなものだった。「ブログは主として、GM側から見た真実を伝えるために使っています。記事のなかには、あまりにピントが外れた、誤認もはなはだしいものがあります。以前ですと、広報部門から記者に電話をして訂正を申し入れていました。ですが、何の訂正もないか、目立たない面の一番下に訂正文が載るだけですから、まったく無意味ですよね」

そこでニュースについてすぐに物申したい時は、ブログに詳しいことを書くようになったのだという。「自分の考えを書くのは楽しいですよ。ある時『ウォールストリート・ジャーナル』に『シボレー・コバルトはこのクラスの車種で唯一、後輪にドラム・ブレーキを使う恥ずかしい車だ』と書かれました。そこで、こう反論したのです。『これは真っ赤な嘘です。以下に挙げる同一カテゴリーの日本車とドイツ車は、すべて後輪にドラム・ブレーキを採用していますし、そもそもドラム式には何の問題もないのです』。たしかに、わたしのブログは何百万人もが関心を持つわけではないですが、気がつくとジャーナリストに読まれていました。実は、読み手は彼らだったのです。わたしが彼らの記事に目を光らせ、何か誤りがあれば間髪入れずに指摘して、同僚の前で恥をかかせようと手ぐすねを引いているのを見て、敵も以前よりもずっと慎重に記事を書くようになりました」

個人ブログや自社サイトのメディア・ルームは、最新ニュースについて自分たちの見解を補足するのにうってつけの場である。ただし、ブログを書いたり、メディア・ルームを編集したりするだけで終わりにしてはいけない。ツイートするか、興味を抱きそうなジャーナリストにリンクを送るかして、広く知らせるのだ。誰かがインタビューを申し入れたいと考えるような場合に備えて、連絡先を添えるのも忘れずに。

プレゼンをする

人前で話す機会が多い人にとっては、ライブイベントが旬のニュースについて意見を述べるまたとない場になりうる。特に政治家は、一言も聞き洩らすまいとする記者たちの注目を浴びるからなおさらだ。共和党の大統領候補（当時）ジョン・マケインは数日来の金融危機が極まった二〇〇八年九月一五日、フロリダ州ジャクソンビルで政治集会に臨み、「経済の基礎的条件《ファンダメンタルズ》は堅調だ」と述べた。よりによって、リーマン・ブラザーズが破綻し、金融市場が大混乱に陥った日のこの発言には、多くの人が首を傾げた。

対抗陣営はすかさず反論を練り、コロラド州グランド・ジャンクションでの選挙集会でオバマはこう打ち上げた。「マケイン候補が知っているのは、住まいがあるセドナの山々と首都ワシントンの職場の廊下での出来事だけのようです。……さもなければ、こともあろうに今日、いまからわずか数時間前に、経済のファンダメンタルズは依然として堅調だなどと言えたでしょうか。マケイン上院議員殿は、いったいどこの経済の話をされているのでしょう?」

オバマの選挙対策責任者だったデビッド・プラフは、著書『勝利をつかむ大胆さ（未訳）』のなかで、候補者同士のリアルタイムの応酬について書いている。特筆すべきは、オバマの見解をできるだけ速やかに、できるだけ大勢の記者に伝えるため、どのようにしてこの素早い反論が用意されたかだ。オバマ自身の口から真っ先に反論することの重要性にも注目してほしい。

われわれは定石どおりに対応した。つまり、問題のマケイン発言への反論を、その日に予定されていたオバマの演説に織り込んで舌戦を盛り上げ、報道を過熱させたのだ。当日午後の放映に向けてテレビ・ラジオCMを制作し、話題がホットなうちに全米に流す。各州に散らばるボランティアとスタッフ全員に要点を飲み込ませ、説得力を持って有権者に語りかけてもらう。ともに選挙を戦う全員、特にテレビ・インタビューに登場する人たちに、マケインの発言を徹底的に追求させる。記者たちにも、『これが選挙戦の帰趨を決定づけるかもしれない』というこちらの感触が抜かりなく伝わるようにするのだ。

これと同じ手法はビジネスでも使える。アップルは新製品をベールに包んだままにして、マスコミの期待を「これでもか」というほど煽る。そしてスティーブ・ジョブズみずからが、満を持してプレゼンに登場するのだ。

報道各位《メディア》へのお知らせ《アラート》を配信する

「報道各位《メディア》へのお知らせ《アラート》」はプレスリリースに似ているが、記者の関心が集まる直近ニュースについて、具体的な情報を提供する狙いで出される。一般に、企業のオンライン・メディア・ルームに掲載されるが、同時に、多くの人の目に触れるように、プレスリリース配信サービスを利用することも重要である。プレスリリース配信サービスはさまざまな国や言語で利用できる。

アメリカの主要プレスリリース配信サービス

- ビジネスワイヤ　www.businesswire.com
- グローブニューズワイヤ　www.globenewswire.com
- マーケットワイヤ　www.marketwire.com
- プライムニュースワイヤ　www.primenewswire.com
- PRニュースワイヤ　www.prnewswire.com

・PRウェブ　www.prweb.com

大規模な見本市や業界イベントでも、会場での出来事にメディアの注目を集めるためにメディア・アラートが使われる。二〇一〇年コンシューマー・エレクトロニクス・ショー（ＣＥＳ）の開催中にポリコムは以下のようなメディア・アラートを配信した。

メディア・アラート：ポリコム、２０１０ＣＥＳでクラウドを用いたホーム・テレプレゼンスを実演紹介

主催者・内容：ポリコム（ナスダック銘柄コード：ＰＬＣＭ）は２０１０ＣＥＳにおいて、ホーム・テレプレゼンス・ソリューションの試作機を実演紹介します。これは、ポリコムが誇る業界最先端の業務用コラボレーション機能を消費者向けに応用したものです。この製品を利用すると、世界各地の友人や家族とフルハイビジョン映像を介して、まるで相手が目の前にいるかのようにおしゃべりを交わせます。企業の映像やテレプレゼンス・ネットワークにも簡単につながります。しかも、すべてが心地よい自宅に居ながらにして実現するのです。実演場所は、ＩＢＭが「クラウド技術が生みだすスマーター・ホーム」構想用技術を紹介す

るために設けた会議スペースです。
日時・場所：IBMのスマーター・ホーム構想の一翼を担うポリコムのホーム・テレプレゼンスを詳しく知るために、ぜひご来場ください。

- 対話形式の実演：CES、一月七～一〇日、ラスベガス・コンベンション・センター、北ホール・アッパーレベル、N227・N228（要予約）
- ショーストッパーズ@CES：一月七日午後六～一〇時、ザ・ウィン、ラフィットの間
- スマーター・ホームに関するパネル・ディスカッション：一月八日、午前八時半～九時半、N227・N228

CESなどのイベントに合わせて配信されるメディア・アラートは、巨大ショーに参加する大勢のジャーナリストの関心を引くように書かれている。右の例では、ポリコムはジャーナリストの実演への来場や、CESに絡めた新製品の紹介記事を期待している。

次に紹介するバーバリーのメディア・アラートは、メディアと、ファッションに関心がある消費者の両方に向けて作成されている。

バーバリーが『バーバリー・プローサム』二〇一〇年秋冬紳士服ショーを、ミラノからライ

ブ・ストリーミングで実況中継

土曜日午後六時（ミラノ時間、グリニッジ標準時＋一時間）から、live.burberry.com で。インターネットでショーをご覧の方は当サイトから直接、または、ツイッターやフェイスブックのアカウント経由で、ショーを見ながらリアルタイムで感想をお寄せいただけます。

バーバリーの最高クリエイティブ責任者クリストファー・ベイリーは、ミラノで今回のショーの準備をしておりまして、そこで収録したビデオ・メッセージを通じて、視聴者のみなさまに土曜日のショー中継のご案内をしています。

前回の『バーバリー・プローサム』二〇一〇年春夏婦人服ショーはロンドンから実況中継しましたが、今回はそれにつづくライブ・ストリーミング企画です。前回の中継でバーバリーは、高級ファッション・ブランドとしては初めて、ショーの最中に視聴者のみなさまからネット経由でコレクションへの感想を投稿いただきました。

（編註）日本のプレスリリース配信サービスには、次のようなものがある
・@Press（アットプレス） www.atpress.ne.jp
・News2u リリース http://info.news2u.net
・PR TIMES　http://prtimes.jp/

記者会見にライブ・ストリーミング・ビデオ・フィードを導入する

記者やブロガーを招いてライブ記者会見を開くのも、情報を広める優れた方法である。

記者会見はマスコミからの注目度の高い政治家や大企業にふさわしい、由緒ある広報手段である。たとえば、毎年開催されるデトロイト・モーターショーでは、自動車会社のＣＥＯが新モデルをお披露目する際に、何百人もの記者を前に声明を発表して、その後、会場から質問を受けるのがならわしとなっている。だが、遠く離れたカンザス州ウィチタにいる人がこれを聞きたい場合、どうすればよいのだろうか？

現地に足を運べない人にもリアルタイムで視聴してもらえるように、記者会見のライブ・ストリーミングを行うとよい。ライブ・ストリーミング・サービスは数社が提供しており、たとえばＵｓ《ユース》ｔｒｅａｍ《トリーム》では、カメラとウェブを簡単にリアルタイムで連動させることができる。最近では遠隔地の視聴者から質問を受け付ける場合もあり、これには一般にツイッターやインスタント・メッセージングが使われる。後日視聴してもらえるように、動画をアーカイブに保存することもできる。ニュースのライブ・ストリーミングがいまのところあまり普及していないのは、わたしにとっては意外である。より多くの記者やブロガーに情報を届けるのは、とても大きな意義があるはずだからだ。

わたしは画期的な記者会見の事例を探すために、サクラメント・キングスというプロバスケットボールチームの副社長（事業広報担当）、ミッチ・ジャーマンに話を聞いた。ジャーマンはチームの本拠地アルコ・アリーナの広報も担当している。

「わたしどもの記者会見は、ほとんどがバスケットボール関連の発表です。先週はバスケットボール部門の社長との契約延長を発表し、記者会見を行いました。主な選手の引退も記者会見で発表します。ドラフト会議後に、指名した新人を地元メディアにお披露目する際もしかり。トレーニング・キャンプの開始前には、報道関係者と選手、コーチ全員の懇談の場としてメディア・デーを開催します」

時折ではあるが、事業に関連した記者会見も開くという。「二〇〇九～二〇一〇シーズンに先立っては、本拠地での開幕二試合のチケット完売を目指して、サクラメント市長との密接な連携のもと完売委員会を立ち上げました。この構想と委員会名を発表する役どころは、市長とオーナーに果たしてもらったのですよ」

記者会見を開くと、地元のチーム担当記者にとっては主要イベントの取材が容易になる。「うちを取材するのは地元の日刊紙『サクラメント・ビー』と週刊新聞が数紙、それに地元テレビ局四社とスポーツやニュース専門の地元ラジオ局数社です。事業がらみの記者会見では、これに『サクラメント・ビジネス・ジャーナル』が加わります。こちらはビジネス寄りの報道ですね」

サクラメント・キングスは、ブロガーとの交流にかけてはNBAチームのなかでもかなり進んでいる。「地元ファンがとても熱心にブログを書いていますので、彼らが出入りしやすいように、試合用の身分証も発行しています。記者会見にも招いているんですよ」

チームが重大ニュースを発表する時は、記者会見のライブ動画をストリーミングで配信し、誰でもパスワードなしにリアルタイムで見られるようにしている。動画のアーカイブもブロガーらに公開しているため、オンデマンド視聴向けに活用できる。

最近のキングス・メディア・デーの動画は一万二〇〇五回再生された。フェイスブック用Ｕｓｔｒｅａｍアプリを介した視聴も多く、この場合はリアルタイムで選手に質問を投げかけることもできる。他方、二〇〇九年度ドラフト指名選手の紹介イベントは、一万四八二回再生された。こうした詳しい数字をとおしてジャーマンらは、どのイベントの閲覧者が多かったかを把握できる。そこからは、最も大勢に見てもらえる日時が割り出された。「たとえば平日の午後二時に記者会見をストリーミングすると、金曜夜七時半と比べてはるかに大勢に視聴してもらえます」

さらに、ツイッターやフェイスブックの書き込みも追いかけているという。記者会見のライブ・ストリーミングのリツイート数、リンクを張られた回数、リンクがクリックされた回数も把握している。とはいえ、ライブ動画の提供はサクラメント・キングスにとって、視聴回数にとどまらないとても大きな意義がある。

ジャーマンの言葉を引こう。「技術の恩恵により、ファンとこれまでになく親しく接し、以前には考えられなかったほどの深部まで理解してもらえるようになりました。記者会見のライブ・ストリーミングは、以前ならメディアにしか公開されなかったものを広く公開し、ファンに触れてもらう絶好の手段です。ファンは従来、ローカル・ニュースで流れる記者会見のハイライトを待つしかありませんでした。見ることができるのはわずか二カット分の要約だけ。しかも、記者の私見が混じっていたかもしれません。ライブ・ストリーミングなら、最初から最後までリアルタイムで見て、自分なりの感想を抱き、チームとより直接的なつながりを築けます」

「第二段落」をものにする方法

わたしはジャーナリストとPR専門家の二足のわらじを履いてきたから、身分不相応な注目をマスコミから集めるコツを知っている。なかでもお気に入りは、「第二段落」作戦（あるいは、「ニュースジャック」作戦）である。

最新ニュースの取材に出かけるジャーナリストは往々にして、記事に〝引き〟を添えるユニークな切り口を大急ぎで探し回るものだ。そうしたネタはニュースのどの部分に関するものでも構わないが、たいていは第二段落に載る（だから「第二段落」作戦なのだ）。内容は興味をそそる事実でも、知られざる真相でもいい。

最新ニュースについて、すぐに旬のキーワードを盛り込んだブログ記事やメディア・アラートを書けば、記事の第二段落に取り上げられる可能性は高い。

例を挙げよう。パリス・ヒルトンがコカイン所持のかどでラスベガスで逮捕されると、当地のウィン・ホテルはヒルトンの立入りを禁止すると発表した。この結果、ヒルトン逮捕を報じる記事のうち、実に五〇〇〇本超がウィン・ホテルに言及した。ウィン・ホテルの切れ者社員が二、三時間で仕掛けたのだろうが、まんざらでもない成果だ。重要なのは、記者が斬新な視点を求めてウェブを検索しているあいだに、リアルタイムでそれに対応することである。

この手法を手順を追って説明しよう。

1. 新しいニュースが流れると世界中の記者が先を争って動き出し、数分以内にニュース速報を出す。
2. 次に記者は、詳細や背景説明で話を肉付けするような更新情報を流すことを求められる。そこで、「第二段落」になりそうなネタを求めてウェブ上を徘徊する。焦るあまり、関連さえあればどんなネタでも飛びついてくれる場合も少なくない。
3. こちらの仕事は、すぐに何らかの切り口を見つけ、ブログかメディア・アラートを使ってできるだけ早くウェブに掲載することである。知恵を働かせて機敏に動く必要がある。リアルタイム対応が欠かせない。

二〇一一年六月、アメリカの下院議員アンソニー・ウィーナーが「セクスティング」(性的な画像などをネット上でやりとりする行為)スキャンダルで辞職した。この直後、ポルノ企業経営者のラリー・フリントは、高齢ながらネット上でチャンスをものにする手腕を示した。

ウィーナーを自社に誘ったのである。

フリントは自身のブログで次のように申し出た。「あなたが突然の議員辞職に追い込まれたことを知り、わたしどものインターネット企業、フリント・マネジメント・グループLLCにポストをご用意させていただきます。議員としてのあなたの熱意と不屈さは誰もが知るところです。そうした姿勢と下院エネルギー・商業委員会での経験を兼ね備えたあなたは、当社にとって必ずや貴重な人材になるでしょう」

こうして、ウィーナー議員の辞職を取り上げた大手マスコミの報道のうち、数百件がこの申し出に言及したのだ。

誰が辞任する場合でも、次の進路をめぐる憶測を記事に盛り込むのが定石だから、まさに打ってつけのネタだった。ラリー・フリントの下で働くと書けば、「家族と過ごす」とするより格段に面白い記事になる。フリントはポストを提示しただけだし、それとて本気かどうかは怪しい。だが、この一件を取り上げた記事は例外なく、彼が『ハスラー』誌とネット企業数社を経営している事実に触れる。フリントはちょっとした創意工夫と一時間かそこらの手間だけで、PR担当者が旧来のやり方で一年間に獲得するよりも大きな露出を、印刷と放送、両方のメディアでものにしたのである。

新進のPR専門家にとっては、〝第二段落〟は、キャリアを一変させるような飛躍のチャンスにもなる。だが、常にアンテナを高くして即応態勢を整えておかなくては、チャンスをつかみ取れない。あるいは、勤務先がリスクをとって好機を追いかける権限を与えてくれないなら、やはり難しい。

最近のようなリアルタイムでニュースが生まれる状況は善し悪しだ。プラス面としては、いま起きている出来事をかつてないほど簡単に追いかけて自分の意見を述べられる。もちろん、軽率に発言するのは危険だが。反面、リアルタイムの対応力を培わなければ、不意に悪夢のようなシナリオに直面した時に、危機をかわしそこねる恐れもある。そんな時こそ、危機対応コミュニケーションをリアルタイムで行う手法の出番である。第7章ではその手法を紹介したい。

第7章 危機対応コミュニケーションとメディア

あなたの組織も、いつかは緊急事態に直面すると覚悟しておくべきである。そして、驚くなかれ、そうした事態は業務時間外に起こる恐れが十分にある。それでも、リアルタイムでコミュニケーションに臨む備えはできているだろうか？　備えには、事態が目まぐるしく展開するなか、マスメディアがどのようにニュースをまとめるかを知っておくことも含まれる。第6章では、記事が出来上がるまでの様子を紹介した。この章では、自社ブランドに壊滅的なダメージがおよびかねない事態に際してのメディア対応に焦点を合わせる。緊急時における**顧客**とのコミュニケーション方法については、第10章で扱う。

第6章ではスカイニュース・コムのデスク、ジョン・グリプトンについて紹介したが、幸か不幸か、わたしが彼と話しているさなかにも、リアルタイムで危機が進行していた。

ユーロスターの沈黙

二〇〇九年一二月一八日の夜、ロンドンとパリやブリュッセルを結ぶユーロスターの高速列車がチャネル・トンネルの奥深く、入口から五〇キロの地点で故障した。何百人もの乗客がトンネル内に缶詰になり、何千人もの旅行者がトンネルに接近中の別の列車内や、ロンドンやパリで足止めされた。だが、刻々と時間が過ぎるなか、ユーロスターからは故障の原因についても、閉じ込められた乗客の救出や運行再開の見通しについても、説明は皆無に等しかった。

翌日、わたしがグリプトンと話をしていたあいだも、スカイニュース・コムでは彼の配下のチームがリアルタイムでこの件の取材に奔走していた。

グリプトンは「ユーロスターには罵詈雑言が投げつけられています」と語っていた。「緊急時における**悪しき**広報の典型ですね。とんでもない思い違いをしていて、ツイッター上で集中砲火を浴びています」

ユーロスターが持つツイッターの公式アカウントからは、一四時間ものあいだいっさいツイートがなかった。ところが、調べてみたところ、ユーロスターを責め立てるツイートはほぼ毎分一回の頻度に達していた。わたしが一〇分間で集めた事例の一部を紹介しよう。

- 「ユーロバカめ！　どれほど長いこと、運まかせの保守管理で列車を走らせてきたのか？」

- 「クリスマスの翌日に #eurostar のスキー列車に乗る予定。どうかどうかお願いだから、すぐに復旧しますように」
- 「ユーロスターの運行再開時には、チケットを持っていても先着順で乗車とは！　絶対に許せない！」
- 「イギリスのナンバー1ヒット・シングルを市民の声で決められるくらいだから、ユーロスターのCEOも簡単にクビにできるはず」
- 「なぜ #eurostar には競争がないのか。ヴァージン、韓国の高速列車KGV、ドイツの高速列車ICEよ、どうかパリ行き路線を作ってくれ。そうすれば、ユーロスターには二度と乗らないから」

グリプトンによれば、「ジャーナリストにしろ、乗客にしろ、いまの時点では情報を得られる可能性はゼロに近い」のだった。「ユーロスターの広報部門は、ビジネス記者に自社のことを微に入り細にわたり説明するのは慣れていますが、危機下のコミュニケーションには不慣れで四苦八苦しています。今日など、午後には列車が動くと三回も発表しておきながら、一時間もすると、『いえ間違っていました、申し訳ありませんが不通です。復旧は明日になるかもしれません』といった調子でした。上を下への大混乱ですよ」

ユーロスターからの情報がないなか、グリプトンのチームは、スカイニュース・コムの最新ニュース用ツイッター・アカウント（@skynewsbreak）に寄せられた投稿をもとに絶えず補足をし、どのメディアよりも最新状況に通じていた。

「当社のサイトを誰が訪れ、何を検索しているかを見れば、この件に関する情報需要がいかに大きいかが分かります。『ユーロスターの情報があるのは貴社のサイトだけだから、とても感謝しています』という感想が寄せられています」

危機対応のコミュニケーション・ツールとしてのツイッター

状況が急変している時は、メディアへの対応態勢を整えておかなければならない。「メディアへの対応役は、どんなことがあっても連絡がつくようにしておかなければ。それも、昼夜を問わずです」とグリプトンは語る。

では、グリプトンらジャーナリストからの連絡を受けるには、どうすればよいのか？

ジャーナリストのご多分に漏れず、グリプトンは絶えずツイッターを利用していて、状況をモニターしたり、誰が最新情報を持っているかを探ったりしている。

「わたしたちにとって、ツイートは『いますぐ必要な情報』です。届いた内容はすぐに報道します。ですから、尻込みしないでください。ツイッターの凄さは、いつでもつながっていられるところにあります。わたし宛てにメッセージをもらえば、必ず見ますよ」

グリプトンに連絡を取るだけなら、これで十分だろう。だが、ジャーナリスト全員と顧客に何かを伝えるには、ツイートに適切なＩＤを添える必要がある。ユーロスターの例では、故障を取材中のジャーナリストとユーロスター、両方の注意を引きたければ、ツイート内にユーロスターの公式ＩＤ（@little_break）を入れればよかったのだ。そうすれば、このＩＤを使ってユーロスター関連のツイートを検索した人は、必ずあなたのツイートを見つけてくれるだろう。ＩＤの先頭には、ハッシュタグと区別するために@が付くことを忘れずに。特定のマスメディアや記者の注意を引くには、文中で相手のＩＤに言及する方法もある。たとえば、スカイニュースに何かを伝えたければ、そのＩＤ（@skynewsbreak）や、ジョン・グリプトンの個人ＩＤを入れる手もあった。もちろん、どの方法でもツイートを必ず見てもらえるわけではないし、記者が連絡してくれる保証もない。しかし、いつでもやってみる価値はある。

ここで、こうしたアイデアすべてを駆使した例を紹介しよう。非常事態に遭遇してユーロスター車内に缶詰になってしまったら、たとえば次のようにツイートするのも一案だっただろう。

「#Eurostar に缶詰&動かないまま三時間が経過。@little_break は役立たず。@skynewsbreak からの連絡歓迎」

ツイッターには一四〇文字という制約があるので、ツイートの多くは、慣れない人にとっては暗号のように見える。上のツイートを解きほぐすと、次のようになる。「ユーロスターの列車内に三時間も閉じ込められています（ユーロスターのハッシュタグを使うことで、検索した人に確実に見てもらえる)。列車は止まったままです。ユーロスター(IDは@little_break)は何の役にも立ちません。スカイニュースの記者(IDは@skynewsbreak)がこの状況についてすぐに取材したいなら、どうぞ連絡をください」

ひょっとすると、ひょっとするかもしれない。こうした事例では、記者から返信があって電話番号を尋ねられるという展開も大いにありそうだ。ツイートした人が現場で取材を受け、それが世界中に流れたかもしれない。あるいは、ツイッターのDM(ダイレクトメッセージ)を使った非公開の取材もありえるだろう。

リアルタイムのメディア・アラート

自然災害が起きた際にはメディア・アラートを使って(メディア経由で)人々に情報を伝える企業が多い(メディア・アラートの詳細は第6章を参照)。たとえば停電の後、復旧時期を顧客に知らせるために、電力会社がメディア・アラートを利用するのだ。ジャーナリストはそれをカット・アンド・ペーストしてネット上に載せるだけでよい。

ニュースで流れた懸念材料について、CEOが短い声明を出して自社の立場を説明する場合もある。リーマン・ブラザーズが破綻した日に、ほかの銀行のCEOが、自社への不安を鎮めるためにメディア・アラートを使うというように。この場合も目的は、リアルタイムの展開に合わせて記事や放送に声明の内容を盛り込んでもらうことである。

日ごろからジャーナリストとつながっておこう

個人的なつながりはとても貴重である。ジャーナリストは、「事件が起きたら、知り合い、つまり電話番号やメールアドレスを知っている相手に連絡を取る」と口癖のように言っている。「誰が詳しそうか」と考えて、すぐに連絡を入れるそうだ。

きちんと自己紹介して怪しい者ではないと分かってもらい、信頼関係を築くのは、緊急事態が起きてからではどう考えても難しい。初対面の相手に「オフレコ」を頼むのは危ない橋を渡るようなものだろう。

だからこそ、日ごろから人脈づくりをしておく必要がある。記者、アナリスト、編集者に顔を売るのだ。親しくなっておけば、不意にあなたの専門知識に関係した最新ニュースが持ち上がった時に、相手はすぐ、あなたに連絡しようと思い立つはずだ。メディアとのつながりを築くために今日からできることを、いくつか挙げてみる。

ジャーナリストについて知ろう

ジャーナリストも人間、それも、とても人間臭い人たちだ。たいていは世間から認めてもらいたくてうずうずしている反面、記事の出来に不安を感じている場合も少なくない。

だから、思いがけなく記者から電話が入った時に、「クラーク・ケントさんですか。うわあ、去年あなたが書いたクリプトナイト（スーパーマンを無力化する物質）の記事が大好きでして——特にかくかくしかじかの部分が……」というように応対できれば、万事うまく運ぶと思ってよい。

白髪まじりのベテランPR担当者は、業界担当記者の好き嫌い、職歴、子どもの名前、好みの酒、そのほかどんな細かいことでも、立て板に水でいくらでも語れるのが常である。

それだから駆け出しのPR担当者が、わたしの著作のことなど何も知らずに連絡してくるのには、いつも開いた口がふさがらない。毎月一〇〇件ほどの話が舞い込むが、向こうの関心領域とわたしの専門の関連性を確認している例は一件あるかないかだろう。電話をかける前に、グーグルで検索すればすぐに相手について調べられるこの時代に、これでは弁解の余地などない。

業界を担当するジャーナリストやブロガー、アナリストのデータベースを作るべきである。詳しい連絡先情報や記事の切り抜きも加えて、内容を充実させていこう。好き嫌いも調べよう（「ブログ記事によればラスベガス嫌い」など）。また、自分の同僚との個人的なつながりも書き留めておくとよい（「ビルとはAP通信の東京支局時代の知り合い」「前職で当社CEOにインタビューした」など）。

こちらから連絡を取る際には、相手の記事に触れるとよい。たとえば、「二〇〇九年に書かれたニューギニアでのオフロード・ドライブの記事を興味深く拝読したものですから、この土曜日に開催されるランドローバー・オーナーズ・ラリーを取材していただけないかと思いまして」というように。

ピンチの際に助けを求める可能性のある記者、特に地元メディアの記者には、格別のはからいをしておくことだ。役立ちそうな視点や情報源があれば、こちらの仕事と無関係な記事についてでも構わないから、知らせるとよい。「日本に住む姪が津波の被災地で教師をしていますから、なんでしたらスカイプでの取材をお膳立てしますよ」というように。

このように厚意を示すと、たいていのジャーナリストはそれを覚えている。だから、マスコミに接触する必要が生じた時に電話を入れれば、折り返し電話をくれるし、少なくとも前向きな調子で会話をはじめられると思ってよい。

記事やブログに感想を寄せる

ネット上の刊行物は感想や意見の投稿欄を設けているものが多いし、最近ではブログを持つ記者も少なくない。こうした場を活かして記者とつながろう。彼らも人の子、お世辞には弱いので、書いたものを褒めるとよい（ただし、やりすぎはよくない）。記事に関連する情報を提供すれば、なおさら好ましい。その情報が役立つものであれば、記者はほぼ確実に、あなたの得意分野を心に刻むはずだ。そこからメールでの一対一の意見交換へと発展し、親しい関係を築けるかもしれない。

あなたがブログを書いているなら、記事を取り上げてその中身に肉付けするエントリーを掲載し、

（記者名と刊行物名を表示したうえで）元記事へリンクを張ってもよいだろう。目端の利く記者は自分の名前や刊行物についての記述を、グーグル・アラートなどを使って逐一追いかけている。この場合も、記者はあなたの存在に気づくはずだ。知名度が上がれば、事件の際にコメントを求められる可能性が高くなる。

電子メールで自己紹介を送る

自己紹介をするという素朴な方法もある。経歴や仕事内容などを手短に書いた、ものやわらかなメールを出すのだ。相手と知り合いになるにはよい方法である。意中のジャーナリストに送ろう。できるだけ短く分かりやすく書き、この自己紹介のなかでは記事のアイデアを売り込むのは避けよう。わたしなら「最先端マーケティング・PR戦略を得意としています」と書くだろう。どういった話題にコメントできるかを書き添えるのもよい。わたしの場合は、一例として「職場におけるソーシャルメディア（ツイッター、ユーチューブ、フェイスブックなど）の活用について意見をお寄せできます」とするだろう。

中身は具体的であるほうが望ましい。というのは、記者の多くは、テーマごとに各人の情報を保管するのだ（わたしの例で言えば、職場でのフェイスブック利用にまつわるニュースが持ち上がった時に連絡が入るかもしれない）。メールの文面には電話番号（職場および携帯）、メールアドレス、インスタント・メッセンジャー・アドレスをはじめ、連絡先情報を漏れなく記入しなければならない。ブログやウェブサイトのURL、ツイッターIDなども、あれば記載しておこう。

ツイッターで記者をフォローする

ツイッターは人脈づくりに絶好のツールだ。気になる記者をフォローして、ツイッターを使ってつながりを築くのである。この場合も、相手に何かを期待する前に、**自分から貢献しなければならない**。たとえば、その記者の記事をフォロワーに紹介するツイートを書き、記者のIDにも触れるのだ。わたしがよく使う手法である。たとえば「注目の新興企業を@ScottKirsnerが金曜日の『ボストングローブ』で紹介 http://bit.ly/7wwjF8」というように。カースナーのIDを入れてあるので、このツイートは必ず本人の目に触れる。このように仮想空間で称えるのは、関係づくりのきっかけとして優れた方法である。

記者がツイッターを使っているなら、たいてい、記事の冒頭か末尾にIDが添えられている。見つからなければ検索エンジンで探せばよい。スコット・カースナーのIDを知らなくても、「ツイッター」と「スコット・カースナー」で検索すれば、IDを突き止められる。

記者にスパム（無差別メール）を送らない

最後に、この項で最も大切なアドバイスをしたい。むやみやたらにメールを送ったり、しつこくせがんだり、長ったらしい文面にしたりするなど、報道関係者を困らせる行いは絶対に慎まなければならない。価値ある情報を提供する者は尊重されるが、厄介者は無視される。

思いがけなくニュース番組に登場

時として、すぐ近くで大事件が起き、リアルタイムで状況を伝えるという特殊な立場に置かれることがある。あれは二〇〇八年一一月二六日。インドのムンバイで計画的な連続テロが発生し、何百人もの犠牲者が出た際（インドでは11・26事件として記憶されている）、ネトラ・パリクは偶然にも現場近くに居合わせた。

わたしはムンバイを訪れ、背筋の凍るような経験についてパリクから話を聞いた。午後九時ころ、自宅でラップトップPCに向かっていると、友人からテロ襲撃の情報がもたらされたという。パリクはすぐさま@netraというIDを使って#Mumbaiというハッシュタグをつけてツイートを開始し、まさに進行中の無差別テロへの警告をフォロワーに出した。次に、友人たちの無事を確かめるために自宅に電話をかけ、ひとりひとりに市内十数カ所で起きたテロについての情報を求めた。テレビをつけると、ちょうど関連のニュースが流れていた。

「銃撃や爆破が起きている地点をツイートで流しはじめました。それと、あらゆるところから情報を集める作業にも取りかかったわ」

テロリストは市の象徴タージマハール・ホテルを襲撃・占拠して何百人もの人質を取った。世界中の人々がテレビの生中継で状況を追っていた。しかし、警察当局はほどなく、テロリストたちもホテル内のテレビで外の状況を把握していることに気づいた。そこで、ホテルからの生中継を中止するよう要請が出された。

この措置が取られると突然、パリクのつぶやきがグローバル・メディアと地元住民の双方にとって貴重な情報源になった。

「タージマハール・ホテルの周辺に住んでいた友人たちから情報をもらいました。それから病院に電話をかけて、収容された患者数を集計しようとしました。そうしたら、病院が治療用の献血を必要としていることが分かったんです」

二六日は徹夜でツイッターでの情報提供をつづけ、その後も二日間にわたって、情報が手に入るつどリアルタイムでつぶやいた。すべてが終息するまで六〇時間休みなくキーボードに向かい、一睡もしなかったという。

「11・26の当時、インドではツイッター利用者は少なかったから、わたしのつぶやきが、各国のジャーナリスト向けのニュース編集室みたいになったのです。テロに巻き込まれた人たちを支援・救済するために、ツイッターを使ってやるべきことは山ほどありました。アメリカ、ブラジル、オーストラリア、スウェーデンの電話相談サービスについての情報も伝達しました」

一一月二七日の朝以降、パリクのもとには世界中のジャーナリストから取材依頼が寄せられた。

「最初の取材電話はアメリカのCNNからでした。二七日の晩だったわ。その後、真夜中になって

CNNロンドンの電話にも対応しました」。人質劇のあいだ、パリクは多くのジャーナリストにとって貴重な情報源となり、インドの全国紙、アメリカのCBSニュース、米豪の地方局などでコメントが引用された。

当時を振り返って「ツイッターは緊急時には威力満点のツールだわ」と語っている。

彼女はいま、友人とともに立ち上げたウェブサイト（helpmumbai.pinstorm.com）上で犠牲者のための募金活動に取り組んでいる。

衝撃ニュースが手元にあったらどうするか

予想外の重大ニュースが手元にあり、それを発表しなくてはならない。そんな状況があなたにも訪れるかもしれない。衝撃ニュースに蓋をすれば混乱は避けられる――少なくとも最初だけは。そうしたニュースには売上高の激増、規模と知名度で勝るライバル企業による買収発表など、明るいものもあれば、逆に暗いものもあるだろう。

ニュースの性格にもよるが、どう公表するかはあなたしだいである。その決断が、ニュースの広まり方やあなたの世評を大きく左右する。

わたしとしては、まずは一部始終を、裏づけとなるデータ、写真、映像とともに公表するのが賢明だと確信している。併せて、昼夜を問わずいつでも広報担当者が説明できるよう態勢づくりをしておくべきだ。たとえ都合の悪いニュースであっても、すべてをガラス張りにすれば「率直に認めた」と評価され、公平な扱いが期待できる。最悪なのは、「まだ何か隠しているに違いない」と思われることだ。隠し立てをすると、さらに悪い知らせがあるのだろうと世間は思い込む。そうだね、原油流出事故のBPさん！

都合の悪いことがある場合、最悪の発言は「ノーコメント」だ。一部には、金曜の深夜、週末、休暇時期、ニュースの集中日に発表して、自社のニュースを埋没させようとする企業もある。狙いどおりになったとしても、記者は思惑に気づくだろうから、信用には傷がつく。

逆に、自社の晴れやかなニュースを広めたい場合は、午前中や週明けなど、ジャーナリストが記事のネタを探すタイミングにぶつけるのが、ふつうは得策だろう。ニュースの少ない日も好機である。メディアはネタを探しているに違いないのだから。

スキャンダルの打撃を和らげる

二〇〇九年一〇月一日、デビッド・レターマンがテレビで衝撃の告白をして視聴者を驚かせた。NBCテレビの超人気番組『レイト・ショー』で司会を務めるレターマンは、恐喝を目的とする人物により「スタッフとの不倫を世間に公表する」と脅されていると発表したのだ。

恐喝ネタに関しては、何千人もの野次馬が下半身スキャンダルとして騒ぎ立てているから、そちらに任せよう。わたしが強い印象を受けたのは、レターマンの巧みな対処法である。

この事件がレターマン自身の口から最初に明らかにされたことは、とても大きな意味を持っている。彼はこの恐喝について淡々と説明し、複数の女性スタッフと性的関係を持ったのは事実だと認めた。本人の告白により、脅迫する意味はたちどころに失われた。

レターマンは、このスキャンダルはいずれ露見すると見通していたに違いない。そうだとしても、その可能性と正面から向き合い、**自分の土俵**——高視聴率を誇る自分の番組——で率先して公表するとは、何とも鮮やかな対応である。

どのみち都合の悪い情報を隠し通せないなら、不意にスキャンダルの渦中の人となって身動きが取れなくなる前に、自分の口から明かしたほうがよい。

セックス、セレブ、不倫、強欲、不名誉、まやかし……レターマンの一件は、大きなスキャンダルへと発展して後々まで語り継がれそうな条件をすべて満たしていたかもしれない。しかし彼は、先回りして速やかに真実を明かし、非を認めることにより、打撃を和らげるのに見事に成功した。こうして以後の報道の多くは、レターマンの失態よりも恐喝犯の行いに焦点を当てるようになった。レターマンの教訓に学んでいたなら、タイガー・ウッズも針のむしろに座らずにすんだだろう。

悪材料を抱えた際の最低最悪の対応は、何カ月ものあいだ連日メディアが特ダネを流しつづけるなか、手をこまねいていることだろう——**こんにちは、ブレーキの不具合を取り沙汰されたトヨタさん！**　ただちに真相を明らかにし、不都合な情報を洗いざらい公表しなければならない。真実を語り、心から謝罪し、行いを改めて前に進むことである。それも、できるだけ速やかに。

動くならいまだ！

メディアの世界で二四時間単位のニュース・サイクルを前提とした発想が廃れ、たゆみなくニュースが発信されるようになったのだから、こちらもそれに合わせる必要がある。身の回りの現実に目を向けよう。記事を書く記者、アナリスト、編集者、ブロガーとつながろう。ブログやネット上のメディア・ルームで自分の考えを述べたり、メディア・アラートや記者会見を活用したりして、世論づくりに一枚加わるのだ。

突発的なさざ波が次々と起きる状況でも思考停止に陥らないよう訓練しよう。ニュースが流れている。動くなら、ニュースのネタが生まれたいまだ。

この章の結びに、失敗が許されない組織がメディアがらみの危機をリアルタイムで収拾した事例を簡単に紹介したい。

一〇〇万ドルのドア

近年のある日の朝一番、アメリカ第一二空軍／空軍南方軍団の広報部長、ネイサン・ブロシアー大尉は、リアルタイムの大型メディア対応案件に遭遇した。『ドラッジ・レポート』が、テキサス州とブロシアー大尉の管轄地域、両方の中央に位置するアイビーンのダイス空軍基地にある「一〇〇万ドルのドア」を槍玉に挙げたのだ。

このニュースの元ネタは『リカバリー・ドット・ガブ』というウェブサイトに掲載された目立たない記事だった。そこには、基地の「ドアを修繕する」という名目で一四〇万ドルの政府予算がAFCOテクノロジーズに流れた様子が説明されていた。

マスメディアはスキャンダルの匂いを嗅ぎ取った。しょせんドアはドア、いくらくらいが限度だろうか？　このニュースの骨子は簡単に説明・図解ができ、ウェブサイト、テレビ、新聞など、どのメディアにも手ごろな長さだった。ほどなくテキサスの地元メディアがこれに飛びつき、次いで、FOXニュースのグレン・ベックが全米に報じた。「さて……テキサスのダイス空軍基地では、五一一二号ビルのドア一枚を修理するために一四〇万ドルもの大金が費やされています。これはすごい。このドアにいったい何があったというのでしょう？　大修理ですね。新品を買ったほうが安いのではないでしょうか？」

ブロシアー大尉が急ぎ調べると、実際にはその「ドア」はパネル六枚でできた幅五〇メートル近くもある格納庫扉だった。一機二億五〇〇〇万ドルの空軍B‐1ランサー爆撃機を防護するために、電動の自動開閉装置やきわめて信頼性の高い安全装置が装備され、ハリケーンや竜巻にも耐えられる仕様である。しかも、発注費の一四〇万ドルには格納庫そのものの修理費も含まれていた。

ブロシアー大尉は、**速やかに**反論しなくてはならないと悟ったという。わたしにこう語ってくれた。「基地のカメラマンを格納庫に派遣し、ありとあらゆる角度から写真を撮らせました。さらに、扉の横に人を立たせ、建物の手前わずか一メートルほどのところに小型トラックを停めた写真も撮り、スケール感が伝わるようにしました。そのうえで『ドラッジ・レポート』の発行者マット・ドラッジに短いメールを書き、写真を添付して送ったのです」

上官の耳に「一〇〇万ドルのドア」の話題が入りはじめていたため、このニュースがメディアだけでなく軍関係者のあいだにも急速に広がっていることが分かった。さらなる打ち手が求められていた。不正確なニュースの拡散を食い止めるために、直ちに行動しなくてはならなかった。

ブロシアー大尉は「任務を遂行しながら、『このサイトにはいま、いくつのリンクが張られているか』『このニュースを載せたブログ、ニュースサイト、電子メールは現状どれくらいあるか』と部下に絶えず情報を求めていました」と語っている。

彼のチームは、前述の写真と問題の契約に関する情報を第一二空軍のウェブサイトのメディア向けページにすぐさま載せ、国防総省詰めの記者団に伝えてもらうために空軍広報室にも送った。この迅速な対応により、軍を担当する記者が記事にする可能性は消えた。

「最初の誤った情報が記者のあいだに広まらないうちに、メールと写真を届けました。軍担当の記者は全員、空軍基地を訪れた経験がありますから、問題の建物の大きさやこの種の大型格納庫に付随するコストを心得ていました。ですから、誰も件《くだん》のニュースを取り上げませんでした」

ブロシアー大尉と部下による短時間での速やかな対応が功を奏して、大々的な過熱報道が防がれた。さもなければ、「血税が一〇〇万ドルのドアに消えた！」などというとんでもない見出しが躍っていただろう。だが、実情ははるかに奥が深く、早い段階で空軍側の情報を伝えることが不可欠だった。ブロシアー大尉はこう語る。「タイムリーな対応が求められていました。短く分かりやすい文章でこちらの見解を伝えなくてはなりませんでした。『一〇〇万ドルのドア』という見出しがどれほど誤解を招くものかを一目瞭然で示す写真を添えてですね。こうして、ものの数時間で火消しができました」

わずか数年前と比べても、こうしたニュースの広がり方は格段に速くなっている。「以前ですと、正午のテレビニュース用の原稿は当日朝に用意すればよかったですし、夜のニュースに間に合わせるには午後四時までに記者に連絡すれば十分でした。最近では、どんな風評にも数分での対応が求められます。何時間もかけていてはアウトですね。写真を撮ってメールを書いているあいだにも、早くもテキサス、ワシントン、ニューヨークなどいたるところのマスメディアから、電話で取材依頼が入ってきていました。一部には裏づけを取らずにニュースを流そうとしたメディアもありました。その後、事実を知って取り止めましたがね。わたしはこれまで、ちょっとした見出しひとつで議会の調査が始まり、プロジェクトが中止になり、職業人生さえ台無しになってしまう例を目の当たりにしてきました。あらゆるメディアに、すぐに、明快に、じかに対応できるようにしておかなくては」

ニュースが持ち上がり、それについて自分たちの見解を述べたい時には、従うべき鉄則があるわけではない。実際、それでよいのだと思う。なぜなら、リアルタイムで考え、**いますぐ**行動する必要性を心得た者は、確認、プラン、弁護士との相談にこだわる鈍重派よりも、圧倒的に優位でありつづけるはずだからだ。

もしあなたがとんでもない事態に直面したとしたら、幸運を祈るとともに、この章が備えに役立つことを願っている。

第8章　いまこの瞬間のあなたの評判は？

「いったい、この人たちは誰？」というのは、二〇〇九年の終わりごろにわたしが書いたブログ記事の見出しである。そのなかでわたしは一枚の陳腐な写真を示してこう読者に問いかけた。「世界中のB2B企業のウェブサイト上には、ピカピカの先進的な会議室が写っている。そこでは、真っ白な歯と美しい髪が印象的なさまざまな国からの若者が、ノートPCを片手にいかにも朗らかな様子でもある。彼らはいったい誰なのか？　バーチャルな職場で働くこうした国際人はいったい何者なのだろう？」

さらに、多くの企業のウェブサイトを飾るありふれた写真について、こう言葉を継いだ。「『さまざまな文化の人々がPCを持って集う、いかにも楽し気なB2B企業の会議室の写真』が困るのは、これがどこにでも転がっている点だ。氾濫するあまり、もはや意味を失ってしまった。登場するモデルは、みなさんにも、社員にも似ていない。（モデル紹介業は例外として）みなさんの顧客とも違う。モデルがみなさんとも顧客とも似ていない以上、こうした写真をホームページに載せ、サイ

「いったい、この人たちは誰？」15分ごとのツイート数

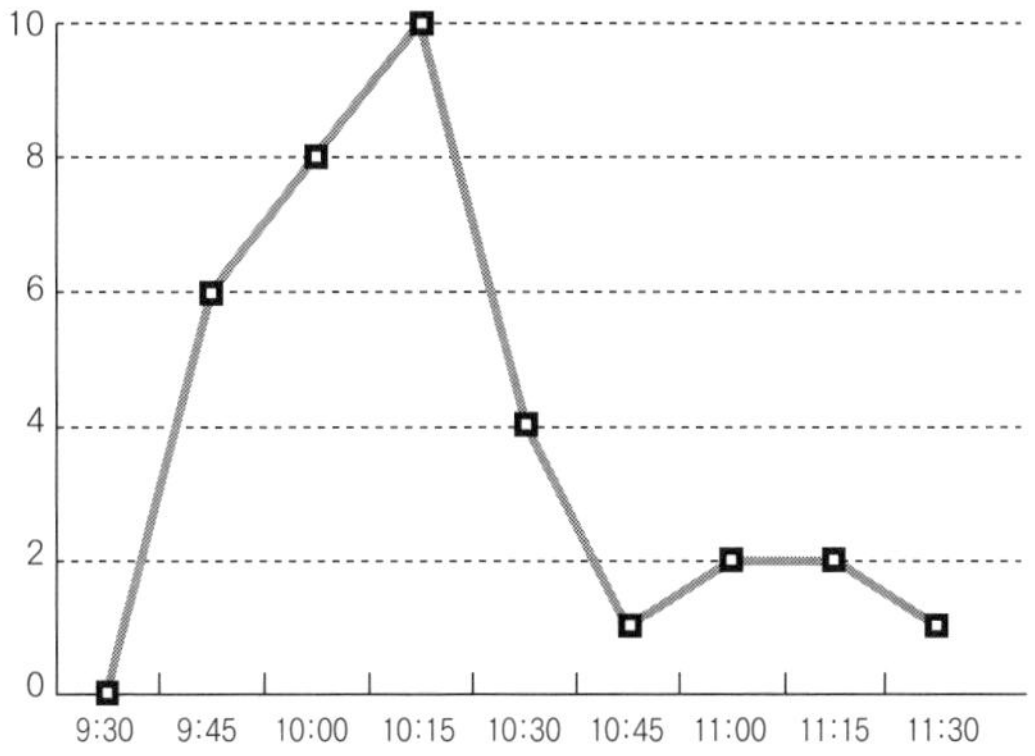

このブログ記事に関する1カ月間のツイート総数は274

2009.10.26の時間別ツイート数 www.WebInkNow.com

トのあちこちで使うのは、あらゆる相手（特に社員と顧客）にとって侮辱であり、品位を傷つけるものだ」。この文章をブログに投稿した後、記事へのリンク入りで「いったい、この人たちは誰？」とツイートした。

いったい、この人たちは誰？

たちまち反響があった。数秒後には最初のリツイート（わたしのツイートの転載）が行われた。まもなく、大勢がツイートやリツイートをして、この記事を自分のフォロワーに紹介した。最初の一時間は、平均して二分に一本のツイートがあった。つぶやきは一日中途絶えず、数千人をブログ記事へと誘導した。当初二時間のツイート数の推移をグラフにしてみた。グラフが釣鐘曲線を描き、第3章で説明した正規分布の法則の典型を示して

「いったい、この人たちは誰？」1時間ごとのツイート数

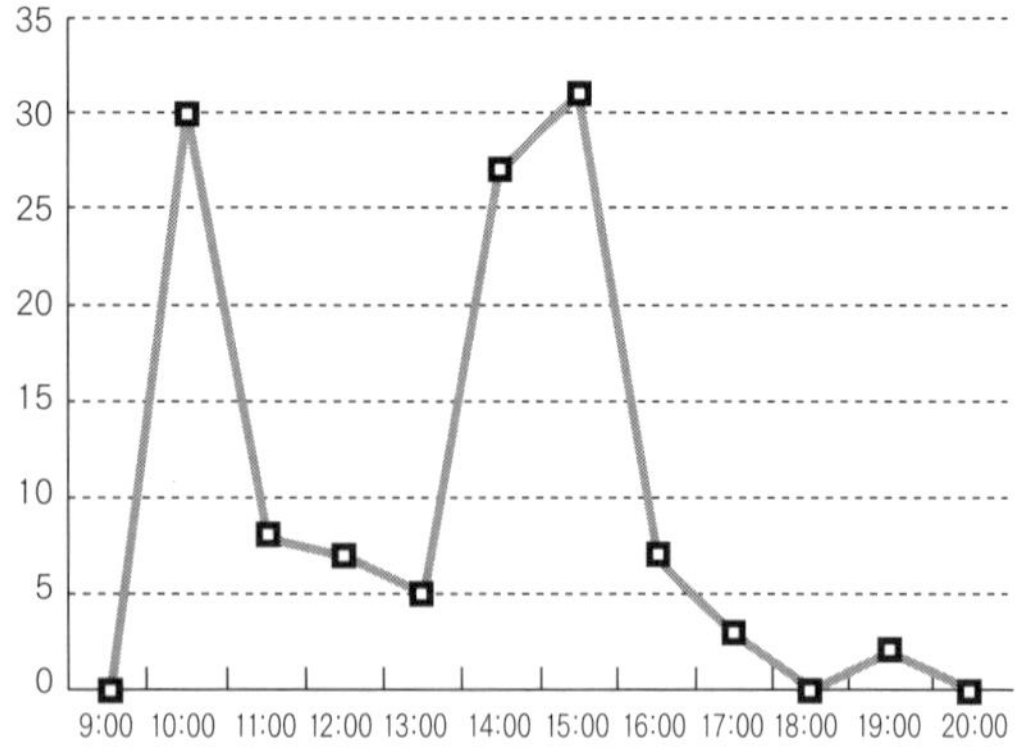

このブログ記事に関する1カ月間のツイート総数は274

2009.10.26 の時間別ツイート数 www.WebInkNow.com

いることに注目してほしい。

最初の慌しさが収まった後、午後二時四六分にクリス・ブローガンがこうつぶやいた。「大笑いさせてくれた@dmscottに感謝。いったい、この人たちは誰？」。彼はツイッターの世界で超人気者だから（当時のフォロワー数は一〇万人超）、さらに大勢がわたしのブログ記事を読み、ツイートしてくれた。次のグラフは、記事の公開後一二時間のツイート数推移を示している。きれいな釣鐘曲線がふたつ並んでいる（片方はわたしの最初のツイート、もうひとつはクリス・ブローガンのツイートによるもの）。このグラフからは、フォロワーの多い人物による紹介の威力が見て取れる。クリス・ブローガンのおかげで、わたしのブログ記事の閲覧者は倍増した。ちなみに、グラフの右端に小さな山があり、調べたところ、オーストラリアとニュージーランドにいるわたしのフォロワ

ーによるつぶやきだった。アメリカでツイートが盛り上がっていた時間帯、彼らは時差の関係で「オフライン」の状態だった。朝になって記事を読み、数人がツイートしてくれたのである。

この間、ブログへのコメントも集まりはじめていた。最初の一時間で約一〇件、初日は全体で三〇件強だった。だが、わたしが興味を引かれたのは、記事への関心がすぐに失われていく点だった。

ネット上の会話の特徴を調べると、関心の大きさはほぼ決まってこれと同じパターンをたどり、衰える速さまでほとんど同じである。ブログへのコメント件数を日別に示した次のグラフを見てほしい。このように、ブログ記事が「旧聞」になっていくにつれて、コメント件数はべき乗則に従ってお決まりの推移をたどる。

ツイッター上では、各話題への関心の失われるペースはさらに速く、目を見張るほどである。次のグラフは、（第3章で紹介した）「リアルタイム版・マーケティングとPRのべき乗則」の逓減パターンそのものである。このデータをもう少し詳しく調べたところ、初日のツイートは主にリツイートだった。つまりほとんどは、わたしのブログ記事についてツイッター上で伝え聞いた人によるつぶやきだったのだ。わたしやクリス・ブローガン、あるいは、そのほかの人物のツイートを見てブログを訪れ、記事を読んだのである。そして記事を面白いと思ったら、リツイートというメール転送のような簡単な方法により、自分のフォロワーに知らせた。こうして、一時的にリアルタイムのリツイート（一〇〇件を超す）が盛り上がったが、初日が終るころにはほぼ終息した。

ところが、それから数日間のツイートは（リツイートではなく）新たに書かれたものだった。理

「いったい、この人たちは誰？」ブログへの日別コメント数

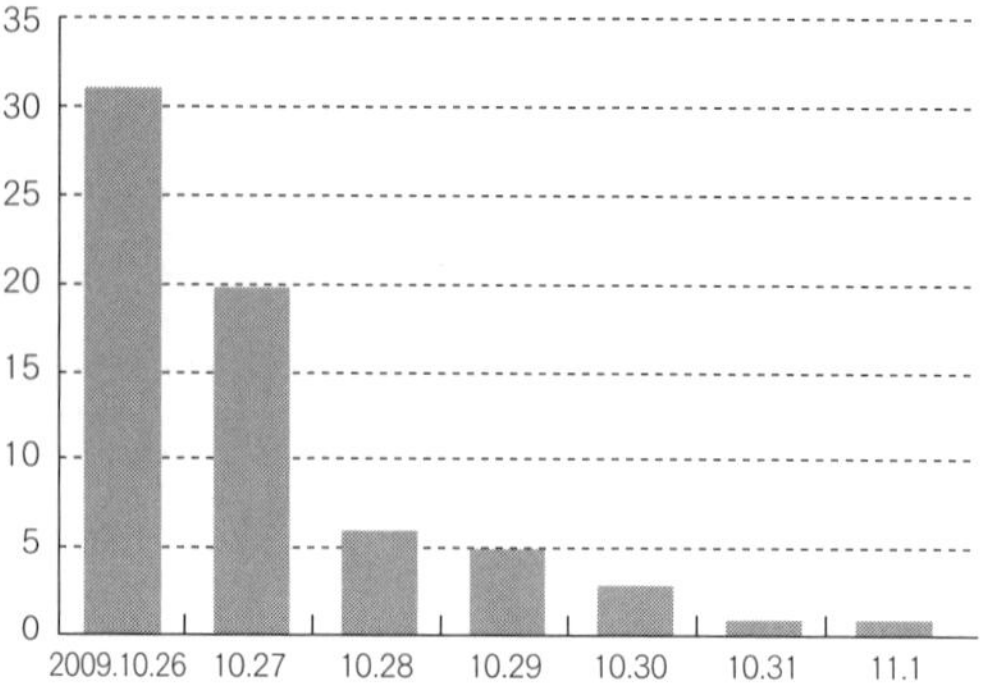

1カ月の総コメント数は71

由は簡単だ。わたしのブログの愛読者には、RSSリーダー（RSSはreally simple syndication「とても簡単な配信」の略。これを使うと、ブログの更新情報が毎回届く）かフィードブリッツ（電子メールで記事が一日分ずつ届く）を介してこの記事を知った人が多かった。だから、二日目以降になって初めて記事を目にした人が大勢いて、その人たちのリツイートが関心の第二波を形成したのである。

一〇月三一日にもツイート数が少し跳ね上がっている。アメリカ人にとって最も恐ろしい祝日だから、それにちなんで、「企業が使う気味悪くて恐ろしい写真はハロウィンにぴったり！」とツイートした。それが一〇回ほどリツイートされて、元のブログ記事が新たに何百回か閲覧された。

一本のささやかなブログ記事を取り上げ、これほど時間をかけて分析するのはなぜかといえば、ネット上の人気の特性を如実に示しているからだ。リアルタイ

「いったい、この人たちは誰？」1日あたりのツイート数

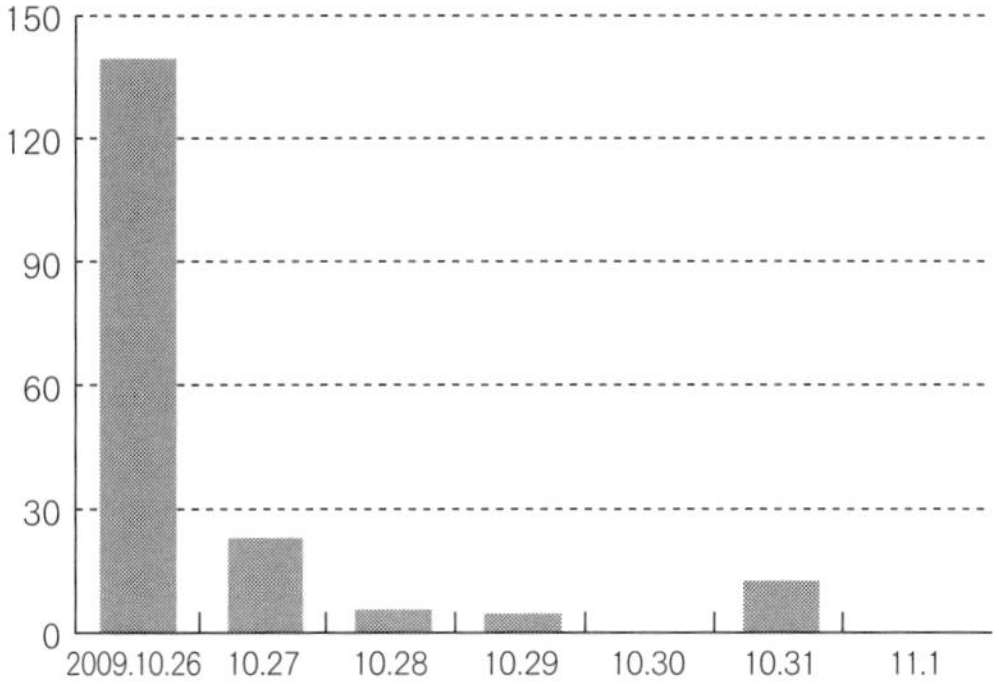

このブログ記事に関する1カ月間のツイート総数は274

ムの現象は、わたしがありふれた写真について書いたのがきっかけで活発な議論が始まり、それに人々が飛びつくことで起きた。

「リアルタイム版・マーケティングとＰＲのべき乗則」によれば、議論が本当に白熱するのは初日、あるいは最初の数時間だけである。その流れはこうだ。ブログや主要ニュースサイトで新しいコンテンツを読んだ人は、何らかのコメントを残す場合が多い。一般に、初期のコメントがリスト最上部に掲載されるため、早く発言した人のコメントが最もよく読まれる。このため、以後のやりとりではそれと同じ意見が目立つ。

Ｂ２Ｂ企業のサイト写真をめぐるわたしの記事について言えば、最初の数件のコメントは一万人近くに読まれたが、最後のほうのコメントを読んだのはせいぜい数百人だった。こうした傾向からも、ネットを使った業務では、あらゆる意味でスピードが重要なことが分かる。速やかに声をあげれば、大勢から耳を傾けて

もらえる。

一番乗りの重要性

速やかに――できれば誰よりも先に――声をあげることは、自分が知っている事実や意見をソーシャルメディアの世界に広めるうえで、どれくらい重要なのだろうか。マーケティングやデマンド・ジェネレーションの自動化ソフトウェアを手がけるエロクアのコンテンツ・マーケティング担当副社長、ジョー・チャーノフがこれについてとても詳しく考察している。

チャーノフは質問応答サイトとして人気が高いクオラに着目して、回答の影響力が際立って大きくなるような投稿方法を見つけようと試みた。クオラは、質問への回答をクラウドソーシングする手段として利用されている（クラウドソーシングは第9章で詳しく取り上げる）。

「わたしたちはマーケティング、広告、デマンド・ジェネレーション、ソーシャルメディアに関連する事柄について、クオラに寄せられた五〇件の質問に対する回答を五〇〇本近く調べました。そして、活発な議論の対象となり『票《ボート》』が集まった投稿のランキングで、自分の回答を必ず上位に食い込ませる方法を三つ見つけたのです」とチャーノフは語る。

三番目に重要なのは回答の長さであり、一〇〇～二〇〇語くらいがよい。二番目は、回答を補うリンクや画像だった。しかし、断トツで重要なのは、**最初に回答すること**だったという。

「ソーシャルネットワーク上では、スピードが大きな武器になろうとしています。……クオラの回答者はたいてい、ほかの人の回答に言及します（だからこそソーシャルメディアなのだ）。そして、最初に投稿された回答に言及する例が、なんと全体の六〇％を占めます」

「同じように、際立って多い『票』（フェイスブックの『いいね！』のクオラ版）を獲得するのは最初に投稿された回答です。事実、わたしたちが調べたところでは、全票数の四一％は最初の回答に投じられていました。ネット上の意見交換の場に広く影響をおよぼそうとするなら、一番乗りを果たすのが最も確実な方法だというわけですよ」

#AskObama

帽子からウサギを取り出す方法を吹聴していた人が、みずからの手でうまく子ウサギを取り出せたら、「自分は間違っていなかった」と胸をなでおろすだろう。二〇一一年七月、史上初のホワイトハウス・ツイッター対話集会《タウンホール》において、バラク・オバマ大統領が質問に答えてくれた時、わたしもそれと同じような思いを味わった。

その対話集会で取り上げてほしい質問があれば、誰でも＃AskObamaというハッシュタグを使ってツイッターから投稿することができた。

寄せられた質問は次のように審査された。

1．ツイッターの検索アルゴリズムが、人々の関心が高いツイートを洗い出す。
2．マス・レリバンスという会社が提供するプラットフォーム上で質問の集約と選別が行われ、その結果がAskObamaのポータルサイトに送られる。
3．経済討論に参加した経験があるツイッターの熟練ユーザー八人からなる委員会が、本番用の質問を選ぶ。
4．七月六日、ツイッターのジャック・ドーシー会長が、ホワイトハウスにおいて大統領の目の前で質問を読み上げる。

このイベントはマスコミ関係者をはじめとする招待客にリアルタイムで公開されるとともに、多数のテレビ局やラジオ局が実況中継を行い、インターネット上ではストリーム放送も流された。わたしはこのホワイトハウス・ツイッター対話集会の開催が発表された直後の七月二日に、ツイッターで質問を送った。そのころはまだ、#AskObamaのハッシュタグはあまり使われていなかった——その日の質問はわずか数百件だった。

わたしが投稿したのは次のような質問である。「#AskObama ハイテク・知識産業は好調なのに、雇用をめぐる議論では製造業ばかりが話題になります。雇用の現実を直視すべきではありませんか」

当日が迫るにつれてこのハッシュタグの利用頻度が増え、ライブイベントの開催中は時間を追うごとにうなぎ上りだった。ツイート総数で一一万九〇〇〇。雇用、経済、医療、マリファナ合法化などの重要事項をめぐり、#AskObama宛てにツイートされた質問は四万件を超えた。このうち、ライブイベント当日に寄せられたものが圧倒的多数を占めた。

自分の質問が読み上げられ、オバマ大統領に答えてもらえたことは、わたしにとって嬉しい驚きだった。大統領が時間をかけて答えてくれた時の胸の高鳴りを、わたしは一生忘れない。

大統領の回答の全文を読んでもらってもよいが、ここでは@whitehouseからツイッターで返された答えを紹介しておこう。「オバマの意見：景気回復をもたらすのはハイテクか製造業かの二者択一ではなく、イノベーションにはハイテクが、イノベーションを製品にするにはモノづくりが必要……」。その後、ホワイトハウスのブログにも、わたしの質問と大統領の回答が掲載された。

ここで肝心なのは、ほかの四万件を押しのけて選ばれる理由が、わたしの質問のどこにあったかである。

第一に、このツイッター対話集会の開催が発表されるなり、わたしは質問すべき絶好のタイミングは質問が目立つ**いま、この時**だと直感した。もし自分が、四万件の質問のなかから大統領に示す一八件を選ぶ小委員会の一員だとしたら、初日に寄せられる数百件の質問にどれくらい時間をかけて目を通すだろう。きっと、全部に目を通すのではなかろうか。だが、ライブイベント当日に寄せられる何万件もの質問にひとつひとつ目を通すなど、とうてい不可能である。

ホワイトハウス・ツイッター対話集会はその日の午後の最大の話題であり、これを取り上げた記事は翌日にかけて三〇〇〇本を超えた。わたしも何人かの記者から連絡を受け、『ボストン・ヘラルド』紙などのマスコミに登場することになった。第6章で述べたように、第二段落に自分が登場することでこうした大ニュースに便乗するのも、露出を高める絶好の策である。

ただし、こうした役得にあずかるには、一番乗りが欠かせない。

このほかのネット上の活動、つまり、就職活動やアマゾン等のサイト上のレビュー、あるいは、ブログ記事へのコメント投稿などについても、同じことが言える。早起きは三文の徳なのである（わたしの場合は、三文どころか、大統領に質問に答えてもらうという大きな褒美があった）。

対応スピードが死命を制する。もちろん、その時々の話題を瞬時に把握しないかぎり——そして理解しないかぎり！——対応などおぼつかない。

この章では、ネット上の話題をモニターするための多彩なツールを紹介する。ただし、マスメディアやブロガーのモニタリングに焦点を当てた第7章とは異なり、ここでは普通の人々の声——あなたの会社について話す顧客の声——を聞く方法を取り上げる。

こうしたサービスは無料で簡単に使えるものもあれば、大企業や政府が利用する高度なアプリケーションもある。企業規模の大小を問わず、自社について、あるいは事業の成否を左右する事柄について、何が語られているかをつかむ必要がある。しかも、リアルタイムで対応するには、迅速につかまなくてはいけない。

旧知の相手のモニタリング

何より優先すべきは、あなたの会社や事業についてたびたび発言するブロガー、アナリスト、ジャーナリストなどの声を汲み取ることである。手始めに、できるだけ多くの意見を洗い出してみよう。関連する業界誌を残らず調べ、自社が属するセクターを担当する証券アナリストを見つけよう。海外に目を向け、遠く離れた市場の業界情報も掘り起こさなくてはいけない。関連しそうなフォーラムやチャットルームを探し出そう。過去に自社の事業に関連するテーマを取り上げたブロガーも洗い出す。新たな情報発信者がいないか、絶えず目を光らせよう。

こうした発言者を見つけるには、まず、思いつくかぎりの関連キーワードや関連フレーズを使って検索エンジン（グーグル、ヤフー、ビングなど）で調べてみることだ。会社、顧客、競合他社、見込み客、製品カテゴリー、業界用語など、何でもよいから思いつくかぎり。

自社の事業の関連テーマに興味を抱くブロガーを見つけるには、グーグル・ブログ検索、アイスロケット、テクノラティのようなブログ専用検索エンジンを使うとよい。

カギとなる情報発信者を見つけたら、次のステップとして、彼らが語る内容をリアルタイムでモニターしよう。ＲＳＳ（really simple syndication「とても簡単な配信」の略）を使えば、その名のとおり、とても簡単にこの作業を行える。ＲＳＳを利用すれば、何百というブログやニュースサイトを個々に訪れなくても、コンテンツを収集できるのだ。ＲＳＳフィードはサイトの中身が変更になるつど更新され、指定した話題に関連する情報があることを知らせてくれる。わたしが利用しているのはグーグル・リーダーだが、ＲＳＳリーダーの選択肢はいくつもある。

すでに述べたとおり、最新の情報を押さえておくにはツイッターが威力を発揮する。近ごろではブロガー、ジャーナリスト、マスメディアの多くは、ツイッターを使って最新コンテンツの掲載を案内し、読者を誘導しようとする。ツイッターの利用に熱心な情報発信者は、サイトやブログにＩＤを載せているはずだ。ＴｗｅｅｔＤｅｃｋなど、ツイッター・モニタリング・ツールを使って事業関連の重要なツイートを集約すれば、自社にとっての注目人物がその時々でどのような発言をしているか、簡単にモニターできる。

ここでの目的は、人々の発言を**即座に**つかみ、必要ならリアルタイムにコメントすることである。そのためには、自社について発言しそうな相手にあらかじめ目星を付けておいた方が、どう考えても楽だ。

これはちょうど、カクテルパーティーで友だちの輪に加わるようなものである。つまり、自分にとって興味深い話題に花が咲いていると思ってよい。しかも、その輪に入れてもらえた以上、口を挟むのもわけない。

このように、自社を話題にしている人をモニターするなら、相手がそれぞれ何に興味を持っているかをつかんでおくとよい。自社の業界について書いている人についても、具体的な関心対象を頭に入れておこう。たとえ自社やその製品には触れていなくても、相手の投稿や記事に時々コメントしてみよう。こうしておけば、自社の事業にじかに関わるような議論に自分が参加した時も、一見《いちげん》ではないから、真剣に受け止めてもらえるはずだ。

すぐさま反応して真っ先にコメントする利点はとてつもなく大きい。最新の動きに詳しいアンテナの高い人だと思われるだろう。

誰かがあなたについて書いてくれたら、こちらでも相手に注目していることを伝えるのも、やはり大切である。たとえ否定的な中身を書かれても、怒らずに礼儀正しく対応しなくてはいけない。こうすれば建設的な関係が築け、相手も次回からは事実をきちんと確認しようとするだろう。もしかすると、発表前に情報確認の依頼さえあるかもしれない。しかも、以前よりも気配りをしてくれるだろう。あなたから親しみのこもった礼儀正しいメッセージを受け取ったら、噛み付く前によくよく考えるはずだ。

返答する・しないという選択

定番の情報源を追いかけていると、自社をまな板に載せたやりとりに出くわす場合がある。その場合、意見を寄せるか、やりすごすかは、どう判断するのだろうか？　答えは一筋縄では決まらない。なかには極端な変人もいる。そういう人との対話に引きずりこまれるのは嫌だろう。

ゼネラルモーターズ（GM）のソーシャルメディア担当ディレクター、クリストファー・バーガーの判断基準が参考になる。バーガーは、誰が**思慮深い**かを見極めるのが大切だと言う。「批判的、好意的、どちらであっても、よく考えたうえでの主張なのか、八つ当たりしているだけ、あるいは何となく話題にしただけなのか、相手を見分けるのが肝心です。応援してもらえるのは素晴らしいことですし、反面、こちらの言動すべてを嫌って批判してくる人もいます。思慮深い批判に思慮深い返答がなされていれば、理知的なやりとりだと判断できますから、参加すべきでしょう」

バーガーによれば、「思慮深さ」をモノサシにするこの考え方を意外に思う人が多いという。そうした人々は、読者の絶対数が何より重要だと考えているのだと。「人数についての古い発想は捨てなくてはいけません。『この人はツイッター・フォロワーが二〇万人もいる』『何百万人もの読者を抱えたブログを持っている』という理由でつながらなくてはいけないなどと主張する人もいます。ですが、フォロワー数が少なくても発言力のある人もいますから、そういう人とのつながりには威力がありますよ」

膨大な量のやりとりにリアルタイムに耳を傾ける

ここまで、オピニオン・リーダーとみなした相手とのリアルタイムのやりとりを取り上げてきた。だが、見ず知らずの多数の人々にはどう対処すればよいのだろうか。あなたがそれなりの規模の事業を手がけているなら、知らないうちにソーシャルメディア上で話題にされていることも必ずあるはずだ。幸いにも、ネット上での何百万件ものやりとりをモニターして、機会と脅威、両方にリアルタイムで対応する手段がある。

いまから一〇年前、わたしはナスダック上場のB2B技術企業でマーケティング・PR担当副社長を務めていた。当時はPR活動の効果を測定するのにいわゆる「PRスクラップ・ブック」を使っていた。毎月、PR会社から資料一式（スクラップ・ブック）が届き、そこには自社に関連した最新記事と放送記録が収められていた。「とにかくこれをご覧ください」といって自分たちの存在意義を上司に印象づけるのにはもってこいだったが、リアルタイムで自社の評判をつかむのにはおよそ役に立たなかった。手元に届くころには情報が古すぎて、効果的な対応や働きかけなど望みようがなかった！

さて、時計の針を早送りして二〇一〇年はどうか。いまやB2B企業だけでなく、消費財メーカー、コンサルタント、NPO法人、さらにはロックバンド、教会、大学までもが、リアルタイムで人々に働きかけてつながりを築くための計り知れないチャンスを手にした。

最近のオンライン・ツールは、自社とその活動に関して何が語られているかを即座に知らせてくれる。この気づきがあると、やりとりのただなかに飛び込むことができ、上司の手元にスクラップ・ブックが届くまで何週間も蚊帳の外などという状態は避けられる。

個人や中小企業にとっては、ネット上の頼りがいのある無料アプリケーションを使えば、自分の活動に関連するニュースやりとりをモニターするのに十分である。わたしの手元には便利なツールの一覧表もある。

他方、大企業はどうかというと、しきりに指摘されているとおり、一般には、より洗練されたソーシャルメディア解析サービスに投資する価値がある。とりわけ、消費財メーカー、政府機関、著名NPO、大きな政治組織にはこれが当てはまる。一部の高度なサービスについては後ほど紹介したい。

膨大な量のやりとりを現在進行形で把握する方法

- 自社事業に関連する検索語リストを作成する。自社とその役員、競合他社、顧客、見込み客、製品名、業界用語などを、思いつくかぎりすべて載せよう。
- 右に述べた検索語を使い、検索エンジン（グーグル・ニュースやヤフー・ニュースなど）でニュース・アラートを設定する。こうしておくと、検索語が使われた場合にリアルタイムで自動通知が届く。ブログ検索エンジンでも同様のアラートを設定する。ちなみに、グーグル・アラートなら、特定のフレーズが登場したら通知するように、何種類ものコンテンツにアラートを設定できる。このため、一回のアラート設定によって、ブログ、ニュース、ウェブサイトなどをモニターできるようになる。

●モニタリングを進めるうちに、検索語によっては大量の「検索ミス」を引き起こしたり、該当件数がゼロだったりして、見直しをかける必要が生まれるだろう。検索精度を高めるための先進機能がついたサービスもある。たとえば、「ＡＮＤ」「ＢＵＴ」「ＮＯＴ」などのブール演算子を使えば、検索の絞り込みができる。誰かの助けが必要なら、図書館学の素養がある個人コンサルタントを探すとよい。新しい検索語を適宜付け加えるのもよい（興味を持った記事に書き手が付けたタグに注目するのも一案だ）。これは終わりのない作業だから、いったん検索語を設定したらあとはそのまま、というわけにはいかない。

●ツイッター上でもこうした検索語をモニターしよう。グーグルのような、ツイッターにインデックスを付けるサービスを使うと、一部のツイートはニュース・アラートに表示される。それでも、ツイッターをじかにモニターしたほうがはるかに効果的なようだ。ＴｗｅｅｔＤｅｃｋやＨｏｏｔＳｕｉｔｅ《フートスイート》のようなツイッター用のモニタリング・ツールを使って、キー・フレーズを逃さないようにしよう。その時かぎりの検索なら、ツイッターの検索機能でもよいだろう。

二五万ドルのツイート

「ネット上の評判をモニターする必要があるのは、大手の消費財メーカーだけ」という意見があるが、大きな間違いだ。中小企業やB2B企業をめぐるネット上の意見は少ないかもしれないが、だからこそなおさら、中身を把握しておくことが欠かせない。

アバイアと同社のコールセンター向け通信技術を例に説明しよう。アバイアは顧客の開拓と継続受注に役立てるため、SNS上のやりとりを注意深く追いかけている。

アバイアでサービスとソーシャル・マーケティングを担当するポール・ダネー（グローバル・マネージング・ディレクター）は二〇〇九年に入社するとさっそく、ツイッターの活用ほか、ソーシャルメディア上で会社の存在感を高める取り組みに着手した。その戦略の一環として、どうすればアバイアをめぐるやりとりへの理解を深め、よりよい対応ができるかを重視した。

「当社は市場の声を聞き、有益な意見交換に加わっていますから、課題やチャンスが生まれたら、誰からも指摘されなくてもすぐに気づきますよ」とダネーは語る。

アバイアは四大ソーシャルメディア、つまり、ブログ、フォーラム、フェイスブック、ツイッターでの存在感を確かなものにした。ツイッターが情報収集拠点や早期対応センターとして重要な役割を担い、問題を解決したり、潜在顧客に働きかける機会を作ったりしている。

ダネーは当初、ツイッターなどのソーシャルメディア上でアバイアがらみの発言をすべて自分でモニターし、対応が必要なツイートや投稿を、それにふさわしいサポート担当者や営業担当者に転送していた。件数が多すぎて自分ひとりでは手に負えないことがはっきりすると、マーケティング責任者から正式な了解を得て、部門横断的なグローバル・チームを設けた。

チームは当初、ソーシャルメディアを早くから利用していた七人で編成され、いまでは五〇人にまで拡大している。「マーケティング、顧客サポート、法務ほかの部門出身のメンバーが、TweetDeckを使って当社にかかわる内容を週に一〇〇〇～二五〇〇件ほどモニターしています。見落としたものを拾い上げる予備の手段として、Radian6（ソーシャルメディア用モニタリング・解析ツール）も併用しています。対応の必要そうな案件を誰かが『耳にした』ら、社内ウィキに投稿します。自動返信は使っていません。代わりに、必要な知識と権限を持つ者に対処を任せています」

ダネーによれば、SNSを介して顧客に対応する案件には、製品サポート、部品の在庫状況、支払・請求に関する質問、廃品の問題のほか、販売パートナーからのサポート依頼もあるという。「アバイアをめぐるツイッター上の会話に耳を傾け、参加すると、さまざまな利点がありますよ。売り込みのチャンスをとらえて速やかに成約につなげ、販売パートナー向けのサポートを強化し、炎上する前に製品やサービスの問題点に対処できるなどです」

たとえば、「X社かアバイアか？　新しい電話システムをすぐに導入しないと」というツイートがあった際に、ダネーらの戦略の即効性が活きた。チームがこのツイートをリアルタイムで見つけ、わずか数分後には、@Avaya_SupportというＩＤを使って「お手伝いできることがあればお知らせください。弊社には、お客さまのニーズ評価をお手伝いできる戦略コンサルタントがおります」と返信した。元の発信者は、その時まさに電話システムの評価を行っていて、アバイアに連絡をくれた。こうして、たちまち二五万ドルの売り上げにつながった。それから二週間も経たないうちに、その顧客はこうツイートした。「当社はアバイア製の新しい電話システムを導入しました。技術と導入メリットに胸を躍らせています」。顧客はアバイアのサービスと、一緒に仕事をする人材にとても満足したため、さらに数カ月後、ふたたび次のようにツイートした。「アバイア製の新電話システムの導入準備完了。当社のお客さまも大満足されるでしょう」

「五七文字のツイートが二五万ドルの売り上げにつながりました。一文字当たりにすると約四五〇〇ドルですよ！」とはダネーの弁である。

批判への巻き返し

会話をリアルタイムでモニターするうちに、遅かれ早かれ、自社やその製品について悪口ばかりを並べる怒った顧客に遭遇するものだ。そうなれば、しめたものだ！

こう書くと「そんなバカな」と思われるかもしれない。だが、リアルタイム対応チームにとっては、またとない腕の見せ所なのである。

ソーシャルメディア上で不平不満を吐き出す人は、相手企業からの返答をまったく期待していない。消費者は、企業というものは大きすぎて、あるいは、ほかのことで頭がいっぱいで、自分のことなど歯牙にもかけてくれないと思い込んでいる。わたしがなぜ不満や批判にもひるまなくてよいと考えているかというと、**あなたの会社の**誰かがリアルタイムに対応すれば、文句を言っていた人が目を丸くして、一転して味方になる可能性が高いからだ。そういう例は数え切れないほど見てきた。不満タラタラだったはずの人も、言い分を聞いてもらうと気をよくし、嬉しい経験を誰かに語る場合が少なくない。

批判者にリアルタイムで理性的に対応すると、思いやりが伝わってファンの獲得につながることが多い。

たとえば、わたしの妻スコット渡辺由佳里（@YukariWatanabe）は、ツイッターで次のような不平をつぶやいた。「親愛なるアマゾンジャパン殿、そちらのウェブ向けに時間をかけてレビューを書いても、一カ月以上も掲載されないか、苦情の後にようやく掲載されることがよくあります。これが適切なやり方でしょうか。アメリカのアマゾンでは、こんな経験はありません」

一〇分も経たないうちに、アマゾンジャパン株式会社の渡辺弘美・取締役渉外本部長（@

hiroyoshi）（妻の親戚ではない）からリアルタイムで、「問題の原因を誰かに確認させます」という返事が届いた。これに感激した妻は、わたしに話して聞かせた。そして、わたしがここで紹介したのだから、アマゾンにとってはよいPRになっている。

この問題そのものは二四時間以内に改善され、いまでは妻のレビューはアマゾンジャパンのサイトに速やかに掲載される。アマゾンジャパンの素早い対応とリアルタイムの的確なメッセージが、批判者を支持者に変えたのである。

即答できない場合はどうするか

ソーシャルメディア上で人々と関わる時は速やかな対応が理想だ。リアルタイムで議論に加われば、喜んでもらえる。また、否定的な論調を一変させて、批判者を逆に味方にできる場合も少なくない。

もちろん、いつも特効薬が見つかるとはかぎらない。それでも、すぐさまメッセージを送って素性を明かし、相手の不満に理解を示し、解決策を見つけると約束しなければならない。とにかくリアルタイムで話に**加わるのが**重要だ。

アマゾンジャパンとわたしの妻の例にあるように、対応者がじかには問題を把握していない場合もある。だが、一日、いや、ほんの数分もあれば確認できる。そのはずだ。「対応します」とメッセージを送ったうえで解決策探しに取りかかろう。ただし、約束した以上は、必ず最後までやり抜かなくてはいけない。大風呂敷を広げずにおき、約束以上の成果をあげるほうが望ましいことを忘れずに。だから、必ず十分な時間の余裕を見ておこう。前倒しで終わったら、それに越したことはない！

GMのバーガー（前出）は次のように語っている。「『この件についてのお答えは、すぐには分かりかねます。適任者を探すのに少々時間がかかります』と伝えるのは、まったく問題ないと思います。ただし、『そうですね、答えはあるのですが、弁護士と相談しなければなりません』と告げるとなると話は別です。筋が違ってきますし、それに、会社目線で人間味がありません。『答えがすぐには分からない』と言うほうが人間らしくて、感じがよいでしょう」

バーガーの言葉にもあるように、この場合、人間らしさが決定的な意味を持つ。相手の名前も顔も見えないまま、企業にぞんざいに扱われた経験が誰にでもある。だから、担当者からメッセージが届くなどとは期待していないのだ。

無料サポート番号に電話をかけて、自動応対の無間地獄に送り込まれずにすんだことが、近ごろあっただろうか。誰もが「企業とは不親切なものだ」と思うようになってしまった。だから、ソーシャルメディア上でリアルタイム対応を実践すると、相手はがぜん注目してくれる。わたしも、「すごいぞ！　こちらの言い分をちゃんと生身の人間が聞いてくれている」とつぶやいた経験がある。

ソーシャルウェブ解析

ネット上の発言をリアルタイムでモニターするための中小企業向け無料サービスは、すでにいくつか紹介した。以下では、モニタリングに役立つだけでなく、解析ツールや（経営陣にも提出できる）レポート作成機能があり、業務フローにも組み込める、大企業向けの高度なプラットフォームを取り上げよう。

アバイアのポール・ダネーやGMのクリストファー・バーガーのようなソーシャルメディアの専門家の多くは、無料サービスと有料の解析用アプリケーションを併用している。

つい数年前にはツイッターは存在すらせず、フェイスブックも「.edu」で終わる学生向けメールアドレスを持つ人たちだけのものだった。だが、解析ツールは急速に進化しており、市場の成長も目覚しい。

急展開する状況を知るために、わたしはインフルエンス・クラウドの創業者であるフィリップ・シェルドレイクに意見を求めた。シェルドレイクは、影響がどう伝染していくかを企業に説明して、手遅れになる前に現状をつかむための支援を行っている。

まずは定義から。この章ではここまで、「モニタリング」を、ネット上でいま何が語られているかを追いかけるプロセスという意味で使ってきた。これに分析、つまり、ある企業について先週は何本のブログ記事が書かれたかといったデータの作成や、好意的意見と否定的意見の割合を示す感情分析などを加えると、単なるモニタリングよりもはるかに充実したサービスになる。いわば、スポーツを競技場で見るか、統計や解説が付くテレビで見るかの違いだ。

シェルドレイクは、ソーシャルウェブ解析を次のように説明している。

特定のブランド、製品、事柄についてのネット上のやりとりをさまざまな場所から見つけ出し、追跡し、傾聴したうえでそれに参加するという仕事に、ひとつひとつのやりとりの感情、影響面でのトレンドを数値化する作業を重視しながら、検索、インデックス化、意味解析、ビジネス・インテリジェンスの技術を応用すること。

おっと、こいつは長い！ しかし、ゆっくり読み返すと、しだいに腹に落ちてくる。ネット上の会話をただモニタリングするのとはわけが違う。実際に一部の企業は、さまざまなツールをきわめて洗練された手法で使いこなしている。

「**『ソーシャルウェブ解析』**と**『ソーシャルメディア解析』**を混同する人もいます」とシェルドレイクは語る。そのせいで誤解が生じている。「ソーシャルメディアは、ソーシャルウェブの部分集合にすぎません。ソーシャルウェブにはソーシャルメディア（フェイスブック、アマゾンのレビュー、ブログなど）、アプリケーション（ＴｗｅｅｔＤｅｃｋ、スカイプなど）、サービス（フレンドフィードやタップトゥーのような地理位置情報フィードなど）、そしてネットワークそのものが含まれます。ですから長い目で見ると、ソーシャルウェブ解析は、単なるソーシャルメディア情報よりも幅広いデータを扱うようになるでしょう。すでにそれを手がけるベンダーもあります」

ソーシャルウェブ解析の事業への寄与

- ブログ、フォーラム、ニュースサイトなど、ソーシャルウェブのデータを収集し、蓄積する。
- データを解析して意味づけする。一般には図やグラフ、あるいは前述の感情分析という形で情報を提供する。
- 回答担当者や会話の中身を知っておくべき役員など、社内関係者が理解しやすい形で情報を提供する。
- 既存の顧客管理システムや自動販売システムなど通常の流れに沿った日常業務に、解析サービスを組み込む（これについては第15章で詳しく説明する）。
- 情報への対応（必要に応じた後々の対応も含む）を簡単に実現する。

ソーシャルウェブ解析サービスの選択

ここでソーシャルウェブ解析サービスを一通り紹介しておこう。無料と有料の両方があり、有料サービスには月に数百ドルのものから、年間数百万ドルもかかるグローバル対応の最先端サービスまである。シェルドレイクによれば、この分野の権威のなかには、前述のソーシャルウェブ解析ツールの定義と部分的にせよ一致するサービスを二〇〇超も並べたリストを持つ人もいるという。ここではすべてを網羅するのではなく、興味深い人気サービスだけを抜き出して紹介する点に留意してほしい。こうしたサービスはすべて英語に対応しているが、多言語のコンテンツを処理する必要がある場合は、それぞれのサービス内容を入念に調べたほうがよい。

個々のサービスを品定めする際には、「リアルタイム」仕様かどうかを確認しなければならない。遅れが数秒以内のものが最適である。なかには、一時間に一度しか情報を更新しないサービスもある（特に、マスメディア系の情報発信源をインデックス化するサービス）。リアルタイムの環境では、一時間遅れではまったく役に立たない。

マスメディアとソーシャルメディアが対象の無料サービス

- グーグル　www.google.com
- ビング　www.bing.com
- ヤフー　www.yahoo.com
- アスク　www.ask.com

無料グラフィック解析ツール

- ブログパルス　www.blogpulse.com
- グーグル・トレンド　www.google.com/trends

無料ブログ検索ツール

- グーグル・ブログ検索　www.google.com/blogsearch
- テクノラティ　www.technorati.com
- ツイングリー　www.twingly.com
- アイスロケット　www.icerocket.com

無料アラート・サービス

- グーグル・アラート　www.google.com/alerts

無料ツイッター検索

- HootSuite　http://hootsuite.com/
- TweetDeck　www.tweetdeck.com

- ツイッター検索　http://search.twitter.com

有料サービス

- アルテリアン　www.alterian.com/www.techrigy.com
- アテンシオ　www.attentio.com
- ブランドウォッチ　www.brandwatch.com
- ＣＩＣ　www.ciccorporate.com
- サイジョン　www.cision.com
- クリムゾン・ヘキサゴン　www.crimsonhexagon.com
- コレクティブ・インテレクト　www.collectiveintellect.com
- ｄｎａ13　www.dna13.com
- ダウジョーンズ　www.dowjones.com/product-djinsight.asp
- Ｎｉｍｂｌｅ　www.nimble.com
- Ｒａｄｉａｎ6　www.radian6.com
- シソモス　www.sysomos.com
- ＴＮＳシンフォニー　www.cymfony.com
- トラッカー　www.trackur.com

● ビジブル・テクノロジーズ　www.visibletechnologies.com

繰り返すが、このリストはすべてを網羅したものではなく、どんなものがあるかを知るための出発点にすぎない。

先進的企業にとっての究極の目標は、ソーシャルウェブ解析のプラットフォームをマーケティング部門やＰＲ部門の既存の業務プロセスに無理なく組み込み、単なる通知用のツールではなく、成果を生むツールにすることである。しかも、全員参加を実現しなければならない。

「そこで重要になるのが、全社規模のプロセス・エンジニアリングです」とシェルドレイクは語る。「規律に沿って熱心に推進しなくていけません。経営トップは、『必要なのは耳を傾けることだ。会話に参加しよう。それに役立つシステムも導入する予定だ』と社内に号令をかける必要がありま す」

組織にシステムを組み込む際には、リアルタイムで適切に対応するという任務に必ず有能な人材を充てるよう、心配りをすることが大切だ。大きな組織にとって、一日に何百件もの案件を分担して対応するのは、決して生半可な仕事ではない。シェルドレイクは、「チーム総出で二〜三〇〇もの案件に取り組むのは、重複によるムダが生じるだけですから、避けたほうがよいでしょう」と言う。彼によれば、電話サポートセンターのような仕組みを築けばうまく行くそうだ。新しい案件はスタッフのひとりに割り振って担当させ、その担当者が完了まで「責任を持って対応」するのだ。

もちろん、決して眠ることのないネットの世界の現実に照らすなら、必要とあらば充実した二四時間リアルタイム・モニタリングの実践が課題となる。

（編註）日本発のソーシャルメディア解析としては、ユーザーローカルの「ソーシャルインサイト」（http://social.userlocal.jp/）がある。

大企業中の大企業がソーシャルネットワークにうまく馴染む方法

ＩＢＭのソーシャルメディア制作責任者、ティム・ワッシャーは次のように語っている。「本社ソーシャルメディア部門はわたしを含めて三人の体制ですが、コミュニケーション部門の七〇〇人とともに、その時々のやりとりを活発にモニターしています。ですから、矢継ぎ早な展開があれば、ソーシャルメディア部門のほかＰＲや顧客サービスの担当者が必ず気づきます。相手と同じメディアで速やかに返答するのが、わたしたちの方針です。発端となったのがブログなら、スタッフにはそのブログ上で返答してもらいたいと考えています」

同じメディアで対応するというワッシャーの言い分は、一見すると当然と思えるかもしれない。たしかに、誰かのブログに自分の会社が取り上げられたら、そのブログ上でコメントすべきだとあなたも主張するだろう。そのとおりだ。だが、ユーチューブ動画のようなメディアを目の前にすると、戸惑う人が多い。そんな時、あなたはどうするだろうか。

理想を言えば、その場合も同じメディア上で対応すべきである。ユーチューブにはコメント機能があるが、人気動画ともなるとコメントが何百件、いや何千件にも達する場合もあり、せっかくコメントを書いても埋もれてしまいかねない。関連する動画をすぐに撮って、ユーチューブ上の自社チャンネルに投稿してはどうだろうか。チャンネルにもよるが、関連動画の多くは元の動画の傍らに紹介される。このため、視聴者があなたの返答に気づく可能性が高い。ユーチューブでは既存の動画にリンクを張り、「レスポンス」を付けることもできる。第1章で紹介したデイブ・キャロルと、ユーチューブに投稿された『United Breaks Guitars』の動画のことを覚えているだろうか。わたしならキャロルへの対応として、右に挙げた手法をユナイテッド航空に推奨していただろう。つまり、自分たちも動画を制作し、ユーチューブで公開するのである。

返答に使うメディアはひとつに絞らなくてもよい。複数のメディアで返答するのが望ましい場合も少なくないのだ。たとえば、返答用の動画を投稿するだけでなく、その動画を組み込んだブログ記事を書くとよい。

ネット上での発言の逐次モニタリングや、ソーシャルウェブ解析ツールを活かした対応を企業文化の一部に据えることは、リアルタイムの業務運営に真剣に取り組むすべての企業にとって不可欠だ。だが、大企業になるほど膨大な労力が必要になる。

第13章では、「最高リアルタイム・コミュニケーション責任者」という新たなポストを提案する。リアルタイム・コミュニケーションをこれだけ上位のレベルで優先課題として扱い、自社の事情に合わせてツール類を絶妙に組み合わせて活用すれば、即応態勢が整うだろう。

あなたの会社が話題にのぼった際に、いまの世の中が期待するスピードで対応できるのだ。そうすれば世の中から尊重されるはずである。

第9章 大勢《クラウド》の力を借りて迅速に動く

毎年恒例のスーパーボウルでは、ナショナル・フットボール・リーグ（NFL）の上位二チームが雌雄を決する。二〇一一年には一億一一〇〇万人がテレビ観戦した、アメリカ最大の観戦者数を誇るイベントである。企業は膨大な視聴者を当て込み、人々の記憶に残って口々に語り継がれるCMを制作しようと全力を傾ける。非常に注目度の高いイベントで予算も莫大だから、ひとつひとつのCMが熱心な品定めと論評の対象になる。

こうして見るなら、スーパーボウルはCMの優勝決定戦でもある。わたしにはアメフトよりもCM競争のほうが楽しい（そう、わたしはマーケティング・オタクなのだ）。

わたしはいつも、各社が打ち出すCMをワクワクしながら見ている。今年はどの会社がスーパーボウルのCMスポンサーになっているのだろうか？　どんな製品のCMだろう？　引きはユーモア、有名人、ドラマ、どれだろう？　それとも、何か別の手法だろうか？

例年、試合を見ながらCMについてメモを取り、朝一番にブログ記事を書くのがわたしの習慣だった。同じような趣向は多くの新聞で見られ、なかには何人かの「専門家」を審査員にして、さまざまな角度からCMをランクづけする例もある。こうした記事の多くは面白いのだが、大切なものが欠けている。わずか数人の意見に頼っているうえ、読者の目に触れるのは試合終了から何時間（あるいは何日）も経ってからなのだ。

そんなわけでわたしはこの数年、スーパーボウルのCM批評は（自分のものも含めて）どうも迫力と説得力に欠けると思うようになっていた。試合そのものは、観戦していれば、どちらかのチームがタッチダウンを決めた瞬間にそれと分かる。観衆は熱狂し、試合終了とともに勝敗も判明する。それなら、CM競争の勝者を知るのに、なぜ翌日まで待たなければならないのか。しかも、白黒がはっきりするわけではなく、単に専門家が議論するだけだ。

タッチダウンと同じようにCMでも、観衆の大歓声をリアルタイムに聞きたいものだ。そう、テレビの前にいる一億のアメリカ人の反応を。これこそが、勝敗を決める真のモノサシではないか！

いまでは、ソーシャルメディアを使えばこれは十分に実現する。だからわたしは、広告代理店のマレンがソーシャルメディアのモニタリングや参加を後押しするRadian6と組んでブランドボウル二〇一一を実施し、スーパーボウルのテレビCMへの反響をリアルタイムで判定すると知って心が踊った。両社はウェブ上での**クラウドソーシング**手法を使って視聴者の意見をモニタリングし、熱戦のさなかに同時進行でCMを順位づけしたのである。

クラウドソーシングとは、通常ならひとりまたは数人で行う作業をSNSを通じて大勢に割り振る——つまり、作業を大勢《クラウド》にアウトソーシングする——手法である。

たとえば、新製品の名称を決めるために、愛好者のネットワークを利用して提案を募るのだ。こうすると、社内で何週間も頭をひねったり、商標専門のエージェントに多額の手数料を支払ったりしなくても、クラウドソーシングで事足りるかもしれない。あるいは、従来の手順をクラウドソーシングで補うことも考えられる。つまり、製品名の候補をいくつかに絞り込んで商標上の問題がないかを調べたうえで、愛好者に投票してもらうのだ。

本のタイトルや製品名を決める

マーク・リービーが新著『書きながら考えるとうまくいく!』のタイトルを最終決定するのに使ったのもこの方法である。

リービーと出版社はウェブベースの調査ツール、サーベイモンキーを使い、タイトルと副題について読者の意見を募った。出版社はリービーの友人、同僚、愛読者にメールでアンケートを依頼し、タイトルと副題それぞれの候補リストから気に入ったものを順位づけするよう依頼した。

「クラウドソーシングには意外な面白さがありました」とリービーが語ってくれた。「クリエイターの立場からは、クラウドソーシングを行うと、自分の美学に反する選択を迫られるのではないかと恐れていました。別の言い方をすれば、世論によってプロジェクトの手足を縛られるのではないかと思っていたのです。ところが、クラウドソーシングによって本命候補が支持されたばかりか、大勢に意見を尋ねたことで、そうでなければ思いつかなかったような副題が生まれました」

この手法は中小組織の専売特許ではない。コダックはクラウドソーシングを使い、コード名『zx3』という新型防水ビデオカメラの製品名を決めた。コンテストにはすぐに何千件もの名称案が集まり、『コダック・プレイスポーツ』が最優秀賞に輝いた。

クラウドソーシングの汎用性

壮大なクラウドソーシング・プロジェクトの典型例は、誰でも補足や編集ができる無料オンライン百科事典、ウィキペディアである。二〇〇一年の開設以来、ウィキペディアは急成長を遂げて大手サイトの仲間入りを果たし、およそ三億六五〇〇万人もの訪問者を集めている。ウィキペディアには一〇万人近い現役の執筆者がいて、二〇一二年五月までに一九〇〇万本の記事を作成してきた。何万件ものリアルタイム編集と、何千本という新たな記事の作成を、毎日、世界中の人々が共同で進めている。その結果、ウィキペディア上の知識量は日に日に増加している。これもすべて、世界屈指の成果をあげるクラウドソーシング・プロジェクトの恩恵である。

テレビの世界でもすでに、クラウドソーシングが注目されている。『アメリカン・アイドル』や『ブリテンズ・ゴット・タレント』のような番組では、生放送の最中に、専用番号への電話や文字通信による投票をとおして視聴者に出演者を評価してもらっている。このようにリアルタイムでクラウドソーシングを行うと、視聴者が「自分も積極的に参加している」という意識を持ち、番組に関心を寄せつづける。

クラウドソーシングによって問題解決に協力した人々は当事者意識を抱く。参加をとおして傍観者が支持者へと変わる。

クラウドソーシングを使えば、凄まじい数の人々の知恵をもとに判断を下すこともできる。ブランドボウル二〇一一では、リアルタイムで集まった何万人もの意見が、翌日の朝刊に載った専門家による評論を打ちのめすほどの影響力を持った。わたしはクラウドソーシング手法の威力に感じ入り、スーパーボウル二〇一一のスポンサーＣＭについての意見をブログに載せるのをやめた。その代わり、ブランドボウル二〇一一のサイトへのリンクをツイートするだけにした。

ブランドボウルは、試合中に寄せられた三〇万二九七七件のツイートをもとにＣＭの総合順位を決めた。用いたのは量（各ＣＭに関するツイート数）と感情の複合点である。感情とは、各ＣＭへの反応が全体として好意的か否定的かを指し、ブランドボウル共同実施者のＲａｄｉａｎ６が（好意的なツイート数 − 否定的なツイート数）÷ 総ツイート数という数式を用いて算定した。

Radian6は個々のツイートが好意的か否定的かを判断する準備として用例を集めて参照ライブラリを作成し、ツイート内の表現を分類するために微妙な違いや（ツイッターで頻出する）口語的用法に数値を割り振った。たとえば、「あのCMはまるでダメ。超クサっ」は否定的だが、「あのCMはすげえ。イケてる」ならば好意的となる。人間が参照ライブラリを作った後、自動システムを使ってネット上の会話をその基準と突き合わせた。このようにして、感情を表す特定のキーワードや語句をもとに、ツイートをリアルタイムで「好意的」「否定的」「どちらでもない」に振り分けたのだ。

ブランドボウル二〇一一のサイトにはさまざまなCMへのリンクが張ってあり、（ビールのお代りを取りに行くなどして）見逃したCMを見られるようになっていた。

「大勢に問いや課題を示して、集まった衆知によってこれまでより速く、あるいは、これまでまったく思いもよらなかった方法で物事を決められないかを探るのが、クラウドソーシングです」。こう語るのはブランドボウル二〇一一を共同実施したマレンの最高クリエイティブ責任者、エドワード・ボチェスである。「月曜朝の『USAトゥデー』を待つまでもなく、スーパーボウルのCMでどのブランドが最高だったかが分かりましたよね。試合のあいだ、ずっと結果が見えていましたから」

三強はクライスラー、ドリトス、フォルクスワーゲンだった。ポップスターのエミネムを起用して彼の故郷デトロイトを情感豊かに描き、インパクトのある二分間のCMに仕上げたクライスラーが、ツイート数と感情でブランドボウル二〇一一の王座を獲得した。これだけで十分にドリトスを上回るほどであり、一方のドリトスはツイート数で勝っていたが、好意的なツイートの割合がはるかに低かった。参加ブランドのなかで特に人気が高かったのは（感情点だけで見ると）フォルクスワーゲンだった。ブランドボウル二〇一一の最下位はＢＭＷだった。

『サンフランシスコ・クロニクル』『ボストングローブ』『アドウィーク』の寄稿者をはじめ、新聞・雑誌やインターネットでスーパーボウルのＣＭを取り上げた記者たちは、たいてい、記事のなかでブランドボウル二〇一一の結果にも触れていた。素晴らしいことではあるが、リアルタイム・クラウドソーシングの結果が従来型の報道でこれほど広く取り上げられたのは、意外でも何でもない。リアルタイム・クラウドソーシングの価値への理解が広がってきているのは明らかだ。

適切なクラウドを選ぶ

クラウドソーシングが伝統的な手法よりはるかに速く成果を生むことに、数多くの組織が気づきはじめている。ここで、クラウドソーシングの検討対象になりそうな業務やプロジェクトの例を挙げておきたい。

- 問題への多彩な解決策や答えを引き出す

・新製品の名称などについて提案を募る
・リストアップした項目への投票や順位づけを広く呼びかける（コンテスト優勝者の決定など）
・手間のかかる大型プロジェクトを、ボランティアの手で簡単にこなせる多数の作業に小分けする
・コンテストへの応募を呼びかける
・大勢の専門家の意見を速やかに集める
・有意義な目的のためにボランティアや寄付を募る
・リアル世界での会議やイベントへの参加意欲を呼び起こす

クラウドソーシングの第一歩として、自分のネット人脈に何か質問を投げかけることを検討するとよい。すでにソーシャルネットワーク（リンクトイン、フェイスブック、ツイッターなど）に参加しているなら、すぐに実行できるはずだ。

クラウドソーシングは、すぐに使える有意義な結果をたちどころに生む威力を秘めている。

クリスマスイブに家族が集まった時のこと、わたしの兄弟ピーターがツイッターに首をかしげていた。ツイッターについては本などで読んで知っているが、ツイートしたがる理由がさっぱり理解できないというのである。そこで、自分で説明する代わりに、ほかの人にツイートを送って答えを尋ねることにした。すると、思いがけないほどの反響があった。

以下がわたしのツイートである。「**わたしの兄弟のピーターはツイッターのことを分かっていない。『おかしな話だ――人の行動なんか誰も気にしちゃいない』と言うんだ。みんな、どう説明したらいいか知恵を貸してくれないか！**」

ものの数秒で返事が届きはじめた。一〇分足らずで世界各地から五〇件の返信があり、そのなかにはオーストラリアのクージーや、ドミニカ共和国のサントドミンゴからのものもあった。これが何と、クリスマスイブにリアルタイムに起きたのである。

届いた回答はどれも気に入った。いまだに笑ってしまうものもあれば、深遠なものもある。

- **ツイッターは自分の体を清潔に保つことと似ている。やってみて初めてメリットが分かる……。**
- **人生のための検索エンジンだね。自分と好みの合う人を見つけたいと思わない？　検索して、話を聞いて、仲良くなるんだ。**
- **ツイッターって、パーティーで知人や初めての相手と歓談しても、まだ、見知らぬ人がたくさんいるようなものさ。**

- いやいや、彼が正しいな。おかしな話なんだよ。ぼくらがおかしいんだ。人生はおかしい。あれれ、話が元に戻っちゃった;)
- みんなが聞いているってことを、ピーターに知らせたい一心で返信しました。
- ぼくにとっては、ツイッターは素早くアイデアを共有したり、ほかの人の知恵を借りたりするためのものだね。
- ツイッターは、じかに教えを乞いたい相手に会いに行けない時に、その人の代わりになるもの。
- 行いよりも考えに関係するもの。
- いろいろな面白い人たちとアイデアを共有して仲良くなるのに絶好の方法。それに、楽しめるし。
- ツイッターを使えば何百という人たちのアイデアを知ることができる。興味のある話題どれについてもね。
- 面白いことを探して共有し、面白い人を見つけて彼らの興味を追いかけること。
- ツイッターは世界最大のフォーカスグループで、しかも無料！　見込み客が何を考えているかをリアルタイムで正確に把握できる！

五〇人が思い思いのやり方で、それも、わずか数分のあいだに一四〇字未満で答えを寄せられるのだから、すごいことではないだろうか。ひとりで何日も考えに考えた末にひねり出せそうな内容より、もっと優れた説明に行きつくなんて。これがクラウドソーシングの威力なのだ。リアルタイムで答えなければならない厄介な疑問がある時は、**いますぐ**仲間に答えを尋ねてみよう。

隠し立てをせずにすべてを明かすと、ピーターは相変わらず首をひねっている。ただし、わたしに寄せられたたくさんのリアルタイムの回答のおかげで、ツイッターへの理解は以前よりずっと深まった。みんな、ありがとう！

巨大ブレーンストーミング

クラウドソーシングの使い方として（特に消費財ブランド分野で）人気上昇中なのは、プロモーション――動画、画像、ロゴ、そのほか何でもよい――の提案を創造性豊かな人たちに呼びかけるコンテストである。目を見張るほどの独創性に出会う場合も多い。さらに良いことに、社内チームや社外プロダクションに依頼するのと違って長ったらしいプロセスが必要なく、たいてい、アイデアをそのまますぐに使用できる。

若くて才能に恵まれた独創的な人材は大きな野心を抱いているから、たいてい、有力ブランド向けに作品を制作するチャンスを歓迎する。コンテストが作品発表の機会になるのである。もしかすると主催者が大いに感動して、雇いたいと言ってくれるかもしれない。そうでなくても、コンテストに参加すれば作品数を増やせる。

シリコンバレーの巨大IT企業ヒューレット・パッカード（HP）はこの手法を使って、「独創性をもとに思い描けるものなら何でも実現できるHPワークステーション。この製品の威力を訴求するアイデアを寄せてほしい」と学生たちに呼びかけた。

この応募作品のなかに、わたしがこれまでに一番気に入ったオンライン動画がある。マット・ロビンソンとトム・リッグルズワースが撮影・編集・監督したものだ。ふたりは低速撮影した動画を使い、HPのプリンターがダンスのリズムに乗って文書を吐き出していく姿をとらえた。見事というほかない！　ぜひ、見てほしい。

オランダの有名ビール・メーカーのハイネケンは、世界中で放映されているテレビCM『歩く冷蔵庫』の続編を募集した。ハイネケンはクラウドソーシングを専門とするブランドファイターズという会社に、コンテストの企画運営とソーシャルメディアを通じた口コミを依頼した。六週間の期限内に、法定飲酒年齢に達したコンテスト参加者が一分間の動画の企画、プロデュース、撮影、編集を行い、三五本の応募作品のなかからハイネケンによって最優秀作が選ばれた。

ブランドファイターズにこの構想を提案したヤン＝ポール・デ・ビアによれば、映像作家たちは発表の場としてコンテストへの参加を切望しているという。「若手の映像作家にとって、これ以外に一流ブランド向けの作品を制作できるチャンスはありませんから」

もしかするとこの種の取り組みの最大の利点は、ブランドとターゲット顧客層の相互交流につながることかもしれない。ターゲットとする視聴者層に属する有能な人材が、仲間たちに強い印象を与えてくれるのである。

クラウドソーシングによる予算ゼロの映画制作

これもオランダを舞台にした、究極のクラウドソーシングともいえる事例を見つけた。『DSB・ザ・ムービー』のプロデューサー兼監督のヤン・ウィレム・アルフェナールは、二時間におよぶドキュメンタリー映画を記録的なスピードで制作することに成功した――しかも、何と予算ゼロで。

この映画は二〇〇九年一〇月に破綻したオランダの銀行、DSB銀行の足跡をたどったものである。驚くべきことに、アルフェナールはこの映画に必要なもの――ロゴ、脚本、サウンドトラック、編集、撮影、演出、広報――をすべてクラウドソーシングした。それも、なんと無償で。しかも、通常、この種の映画制作には一年かかるものだが、『DSB・ザ・ムービー』はわずか四カ月で完成にこぎ着けた。

アルフェナールはリンクトインやツイッター、そして、オランダ語ソーシャル・ネットワーキング・サイトのハイブスを通じてこの情報を広めた。「最初に、みんなにロゴの制作を呼びかけました」とアルフェナールは言う。「この仕組みが機能するか、また、こちらが求めているものを受け手側が理解してくれるかを確かめる試金石としての意味合いもありました。蓋を開けると、五日間で四二のデザイン案が集まりました」

想像してみてほしい。アルフェナールはわずか五日後には、初のクラウドソーシング作品であるロゴを、四二案のなかから選ぶことができたのである。わたしが以前の勤務先でロゴのプロジェクトに参加した時は、そこにたどり着くまでに何カ月もかかった。

次の作業は脚本のクラウドソーシングだった。「うちにはプロの脚本家がふたりいて、『なあ、俺たちも手伝うよ。いいプロジェクトじゃないか。これは注目されるぜ』と話していました」とアルフェナールは振り返る。

だが、脚本を書くためには、DSB銀行の元顧客や元行員、それに、破綻のいきさつに関係した人々から情報をもらう必要があった。そこで、アルフェナールはもうひとつの呼びかけをした。今度は脚本用の情報提供の依頼だった。「DSBの元行員や政府関係者と話して、全員から情報をもらいました」

それからまもなく、DSB銀行の破綻に関して調査を進めていたオランダのビジネス誌『クォート』のジャーナリストが、リンクトインで『DSB・ザ・ムービー』の関係者グループを見つけた。そして、アルフェナールに連絡を入れ、この映画に興味を抱いたことと、自分が執筆した記事がネット上で公開されている事実を知らせてきたのである。さらに、このスキャンダルを取材中のほかのジャーナリストたちにも話が伝わり、ネット上の情報が雪だるま式に増えはじめた。

「翌日にはオランダ最大の新聞『デ・テレグラーフ』の一面を飾るとともに、『BNRニュースラジオ』『マーケティング・トリビューン』『メディアジャーナル』『アイントホーフェン新聞』などに取り上げられました。あらゆるニュースに顔を出しましたよ」

こうして脚光を浴びたおかげで、クラウドソーシングの協力者の層が厚くなった。

当然ながら、撮影開始の時期が訪れると、その作業もまたクラウドソーシングされた。撮影に関心がある人にシーンごとに脚本を渡し、撮影したうえでユーチューブに投稿するよう依頼したのである。アルフェナールは、「どのシーンも五～八人が投稿してくれて、視聴者（映画制作の成り行きを見守るクラウド）によるネット投票で、どれを使うかを決めました」と語っている。

同じくサウンドトラックのクラウドソーシングでも、プロのミュージシャンの手になる三曲のなかから投票で一作品を選んだ。

アルフェナールのプロジェクトは、大型プロジェクトさえクラウドソーシングの対象になり、従来方式の何分の一かの時間で完了できることを示している。作業全体としては依然として時間がかかったものの、ひとつひとつの要素はごく短期間で制作された。

たとえば、わたしが最初にアルフェナールと話した時点では、この映画には英語による作品紹介サイトがなかった。それを指摘すると、彼はすぐに制作に乗り出すと語った。それから数時間後にわたしのもとに連絡が入り、翻訳作業はすでにクラウドソーシングに出したので、翌日には英語版サイトが立ち上がると知らされた。これには、どんなに驚いたことか。いやはや、リアルタイムのスピードとはこのことだ。

「協力者たちは快く手を貸してくれます」とアルフェナールは語る。「みな、お金が必要なのではなく、功績を認めてほしいだけなのです。普通なら、映画づくりは一年がかりで費用もばかになりません。わたしたちには一銭もありませんでした。それに、この映画はクラウドから生まれたクラウドのためのものですから、これで稼ぐつもりもありません。協力者は製品やアイデアについて快く力を貸してくれますから、クラウドソーシングはマーケティング分野で大いに有望だと思います。自分の功績が認められるのであれば、快く協力してくれます。人助けをして、その成果を称えてもらいたいだけなのです」

ギブ・アンド・テイク

このようにクラウドソーシングはよいことずくめのように思えるが、どうだろうか。人々（クラウド）に呼びかければ、大切な素材が速やかに、しかもタダで送られてくるなんて、誰もがワクワクするはずだ。

だが、注意してほしいのは、何事も単なる偶然で起きるわけではないことだ。この章の初めからずっと気づいていたかもしれないが、「努力の見返りとして協力者は何を手にするのか」を考えてみるのが大切である。

『ＤＳＢ・ザ・ムービー』の協力者は、「多くのオランダ国民を巻き添えにした事件を記録する重要な映画の制作に、欠かせない役割を担っている」という自負を抱いた。彼らはある意味、自慢できる手柄と映画のクレジットに名前が載る栄誉と引き換えに、無償で働いたのである。

ハイネケンに短編動画を送った新進の映像作家たちは、世界有数の知名度を誇るブランドのマーケティング・マネージャーに作品を見てもらえるチャンスを手にし、なかなか入り込めない世界への足がかりを得た。

だから人々に協力を求めるなら、その前に何か具体的な見返りを用意しておくことが欠かせない。

時には、時間を割いて手伝ってくれた人に、ただ「ありがとう」と告げるだけでよい場合もある。わたしは、ピーターにツイッターを説明するのに力を貸してくれた五〇人ほどのフォロワーには、この件についてのブログ記事で名前を挙げて謝意を伝えた。

わたしがクラウドソーシングを取り上げたのは、商品やサービスを安く手に入れる方法を紹介するためではない（それは副産物ではあるかもしれない）。もしかするとクラウドソーシングは、強い信頼のうえに成り立つオランダや日本のような社会で最も威力を発揮するのかもしれない。アメリカでは、もし少数のずる賢い不届き者が、価値あるものをタダで手に入れようとして協力者を騙し、スパムのようなメールを送って悪評を立てたなら、それだけでクラウドソーシングがまともに機能しなくなってしまうだろう。

クラウドソーシングが敬意と信頼をもとに発展するよう祈っている。

クラウドソーシングの魅力と意義は、従来の手法より**はるかに速やかに**知見を手に入れ、質の高いコンテンツを生み出せる点だと思う。これこそがこの本の趣旨である。顧客と心を通わせ、事業スピードを速めようということが。

II 市場とつながろう

「次の8つからご用件をお選びください」。この指示に従って番号を選ぶと、つづく10分間はひたすらBGMが流れるばかり。これ以上に人を人とも思わない、いや、それが言いすぎなら素っ気ない対応があるだろうか？　悲しいかな、たいていの会社は自動音声による電話応答、そしてせいぜいウェブサイト上の問い合わせフォームくらいしか、顧客とつながる手段を持たない。みなさん、もっといい方法があるのでは？

事実、いまの時代、その気になればどこの企業でももう少しいい方法を取り入れることができる。そうすれば事業の拡大にもつながるはずだ。賢い企業が悟っているように、ソーシャルメディアとモバイル機器の普及により、顧客にリアルタイムで対応したり、積極的に連絡を取ったりする大きな機会が生まれている。

このパートIIでは、顧客とのリアルタイム・コミュニケーションを実現する多彩な方法を紹介していく。併せて、革新的なサービスをとおして顧客の時間を節約する一方、開発期間を短縮して新商品をいち早く市場に送り出すと、スピードの威力でどれくらい事業が拡大するかを探りたい。

第10章 リアルタイムでの顧客とのつながり

顧客とのつながりをめぐっては、友人のジャスティン・ロックから素晴らしいエピソードを教わった。ボストン・ポップス・オーケストラでベース奏者を務めていた彼は、当時をユーモラスに振り返った『本物のプロはリハーサルなんかしない（未訳）』という本の著者でもある。以下は本人が語ってくれた内容だ。

入団して最初の二、三年、オーケストラ内の駆け引きや運なんかが重なって、新参者の僕は第三ベース奏者だった。第一、第二奏者は一番前に並んで、僕は彼らの背後、ステージの端っこのいまにも落ちそうな場所にいた。左下に視線を落とすと、何人かの聴き手の姿が目に入った。その人たちは「最前列席」にいるにもかかわらず、視界に入るのは僕が履く『アレン・エドモンズ』ブランドの靴のヒモくらいだったはずだ。僕はつねづね、演奏を聴きに来てくださる方たちは自宅への来客と同じだと思っていたから、ベースを手にして本番前の調整をはじめる際には必ず、客席に視線を投げて、目が合った人に「こんばんは、ジャスティンです。本日のベースを務めさせていただきます」と挨拶をした。すると、慣れない雰囲気のなか、席もいまひとつで何となく落ち着かずにいた相手は、必ず笑ってくれた。ひとりの例外なく。僕にドリンクをおごってくれたことも少なくない。

オーケストラのお偉いさんたちは、僕がひとりだけ抜けがけのようにして「聴衆」と目を合わせて言葉まで交わしていると聞きつけると、たちどころに第五奏者への降格を命じてきた。こうして、タイミングや位置関係を活かしたハプニングは演出できなくなってしまったんだ。

これはわたしのお気に入りのエピソードだ。なぜなら、「従業員が顧客とじかにやりとりするのを防がないと」と咄嗟に考えるあまり、人間らしい会話をとおして〝ロボット軍団のような鉄の団結〟などという幻想を打ち砕く可能性を閉じてしまう経営者のありようを、見事なまでに浮き彫りにしているからだ。

たいていの企業は、人間的な触れ合いの芽を摘むばかりか、顧客との接触を避けるために手を尽くしている。だから、わたしたちが電話をかけようとしても、待っているのは自動音声による迷路なのだ。洗練されたウェブサイト上の宛先の分からない「問い合わせフォーム」を使ってメッセージを送っても、ブラックホールに吸い込まれるだけ。

果たして、こんな会社の商品やサービスを使いたい人などいるだろうか？　みなさんがどうかは分からないが、少なくともわたしは、電話が保留されているあいだ、その会社のライバルのうちどこに乗り換えようかと考えてばかりいる。

顧客とつながること――これこそがマーケティングであり、PRである

本書ではここまで、見込み顧客、メディア、ブログの世界（ブロゴスフィア）など、世の中全体と幅広くつながるためにリアルタイムのマーケティングやPRをどう活かすかに重点を置いてきた。ここからは先は、さらに大切な利害関係者である**既存顧客**に着目したい。つまり、「よりいっそうご愛顧いただけたら」とあなたが期待を寄せ、あなたやあなたの会社との付き合いの実情をクチコミで広める人々である。

既存顧客には感謝の念を伝える必要がある。それを理解する気の利いた企業は、相手への思いやりを込めた速やかな対応をとおして謝意を伝えようと努めている。この章では具体的な方法をいくつも取り上げる。

痒いところに手の届く顧客サービスは、マーケティングやPRを展開するうえで欠かせない土台である。何しろ、既存顧客が友人や家族に話したり、ツイッターやフェイスブックで書き込んだりする中身が好意的でなかったなら、広告にどれほど巨額を注ぎ込んだところで商品やサービスの欠

点を補えない。他方、思っていたよりずっと素晴らしい驚きの体験をした人は、それをあちらこちらで語らずにはいられないだろう。

わたしたちは、「値段はふつう。物も悪くはない。サービスは並み」などという感想を人にわざわざ伝えたりはしない。ところが、性能抜群の絶品であるうえ、サービスはごく自然な心遣いと人間的な温もりに溢れ、打てば響くような対応がなされたなら、驚きと嬉しさのあまりついつい口にしてしまうだろう。忘れてはならないのは、最近ではソーシャルメディアが、苛立ちのはけ口としても、賛辞を並べる場としても、大きな意味を持つ点だ。満足した顧客による激賞は商売を広げるうえで何にも勝る追い風となる。この傾向はかつてなく強まっている。

顧客とリアルタイムのつながりを生み出し、それを深めていく際には、四つのきっかけを見逃してはならない。

1. **売買の成立まで**——見込み顧客に財布のヒモを緩めてもらうためには全精力を傾けるが、以後の対応はなおざりにしてしまう企業も少なくない。売り込み段階についてはパートⅠで詳しく扱ったのでこれ以上は何も述べない。

2. **お買い上げ直後**——お買い上げいただいた直後にお客さまにどんな言葉をかけるか。これしだいでその後のお付き合いがおおむね決まる。だから、信頼を築くためのコミュニケーションにすぐさま乗り出そう。

3. **顧客からの問い合わせ**——お買い上げ後のお客さまからの問い合わせが稀でも、毎日のようにあっても、受けた際に速やかに満足を届ければ、先方と自社の両方にメリットがあるはずだ。そのつど何かの教訓を得れば、自社にとってのメリットはいっそう大きいだろう。もし荷物担当者がギターを放り投げているようなら、そんな仕事のやり方を改めさせ、ギターも修理しよう！

4. **トラブルの修復とコミュニケーション**——何か深刻な問題が持ち上がった場合、第一報は顧客からもたらされる可能性が高い。だから、もし運転者から「アクセルをうまく踏めない」と電話が入ったら、「原因はフロアマットにあるはずです」などと片付けてはいけない。じっくり耳を傾けてすぐに確認を取ること。もし問題が広い範囲におよんでいるようなら、即座に顧客に告知しなくては。自社からじかに、しかも正確に速やかに伝えるのが肝心だ。

既存顧客との接点が生じるつどリアルタイムで対応するための仕組みづくりを、さまざまな企業の事例をもとに見ていこう。「うちの会社にぴったりだ」と思える事例にいくつか出会うかもしれない。だが、繰り返しになるが、「このやり方に倣えば絶対確実」などという方法はない。目的を胸に刻み、独自の手法を生み出すことだ。これに成功すれば、業界リーダーになれるだろう。なぜなら、ほとんどの企業は適切な問いと向き合ってさえいないのだから。

なぜアンケートに答えなくてはいけないのか？

わたしは毎年、世界中を飛び回って、この本と同じようなテーマでビジネスパーソン向けに講演を行っている。つまり、年に四〇以上のホテルに宿泊しているわけだ。予約はすべて、ネットを使って自分で行う。だから、ホテルが予約者とどうコミュニケーションを取るかを知り尽くす立場にある。

オンライン予約をすると、ほとんどのホテルはすぐに確認メールを送ってくる。宿泊予定日の一週間くらい前に再確認のメールが届く場合もある。**滞在前**の連絡はたいていは以上ですべてだ。

ところが、**滞在後**はどうかというと、宿泊者アンケートに回答してほしいというメールに煩わされる。この章を書いている最中にも、こんなメールが舞い込んだ。差出人の名前はハイアットホテルのラケシュ・サーナ支配人になっている。

　二月七日から一一日までグランドハイアット・ムンバイに滞在いただき、誠にありがとうございました。お客さまをお迎えできて光栄です。素晴らしい時間をお過ごしいただけたものと考えております。

　先ごろ、宿泊についての短いアンケートへの回答をお願いいたしました。ご多忙とは存じますが、大切なゴールド・パスポート・メンバーであられる貴方さまからぜひ貴重なご意見をいただければと思います。当ホテルのサービスを今後とも改善していくために、またとないご教示になるでしょう。

わたしはこの種のアンケートには決して回答しない。時間を無駄にしたくないし、こうやって意見を求めるのは怠慢なやり方だからだ。このラケシュという御仁は、顧客であるわたしに指図をしているのだ！　ずいぶんと自己本位な話ではないか？　アンケートは企業の側には利点があるかもしれないが、顧客は気分を害する場合が少なくない。

顧客とのコミュニケーションでは必ず、自社ではなく先方にとっての利点が何かをよく考えよう。

こうした背景もあるから、クリックスクエアドのCEO、ウェイン・タウンゼンドとの意見交換は興味深かった。クリックスクエアドは、洗練されたメールシステムほか、リアルタイムの関係性に役立つアプリケーションを提供する企業である。「ホテル予約の大御所」を自任するわたしはタウンゼンドに、彼の会社のサービスを使うホテルがどうリアルタイムの顧客対応をしているのか訊いてみた。

クリックスクエアドが抱えるホテル&リゾート業界の顧客には、モンタージュ・ラグーナビーチとモンタージュ・ビバリーヒルズがある。ともに南カリフォルニアの最高級リゾートホテルで、スパや娯楽施設を備えている。平均的な顧客は三、四カ月前に予約してデラックスルームに三泊する。タウンゼンドはこう語っていた。「当社のアプリケーションは、ホテルの施設管理や予約のシステムに組み込まれています。……ご予約者には、宿泊予定を記した確認メールをお送りして、延泊、部屋のグレードアップ、エステやマッサージなどのお得情報を紹介します。このメールは予約と同時にお出しします」

以後、宿泊予定日までに何度かメールを届けるという。「分かったのは、先方のご希望に合ったコミュニケーション手段を使い、適切なタイミングで適切な情報をお届けすれば、レスポンス率は通常の三倍から五倍にも跳ね上がることです」。つまり、タイムリーに情報を提供すると、メールを開封してもらえる確率が著しく高まり、たいていの組織のように顧客全員に一律のメールを送る場合よりも、特別割引などの提案が受け入れられやすいのだ。

タウンゼンドによれば、宿泊前の顧客へのプロモーション時期は、どれくらい早くから予約が入っていたかに応じて調整する必要があるという。予約から宿泊までの期間が短い場合は、プロモーションを縮小して一部のメールを割愛するのだ。早めに予約した顧客に向けては規模を拡大してメールの種類を増やす。

「的を外さないように十分に気配りをしています」。タウンゼンドが言葉をつづける。「お客さまがエステやマッサージ、あるいはゴルフ場を予約なさったら、すぐに宿泊予定にそれを追加してふたたび確認メールをお出しし、天気予報など役に立ちそうな情報を添えます」。このリアルタイム手法を実現するには、洗練されたコミュニケーション自動化システムを、ホテルの予約システムと密接に連携させる必要がある。たとえば、ゴルフの予約がネットではなく電話で行われたなら、この予約情報を顧客データに付け加え、すぐにメールでのコミュニケーションに反映させるのだ。これは好感が持てる。すでに予約を入れてあるのに、ゴルフの案内などが送られてくるのは、決して愉快なものではないからである。そんな時わたしは、呆れ顔で「分かってるよ」と言い捨てるか、もっとどぎつい言葉を吐いてしまう。タウンゼンドが語ってくれた事例では、各顧客の宿泊情報をその時々で更新して、それに見合った案内メールを送っているから、ツボを押さえたタイムリーなコミュニケーションが実現し、相手からも喜ばれるのだ。

商談が成立した後に顧客とリアルタイムのつながりを築くことは、間違いなく、優れたマーケティングに欠かせない要素である。実際、ホテルを予約した直後に素晴らしいコミュニケーションを体験したら、その顧客は到着する前から宿泊先に親近感を抱くだろう。いったん予約した後でほかのホテルに変更するのも難しくはないのだから、それを考えると、リアルタイムのつながりの価値はいっそう大きいといえる。効果的なコミュニケーションは、予約からチェックインまでのあいだ顧客をつなぎ止めておくのに役立つのだ。

顧客とリアルタイムでつながる

顧客と頻繁に、しかもリアルタイムでつながる方法を見つけ出すのは、職人芸のようなものである。だが、工夫を凝らして正しい手法を用いたなら、ソーシャルメディアの威力をもってすれば費用をかけずに楽にリアルタイムのコミュニケーションが実現する。

クリス・ライマーという人物がいる。流行に合ったオリジナルTシャツを販売するネットショップ、リゾ・ティーズの創業者兼オーナーである。彼はソーシャルネットワークを活用して顧客とのつながりを絶やさずにいる。「いろんな人と交流するのが好きなんだ。だから、この仕事も楽しくてしかたない。メール、ツイッター、フェイスブック、電話、じかに会う……何でもいいから思っていることを教えてほしい。知り合いは多ければ多いほどいいし、話題がTシャツとか好きなことならやりとりが弾む。楽しい話題だから、相手もすぐに関心を持ってくれる」

ライマーにとって、販売後のコミュニケーション・ツールの本命はツイッターだ。「誰かが、僕の売ったTシャツを着て撮った写真へのリンクをツイートしてくれたら、そりゃあもう最高さ。間髪をいれずにリツイートして、その人にもお礼のメッセージを送る」

この言葉に偽りはない。わたしがリゾ・ティーズのお奨めTシャツ情報を、URL（http://www.rizzotees.com）とアカウント情報（@RizzoTees）を添えてツイートしたら、彼はすぐさま「ありがとう！　何て親切なんだ」と返事をくれたのだ。

わたしは彼がクラウドソーシングを実践していることに感銘を受けている。「デザインは僕が思いついたものも少なくない。新しいデザインがひらめくと、ブログに載せて『みんなどう思う?』って意見を求めるんだ。ツイッターでも、五万人以上のフォロワーに向けてつぶやく。たとえば、うちのグラフィック・デザイナーが、タレントのケイト・ゴスリンの髪型をモチーフにした洒落たデザインを考えたんだ。そこで僕はそれに合いそうなコピー「(Jon+Kate+8)−(Jon×GF)/2=＿」を考えついた。みんなに意見を聞いたら、ブーイングの嵐だった。誰ひとりとして褒めてくれなかった!『意味不明だよ。絵柄は分かるけど、あの数式みたいなのは何?』だって。だから、ほかのアイデアを募集してみた。そうしたら『Mullet 2.0というのはどう?』ってつぶやいてくれた人がいて、すかさず『いいね!』って反響があったから、これに決めた」

ライマーがTシャツへの意見を求めると、ものの数分で反響が集まるという。「みんな積極的に感想をつぶやいてくれるから、僕は売れない商品を作って会社の面目を潰すような失敗をしなくてすむんだ。……みんなには『本音をぶつけてほしい』って頼むようにしている。大勢の太鼓持ちに『すごい!』なんて言われても意味ないからね。即座にフィードバックがくると、何千ドルも費やした挙句に恥をかかなくてすむ」

彼は個人事業主だ。自宅の地下室を仕事場にして、フリーランスのデザイナーに仕事を出している。「事業パートナーがいるわけじゃない。たまに妻が商品アイデアを出してくれるほかは、僕ひとり。まわりからは『事業パートナーが必要なんじゃない?』って言われるけど、いつも首を横に振っている。僕にとっては、五万人を超えるツイッター・フォロワーがパートナーだからさ。彼らを頼りにして、正式な事業パートナーに相談するのと同じように率直なアドバイスを求めているんだ」

大切な相手に真っ先にツイートしよう

わたしにとって一番我慢ならないことは何か？　どこかの会社が長年の顧客であるわたしを差し置いて、新規顧客によりよい条件を提示しているのを知ると、いきり立たずにはいられない。雑誌や新聞ではこういった例は日常茶飯事である。『ボストングローブ』紙（わたしは一五年来の愛読者である）の購読契約（月額五〇ドル）を更新したら、こんな広告が目に飛び込んでくるのだ。**新規購読キャンペーン：『ボストングローブ』の宅配を新規にお申し込みいただくと、宅配購読料を五〇％割引いたします。**何だって？　わたしの契約はどうなる？　そして携帯事業者。思い出したくもないが、奴らときたら、あのとてつもなく太っ腹な条件を誰にでも提示しているのだ——**既存の契約者を除いて。**

これでも足りなければ、グルーポンの例もある。「本日の目玉商品」を扱って急成長中のサイト、グルーポンが登場したことで、既存顧客への差別的扱いがかつてないほど横行するようになった。グルーポンは地元の店で大幅割引——たいてい五〇～九〇％引き——を受けられるクーポンを配布する。何千人もの購読者に無料電子メールで毎日のようにクーポンを送れば、参加店に新規顧客を大量に呼び込めるというのがグルーポンの発想である。

素晴らしいアイデアではないか。いったい、どんな問題があるというのだろう。

最優良顧客にそっぽを向かれる恐れがあるのだ。

お気に入りのレストランに出かけてみたら、自分の半額で飲み食いする客が溢れ、席に着けない状況を想像してほしい。わたしなら、「またすぐ来よう」とは思わない。

わたしのほかに、すぐに再来店しそうもないのは誰か。そこにいる安さ目当ての一見客たちだ。もちろん、新たに固定客になる人も少しはいるだろう。それはそれでいい。だが、一回かぎりの大幅割引は、リピーターとなって定価を払う気などさらさらない客をも引き寄せる。それに、グルーポンのようなサイトに頻繁に激安広告を出すのは、「断じて定価を払うな」と顧客に教え込むようなものだ。飛行機のエコノミークラスに正規料金で乗った経験はあるだろうか？

度肝を抜くような条件を提示するつもりなら、真っ先に愛顧者に知らせなければならない。その忠誠に応えるのである。友人を紹介してくれたら特典を与えるなどして、愛顧者からの高評価を活かすとよい。いまの売り上げを支える人たちに、『ないがしろにされている』という印象を与えてはいけない。

この点を正しく理解している人物として、わたしがよく例に挙げるのはバラク・オバマだ。二〇〇八年八月二三日（土曜日）の早朝にオバマが発したツイートは、いまだに史上最も有名なツイートだと思う。休暇中だったわたしは、いつもの日課どおり、朝一番でツイッターをチェックした。すぐさま、バラク・オバマによる副大統領候補の指名をめぐるツイートが飛び交う様子が目に入った。さっそくオバマのアカウント@BarackObamaへ飛んで以下のツイートを見つけた。「副大統領候補にジョー・バイデン上院議員を指名したことを発表します。バイデンとの初のツーショット演説（東部時間・午後三時から）の実況中継をご覧ください。http://BarackObama.com」

　バイデンを指名したオバマの選択にも興味を引かれたが、マーケティング・オタクのわたしは、このツイートが発せされたのが、メディア向け報道発表の一〇分**前**だった点にすっかり感激してしまった。さすがじゃないか！　オバマの選挙キャンペーンでは、一番大切な支持者に**真っ先に**情報を伝えていたのだ！

　これは、リアルタイムでの顧客とのつながりを考えるうえでかけがえのない教訓である。オバマの選挙対策責任者を務めたデビッド・プラフは著書『勝利をつかむ大胆さ（未訳）』において、バイデン指名の知らせをツイッターで支持者に最初に伝える判断についてこう書いている。「この判断は、選挙運動をめぐるほかの大きな決定——たとえば資金集めの実績を公表する、むやみな論戦を避ける、組織頼みの資金集めから脱却するなど——と整合が取れており、われわれはそれ以前から、何かを発表する際にはまず支持者にじかにメッセージを送っていた。この選挙運動はわれわれだけでなく支持者の運動でもあるのだから、彼らには大切な決定をじかに知らせるのが当然である」

このように支持基盤に十分に気配りしたからこそ、バラク・オバマは当選を勝ち取った。ここでの教訓は、（携帯事業者や雑誌発行元がやっているように）顧客でもない人たちに有利な価格やサービスを提供するのはやめて、支持者、つまり既存顧客を大切にすべきだということだ。

ツイートを歓迎しよう

この本を書くためにリサーチをしていたら、刻々と移り変わる情報や特別キャンペーンを顧客にリアルタイムで伝える手段としてツイッターを活用する事例がいくつも見つかった。もちろん、情報提供の手段はほかにもたくさんあるが、ツイッターはマーケター、情報の受け手、両方に浸透してきている。マーケターに人気があるのは使いやすいから。受け手にとっては、どのアカウントをフォローするかを選んで好きな時に見ればよいからである。

この流れに倣おうとするなら、肝は**買い手が**重宝する情報を届けることだ。ツイッター上で誇大宣伝をして「いいこと言ってるけど上辺だけ」「本当はお客のことなんて考えてないんでしょ」などと受け止められたら、自社の墓穴を掘りかねない。

だから、ツイッター活用法を研究し、お客さまのニーズは何かを考え、リアルタイムで発信できる貴重な情報を探り当てよう。

いまならクッキーが焼き立て！

ロンドンのショーディッチにあるアルビオン・カフェ（ツイッターＩＤは@albionsoven）は、焼き菓子がオーブンから出てきてホカホカのうちに、ツイッターでその様子をつぶやく。「やわらかチョコチップ・クッキーが焼き立て。なかにはコクのあるチョコチップがいっぱい http://bakertweet.com/m/721」（このＵＲＬはクッキーの写真へのリンクである）。近隣の人たちはこのアカウントをフォローしていて、焼き立てのタイミングを見計らって「いまだ」とばかりに店へと向かう。アルビオン・カフェが活用するベーカーツイートは、焼き立てのお知らせを簡単にツイートするためのベーカリー向けツールである。

特売キャンペーン

年の瀬が近づいたころ、通信機器メーカー、アバイアのマーケティング担当者は営業部門の同僚が明るい気分で年末を迎えられるよう、応援に一肌脱いだ。こうして始まった「赤札キャンペーン」は、年末までに注文と支払いをすませた顧客に、テクノロジー開発者の専門知識や技能を通常より四割安く提供するという内容だった。これはお得な機会だが、ごく短い期間にかぎられていた。「アバイア・コミュニケーションズ・リソーシズの技術者を通常の四割引の料金で派遣。パートナー・顧客向けの「赤札」キャンペーン実施中。ご興味ある方はＤＭをください」。このツイートをきっかけに注文が押し寄せ、セールス担当者は大切な年末に嬉しい悲鳴をあげた（以前に紹介した

『ボストングローブ』の例とは違い、この場合は既存顧客もキャンペーンの対象になった）。

使用期限が間近

健康関連商品を扱う通販サイトとして日本で最大のケンコーコムは、同業のリアル店舗を圧倒する品揃えを誇っている。後藤玄利社長はわたしに、品数があまりに多いため、在庫管理を徹底しなくてはならないと語ってくれた。使用期限や賞味期限が切れてしまった商品は売れないから、ロットごと無駄になるのだ。幸いにも、ケンコーコムはツイッターを活かして在庫をめぐるこの悩みを解決し、同時に顧客に喜んでもらうという一石二鳥を達成している。

在庫責任者は、期限切れまでに商品をさばけそうもないと見極めた場合、すぐにオンラインセールス部門の責任者にそれを伝える。すると、セールス責任者は時を移さずに、専用のツイッターIDで、メール、携帯メールでクリアランス・セールのお知らせを発信する。

吉報！　当日チケットあり

ニューヨーク市の非営利財団ＴＤＦ（劇場新興財団）は、市内にＴＫＴＳという窓口をいくつか設けて、ブロードウェイやオフ・ブロードウェイのミュージカルや演劇の当日チケットを割引販売（最大五〇％引き）している。ＴＫＴＳのツイッター・アカウント（@TDFNYC）をフォローすると毎日、当日チケットの案内が届く。たとえば、これを書いている今日のツイートは、ビハンディング・イン・スポケーン、シカゴ、フェラ！、ヘアー、メンフィス、ネクスト・フォール、レース、ロック・オブ・エイジズ、サウス・パシフィック、ミラクル・ワーカーといった演目を紹介している。これらのツイートはチケットの入手可能情報をリアルタイムで伝えてくれるため、チケットカウンターに行かなくてもアフターファイブの予定を決められる。

フェリーに遅れが出ています

イギリスのサザンプトンとワイト島のカウズとのあいだを往復するレッド・ファンネル・フェリーは、航行状況を乗客らに知らせている。船上に設置したＧＰＳ（全地球測位システム）のリアルタイム座標を、ワイト島に住むアンディ・スタンフォード＝クラーク博士（ＩＢＭのマスター・インベンター）が開発したシステムに取り込み、情報発信に利用しているのだ。スタンフォード＝クラークは、フェリーを毎日の通勤の足にしており、スケジュールの遅れへの苛立ちのあまりこのシステムを開発した。@red_ferries からの「七時三〇分、レッド・イーグル号がサザンプトンを出港」といったツイートが好評を博したため、このシステムはフェリー会社の運営下に置かれることになった。リアルタイムの運行情報は、ツイッターのほか、ウェブサイト、携帯メールで参照できるようになった。

雪景色を楽しもう

デルタ航空のパッケージツアー部門であるデルタバケーションズは、ツイッター（@Delta Vacations）でお得なバケーション企画の情報を頻繁に流している。拠点《ハブ》であるミネアポリス・セントポール空港が大きな吹雪に見舞われそうになると、ツイッターはその話題で賑わった。#Snowmaggedonというハッシュタグが使われた（ハッシュタグについては第6章で詳しく触れた）。

するとデルタバケーションズはその朝、ツイッターの賑わいにリアルタイムで反応して、雪が一インチ積もるごとに次回のバケーションツアーを一〇ドル割り引くというキャンペーンをはじめた。#Snowmaggedonは俄然注目を浴び、ツイッター上で旬のトピックの上位に躍り出た。キャンペーンを打ち出した日に#Snowmaggedon関連で最もリツイートが多かったのは、デルタバケーションズのツイートだった。結局、雪は六インチほど積もり、デルタバケーションズは六〇ドル割引のキャンペーン番号を決めてツイッターで告知した。

さあ、当社の便でマイアミへどうぞ

ＫＬＭオランダ航空が、アムステルダム－マイアミ間に新路線を就航させると発表した時のことだ。クラブＤＪのサイド・バン・リエルと映像プロデューサーのウィルコ・ユングが@KLM宛てにツイートを送り、「ウルトラ音楽祭に参加するので、就航を一週間早めて友人と一緒に直行便でマイアミに飛べるようにしてほしい」と要望した。これを受けてKLMは、ふたりに課題を出した。飛行機を満席にできるほどの音楽ファンを動員できたら、就航日を一週間早めようというのだ。ふたりがソーシャルネットワークを使って音楽ファンに動員をかけると、わずか五時間で航空券が完売した。こうして史上初めて、ツイッター経由の顧客要望を受けて航空会社が就航日を変更したのである。しかも、一行は機内でダンスパーティーを催した。ギネス・ワールド・レコーズはこれを、海抜一〇キロメートルという世界一の高所で開かれたダンスパーティーに認定した。

リツイートを誘う価値ある中身を考えよう

ツイッターの重要な特徴は、何か面白いつぶやきがあると、大勢がそれをリアルタイムでリツイートして、何千人、いや、ことによっては何百万人にも広めることだ。賢明な人は、リツイートする価値のある内容を考えて、リアルタイムのツイッターの嵐を巻き起こすだろう。

一例として、シスコシステムズのマーケターは、シスコASR9000シリーズ・アグリゲーション・サービシズ・ルーターの販売促進用に、バレンタインデーや父の日の贈り物にぴったりの楽しい動画を用意した。これは奇抜なアイデアだった。父親にネクタイではなく、最低でも八万ドルくらいする通信会社向けのテクノロジーを贈るなんて、笑ってしまうではないか。この動画をめぐる情報は次々にツイートやリツイートされ、バレンタインデーや父の日の前には、動画の再生回数も万の単位に達した。

ツイッターのフォロワーに愛情を伝えよう

本書の執筆に取りかかって以降、わたしはニューヨーク市のロジャー・スミス・ホテルに何度も宿泊した。このホテルは多くの人から「ツイッターに好意的だ」として知られるようになった。ツイッターやフォースクエアなど、ソーシャルメディアを介してつながった人々に、優遇条件を提示しているのだ。このホテルのマーケターは絶えずツイッターを追いかけて、「ロジャー・スミス」という言葉を含むツイートをした人たちとつながろうとしている（ニューヨーク市を訪れる予定の人への耳より情報——ロジャー・スミス・ホテルのツイッターページ（@rshotel）のリンク経由で宿泊予約をすると、表示されている最低宿泊料金から一〇％引いてもらえます）。

それだけではない。オンラインの顧客サポートとオフラインのサービスをうまく連携させているのだ。たとえば、ツイッターで宿泊予約をした人がチェックインして部屋に入ると、そこには歓迎の言葉をしたためた手書きカードが置いてあり、署名欄にはツイッターＩＤ @rshotel が書かれているのである。そのうえ、ツイッター上で知り合った人々に実際に顔を合わせる機会を設けるために、「ツイートアップス」というイベントを頻繁に開催している。こうした人間味溢れる対応をしているから、チェックインした人はわたしも含めて、自分が受けたサービスについてツイートする。ロジャー・スミス・ホテルは「ツイッターに好意的だ」という評判をさらに高めるだろう。たとえば、前回宿泊した際にわたしは、自室の写真を撮ってそのリンクをツイートした。「いま泊まっているニューヨークの @rshotel の粋な部屋 http://yfrog.com/2ea4qj @rshotel のツイッターページから予約すると割引が得られる」

ニューメディア・マーケティング責任者のアダム・ウォレスによると、こうした努力は功を奏しているという。「ソーシャルメディア、特にツイッター関連の取り組みは目覚しい成果をあげはじめています。いまや、宿泊予約の獲得ルートとしてソーシャルメディアが上位に踊り出て、オンライン旅行代理店などほかの数多くのルートを凌いでいます。ネット上でお客さまとのつながりを築いた効果でしょう、イベント関連の収益が跳ね上がり、二倍近くにまで伸びています。レストランやバーも、ソーシャルメディアをとおして開拓したお客さままで賑わっていることが多いですね。以上のどの分野でも、お客さまの一定割合は追跡可能です。そのほか、さまざまなPRなどの効果で生まれる収益も多いですが、それらは追跡できません。ネット上でつながりを得たお客さまは、驚くほど強い愛着を示してくださいますから、宿泊、イベント、レストランのいずれの分野でも売り上げは伸びていくだろうと期待しているのですよ」

家が燃えてしまった後では、手を打とうとしても後の祭り

二〇〇九年四月一三日：ドミノピザの従業員が鼻に入れたチーズをピザに載せる動画が、ユー

チューブに投稿された。

二〇〇九年一一月九日：アメリカ消費者製品安全委員会は、マクラーレンのベビーカーを使わないように警告を出した。開閉する際に、赤ちゃんの指が蝶番に挟まる恐れがあるのだという。

二〇一〇年一月二一日：トヨタ自動車がアクセルペダルの不具合を理由に一部車種の自主リコールを申請した。

二〇一〇年二月二四日：オーランドのシーワールドで、ショーを終えたシャチが調教係を襲って死亡させた。

二〇一一年七月四日：FOXニュースのツイッター・アカウントがハッカーの攻撃に遭い、オバマ暗殺のデマツイートが流れた。

ピンチと無縁な人などいない。だから、商売が窮地に陥った場合を想定して対策を立てておこう。リアルタイムで対応して、率直に広く情報を公開する必要がある。

予想もつかない出来事によって不意に会社の評判が脅かされることも、ないとはいえない。間抜けな従業員が鼻にチーズを入れて、その姿をビデオに撮らせてしまうなんて、どんな危機対応プランで想定されていただろうか？　伝説的な品質の高さを誇っていたはずのトヨタが、わずか六カ月のうちに「並みの自動車メーカー」に成り下がってしまうとは、誰が予想しただろうか？

どこの企業もピンチと無縁ではない。悪夢のシナリオすべてを予想しておくなど不可能だ。しかし、備えをしておくことはできる。では、何をすればよいのだろうか？

この本では、危機時のコミュニケーション・プランを網羅するつもりはない。だが、リアルタイム環境のもとでは、危機対応プランを作るという課題にもいくつかの重要な変化が起きているので、それについて書いておきたい。

危機やそれに対する反応はソーシャルメディア上で真っ先に、それも激しく燃えさかる恐れがあることを、何を置いてもまずしっかり心に留めておくべきだろう。鼻にチーズを入れた輩の映像も、登場したのはユーチューブ上だった。こうした事態は営業時間外に降って湧き、燎原の火のように広がりかねないから、これも覚悟しておくべきだろう。しかも、機転の利いた電光石火の対応ができるよう、備えを欠かしてはいけない。危機の対策として検討すべきものを以下に九つ挙げておく。

1. 組織内に危機対応コミュニケーション・チームを設けて責任者を指名する。チームには、即決の権限を持つ上級幹部、ＰＲ部門と人事部門のトップ、最高リアルタイム・コミュニケーション責任者（このポストの役割については第13章で詳しく述べる）を加えるべきである。主なメンバーが不在の際に備えて代行も決めておくこと。

2. いざという時のために、いまから、組織内の主立った人物の連絡先を一覧にしておこう。自宅の電話、携帯電話、別荘の電話、プライベート用のメールアドレス、ツイッターIDほか、時間帯や曜日を問わず、すぐにつかまえるための連絡手段を網羅しておこう。
3. 危機的な状況が持ち上がったら、即座に情報を集めて第一弾の声明を用意する。非常に早い段階で何らかの声明を出すのだ。たとえ「ただいま状況を調べておりまして、できるかぎり早急に、遅くとも本日午後三時までには次回のご報告をします」だけでもよい。
4. 外部とのコミュニケーションの最前線に立つ広報責任者を決めておく。
5. 現実を無視しない。決して嘘をつかない。いつでも率直に発言する。
6. **可能なかぎり速やかに情報を入手しよう！**
7. 状況の推移に応じてたゆみなく最新情報を提供していく。
8. 「法律家はコミュニケーションの専門家ではない」と肝に銘じておく。法務部や顧問弁護士の意見を考慮すべきではあるが、最終判断はリアルタイム・コミュニケーションを担う有能な人物に委ねなくてはいけない。法律畑の人々にコミュニケーション戦略の指揮を執らせないように！
9. ウェブサイト、ブログ、ツイッター、メディアへのお知らせ、電話会議など、いくつもの経路でコミュニケーションを行う。

念押しになるが、これはすべてを網羅しようとするものではなく、リアルタイム・コミュニケーションを計画するにあたって考慮すべき課題を挙げたものである。もしプランづくりがまだならい**ますぐ**腰を上げるべきだ。思いのほか早く、計画の実行を迫られるかもしれない。

批判者には相手の土俵で対応する

ソーシャルメディアの登場という新たな現実を受けて、企業の危機コミュニケーション戦略を早急に見直さなくてはいけない。たとえPRの専門家が立案した戦略であっても、彼らがソーシャルメディアを熟知していないなら、一言で言ってしまえば時代遅れである。いまや、記者会見、報道発表、メディアへのお知らせなど、旧来メディア向けの標準ツールに頼るだけでは十分ではない。最近ではソーシャルメディアの世界こそが、危機の温床とは言わないまでも、火の手が真っ先に上がってみるみるうちに広がっていく場である。ただし、ここには防火剤も用意されている。だから、自分たちが制御するウェブサイトのような媒体と公共の場、両方を活用して速やかに、しかも巧みに防火剤を活かす必要がある。

一番よく見かける失敗を紹介したい。ソーシャルメディア上の情報がもとで窮地に陥った企業が、報道発表を行うなどして旧来メディア上で対応するのだ。この轍を踏んではいけない！　もし発端となったのが誰かのブログなら、そのブログを訪問してすかさずコメントを残そう。ユーチューブ動画が引き金なら、自社のトップを引っ張り出してそのコメントを一分間の動画に採録し、すぐさまユーチューブ上に投稿しよう。業界フォーラムで自社製品の欠陥が話題になっていたら、さっそくフォーラムに飛び込んで収拾を図ろう。このような重要な収拾策のほか、旧来メディアのインタビューに応じるのは決して悪くはないが、火元に急行する必要性を軽んじてはいけない。

発火場所へ行ってそこでコミュニケーションを図るのには、大きな理由がある。おおもとの騒動を話題にしていた当の人々が、あなたのコメントを広める役割を果たしてくれるからだ。しかも、騒動を嗅ぎ付けて情報源を続々と訪れる人たちもまた、あなたのコメントに接することになる。

トップを引っ張り出す

危機が持ち上がったら、会社のトップを対外コミュニケーションの最前線に引っ張り出すのが、たいていは最も効果がある。

ポール・F・レヴィは、ハーバード大学医学部と提携するボストンのベスイスラエル・ディアコネス病院の社長兼CEOである。彼は「病院を経営する」と題したブログのほか、ツイッター、フェイスブックを活用して、七〇〇〇人の従業員、五〇万人の患者、メディア、ボストンの地域社会、世界中の医療専門家とコミュニケーションしている。

レヴィはリアルタイムでのコミュニケーションを駆使しており、時として自分が経営する病院での感染率や衛生率などのテーマも取り上げる。病院が外部に向けてこれだけ情報をガラス張りにするのは異例であり、ＣＥＯみずからブログに書き込むとなるとなおさらだ。

二〇〇八年七月、レヴィは難題に直面した。ベテランの外科医が待機手術の際に、患者の体の左右を取り違えて患部ではない箇所にメスを入れてしまったのである。患者のプライバシーに配慮して詳細は公表されていないが、レヴィはこの事実を従業員と世間にすぐに認めなくてはいけないと考えた。

彼は問題の手術ミスについてわたしにこう話してくれた。「とてつもなく大きなミスでした。いったいどこで間違いが起きたのか、院内ですぐさま分析しました。速やかに、けれど丹念にね。会議の席上でわたしは、この一件はおびただしい教訓をもたらすはずだから、病院全体にそれを伝えるべきだと発言しました。というのも、仕組みそのものを改める必要があると分かっていましたからね。あの時点で各部署の責任者たちに、もし七〇〇〇人の従業員全員にメールを送れば、ものの五秒で世の中に広まるだろうから、納得ずくで決断すべきだろうと話しました。称賛すべきことに、彼らの返事は『もちろんです、みんなに事情を伝えるべきです』というものでした」

こうして、情報をできるだけ早く広く伝えるために、レヴィは病院の従業員と地元ボストンのメディア、両方に同時にメールを送った。ブログ上でも公表した。

聡明な彼は悪い知らせを包み隠しておくことはできないと承知していたから、当事者である病院から公表する手筈を抜かりなく整えたのだ。しかも、従来からブロガーＣＥＯだった彼は、患者、従業員、地元メディアの大勢から注目されていた。このため、難題が持ち上がって速やかにコミュニケーションする必要が生じた際、すでに信頼を勝ち得ていた。

「わたしがあの一件について書いた時、『悪評から病院を守ろうとして予防線を張っているのではないか』と勘ぐる人もいたかもしれませんが、こちらは以前からブログで感染率や衛生率などを公表していました。そのお陰で『裏表はないはずだ』と信じてもらえたのでしょう」

決して他人事ではない！

ここまで、大組織を襲ったホラー映画のような出来事の数々を読んできたあなた。あなたが、（わたしと同じように）個人事業主だったら、「自分には関係ない」と高みの見物をしようという誘惑に駆られるかもしれない。ならば、お伝えしておこう。これは決して他人事ではないのだ。経験者であるこのわたしが言うのだから間違いない。

この章の原稿を書いているさなか、Ｍｋｔｇｂｕｚｚ《マーケティングバズ》というところからメールが届いた。所定のフォームに必要情報を記入して送れば、先着五〇〇人に「ＰＲウェブ」のプレスリリース情報を五〇％割引で提供する、という内容だった。わたしは自分のフォロワーも興味を持つかもしれないと思い、ツイッターでこれを紹介した。

その直後、ＰＲウェブ（@PRWeb）が「Ｍｋｔｇｂｕｚｚなる業者は当社と一切関係ありません」とツイートした。PRウェブはいくつものアフィリエイト・プログラムを運営しているが、Mktgbuzzはそのどれにも関与していないのだという。

参った！

ツイートする前に、送られてきたメールの中身をもっと吟味しておけばよかった。わたしは何万人ものフォロワーに向けて、怪しげな勧誘のURLを知らせてしまったのだ。わたしが惑わせたせいで、みんながお金を振り込んで詐欺被害に遭ってしまったら……そう思うと居ても立ってもいられなかった。何とかしなくては。**いますぐに**。

一度ツイートしてしまったものは取り返しがつかない。もちろん削除はできるが、いったんさまざまなツイッター・クライアントや検索エンジンに流れたり、リツイートされたりすると、完全に消し去るのは不可能である。しかも、問題のツイートを削除して、後はほとぼりが冷めるのをじっと待つなどというのは、「ソーシャルメディア上では透明性を保たなくてはいけない」というわたしの信念に反する行いだ。だから、コミュニケーションを行う必要があった。しかも急いで！　だが、どうやって？

わたしはPRウェブからの警告ツイートを見るなり、メールを送ってきたMktgbuzzの担当者に連絡を取り、説明を求めた。

次に、PRウェブからの知らせについてのツイートを何度も繰り返した。Mktgbuzzからの勧奨に関してわたしに連絡してきた人々には、じかにメッセージを送った。

Ｍｋｔｇｂｕｚｚはすぐに勧奨内容を取り下げ、「お振込みいただいた金額は払い戻します」とツイートした。やれやれ。

それからすぐ、わたしはブログに「ツイートは取り消せない」と題したエントリーを書いた。ＰＲウェブの側でも公式ブログに情報を掲載したため、相互にリンクを張った。

すべてはわずか数時間で終わった。冷や汗をかいた瞬間もあったが、最後は終わりよければすべてよしとなった。人々が振り込んだお金は無事に返金され、わたしの評判も大きく傷つかずにすんだ。

感激したのは、ＰＲウェブのフランクやＭｋｔｇｂｕｚｚのテスが、リアルタイムでわたしのブログにコメントを寄せてくれたことだ。こうしてこの一件は、騒動がどう持ち上がるかを示す格好の事例となった。

わたしのブログに寄せられたコメントをいくつか紹介しよう。

- 何年もかけて築き上げたブランドも一瞬にして傷つきかねない。それを身につまされる出来事だ。あなたは幸いこのエントリーを書き、関係者はあなたがいまでも信頼できる情報源だと確認した！
- 「話が独り歩きしないように気をつける」のがあなたの役割。もしＰＲウェブが監視の目を光らせていなかったなら、怒り心頭の顧客からの山のようなメールに対応しなくちゃならなかっただろうね。うーん……ネットの世界は何て動きが速いんだろう。

- ツイートは取り消せないかもしれないけれど、間違いを素直に認めて修正することはできますよね。鮮やかなお手並みでした。
- あなたが悪事を正したようにも見えます。フォロワーさんがそれを理解してくれるといいですが。

もしあの時、ツイッターに注意を払っていなかったなら、あるいは状況を知りながら頬かむりをしたり、先延ばしを決め込んだりしていたら、もっとずっと困った事態になっていたに違いない。わたしの評判も台無しになっていたはずだ。

ここでの教訓は、「ネット上で積極的に発言している人は、知名度の高低にかかわらず、厄介に巻き込まれる可能性を忘れてはいけない」ということである。

突貫工事でウェブサイトを作ってすぐに対応する

ニュースが瞬く間に広まっているあいだにうまくその波に乗るには、新しいウェブサイトを作るのが最適な場合もある。

ユーチューブで『ビヨンセに合わせて踊るコーリー赤ちゃん』という動画を見た人もいるだろう。

おむつ姿の赤ちゃんが踊る愉快な映像は一大センセーションを巻き起こし、再生回数は二一〇〇万を突破してなおも増えつづけている。一歳になったばかりのコーリーは、ニュージーランドのオークランドにある祖母の家にいた。テレビでビヨンセの『シングルレディース』のビデオクリップが放映されると、コーリーはテレビの前に這っていって立ち上がり、踊り出したのだ。折りよくビデオカメラを持っていた父親のチェスターが一部始終を録画し、ユーチューブに投稿した。

ところが、話はこれだけでは終わらなかった。

世界中でこの動画が話題になり、CNNや『タイム』といったメディアにまで取り上げられると、チェスターは素早くウェブサイトを立ち上げて「シングルベビーズ」と名づけ、コーリーの学資を募りはじめたのだ。ユーチューブからこのサイトへのリンクも張って、ファンがサイトを見つけやすいようにした。以後、サイト上では広告を表示してTシャツまで買えるようにした。これらの収益はすべてコーリー・エリオット教育基金に行く。もちろん、ソーシャルメディアで話題になったからウェブの世界でも映像は有名になり、旧来メディアで取り上げられるとその動きはさらに加速した。とはいっても、父親がすかさず「シングルベビーズ」というサイトを開設したからこそ、動画が注目を浴びているあいだに多額の寄付やTシャツの売り上げが集まったのだ。

だからあなたも、もし不意にスポットライトを浴びたら、モタモタしていてはいけない！　さっそくメッセージを発信しなくては。

最近は災害の発生直後に、電子的な通信手段の利用が一気に膨れ上がる。数百万人が友人や家族の安否を電話で確認し、さらに数百万人がネット上でニュースや情報を探す。

二〇一一年三月一一日午後二時四六分、大地震が日本の東北地方を襲うと、すぐさま携帯通信網がパンクして何日間も復旧しなかった。だが、インターネットが底力を発揮したから、日本各地に住む親戚や友人との連絡は途絶えず、ソーシャルメディアをとおしてリアルタイムで状況を知ることもできた。

被災地から送られてくる恐ろしい映像を目の当たりにして、世界中の、何億とは言わないまでも何千万という人々が支援に立ち上がった。日本国内では、一般市民が文字どおり、あるいは比喩的な意味でも無力感にさいなまれながらも、何でもいいから自分たちにできることはないかと知恵を絞った。

地震の翌日、千葉県我孫子市在住の「Our Man In Abiko」というハンドルネームのブロガーが、この災害の体験を記録したもの（アートやエッセーや写真）を募集すると発表した。集まった素材を電子書籍として編集し、ネット上で販売して義援金を集めようというアイデアだった。一五時間足らずのうちに日本中から七四件の体験談などが届き、さらに世界中からも投稿が寄せられた。また、編集者やグラフィック・デザイナー、広報マネジャー、営業マネジャーとして協力したいというボランティアが殺到した。匿名で通すことにした「Our Man In Abiko」こととイギリス人英語教師は、賢明にも、能力とやる気がありそうな人々に作業を委ねたのである。

このにわか仕立てのチームは、一日も経たないうちにウェブサイト（quakebook.org）、フェイスブックページ、ツイッターアカウント（@quakebook）を開設した。こうした窓口を世界中の人々が訪れ、オノ・ヨーコやウィリアム・ギブスンといった人々が寄稿した。

この結果、『2:46: Aftershocks: Stories from the Japan Earthquake』と題する九八ページの本が一週間足らずで編集・刊行された（二〇一一年六月一四日、『2:46 Aftershocks—午後2時46分すべてが変わった』として語研より日本語版が刊行された）。

「あれよあれよという間に、話が大きくなりました」と語るのは、プロジェクト発足七日目にクラウドソーシングの形で営業マネジャーを引き受けた東京在住の環境技術者、ケビン・キャロルである。「会社組織にもなっていませんでしたが、キンドルで配信できるようにするためにアマゾンと協議しました。前に進むには避けて通れない道でした。幸いにも、慧眼のアマゾンがすぐに配信機器に変更を加えて対応してくれたので、キンドル向けの売上高を日本赤十字社に全額寄付できるようになりました」

地震と津波の発生から五カ月で三万六六六人がキンドルやソニーの電子リーダーなどで『2:46: Aftershocks: Stories from the Japan Earthquake』をダウンロードし、紙の本もアマゾンや世界中のリアル書店で数千冊が売れた。

日本と世界にとって、この『2:46』には金銭による寄付にとどまらない意味を持った。人々の思いを知った被災者たちに、この本が数字では測れない力を与えたことを、チームメンバーは誇りに思っている。

この本を作ったチームがｏｒｇで終わるドメイン名を選んだのは賢明だった。ごく自然に信頼や誠実さを連想させるからだ。パブリック・インタレスト・レジストリー社のブランドマネジャー、ローレン・プライスは、「ｏｒｇのついたドメイン名を購入すると、即座にこうしたイメージの恩恵を受けられます」と語る。「マーケターやＰＲ専門家は、平穏な時も波風が立った時もこの種のドメイン名を世の中の啓発に活かせるでしょう。いさかいを鎮め、目的を伝え、地域社会に情報を提供するための広く知られた媒体になるでしょう」。ｏｒｇのついたドメイン名は非営利組織だけでなく誰でも取れる点に注目してほしい。

大切なのは、人々が旬のテーマについて信頼できる情報源を熱心に探している時に、サイトを速やかに新設することだ。このためには危機対応プランを携え、時機を逃さずに実行に移せるようにしておく必要がある。プランには、いつどうやって特設サイトを設けるのか、ｏｒｇドメインを確保するのが妥当かどうか、などを盛り込んでおくべきである。ＵＲＬの購入、サイト構築、ホスティング手配、検索エンジンによるインデックスづけをめぐる実務は、全部で二〇分もかからない。

複数のコミュニケーション手段

いまでは顧客に情報を伝える手段はネット上だけでも膨大な数にのぼる。あなたに最適なのはどれだろうか。顧客の関心を追いかけてみよう。

選択肢を検討するにあたっては、ネット上での人気には浮き沈みがあることを念頭に置くとよい。新しいサービスは華々しく登場して人気を集め、やがて下火になっていく。例によって釣鐘曲線のような浮沈をたどるわけだ。第3章で述べたように、最初はわずかな関心を引くだけだが、時間とともにしだいに盛り上がっていき、ある時点から下り坂になる。ウェブサイト導入の動きも同じような釣鐘曲線を描いていて興味深い。ウェブ導入は一般には数年単位の動きであり、ニュースの広がり（数時間）よりもはるかに長い。

わたしはこれについて、ボストンを拠点とするデジタル・コンテンツ制作エージェンシー、ティッピングポイント・ラボの最高戦略責任者、アンドリュー・デイビスと意見を交わした。デイビスはネット上のさまざまなメディアの普及状況を分析してきた。ツイッターやスクリブドのような有名どころから、アミアンド、ゲットサティスファクション、Ｑｉｋなどあまり知られていないものまで対象にし、結果として、興味深い傾向がいくつか見つかったという。

「わたしどもではシンプルな前提を置いています。ブログ、ミニブログ、写真共有、映像のライブ・ストリーミングなどのプラットフォームにせよ、ユーチューブ、スライドシェア、Ｆｌｉｃｋｒ、ツイッターなどのコンテンツ配信サービスにせよ、普及状況を自在に追跡して分析の対象にし、ライフサイクルのどこに位置するかを見極めることができる、というものです」

これは有益な情報だ。というのも、ソーシャル・ネットワーキングの世界では、早い時期にはじめた人のほうが後発組よりも人気を博しやすいからである。だから、早めに飛び込むことが大切で

ティッピングポイント・ラボによるライフサイクル分析

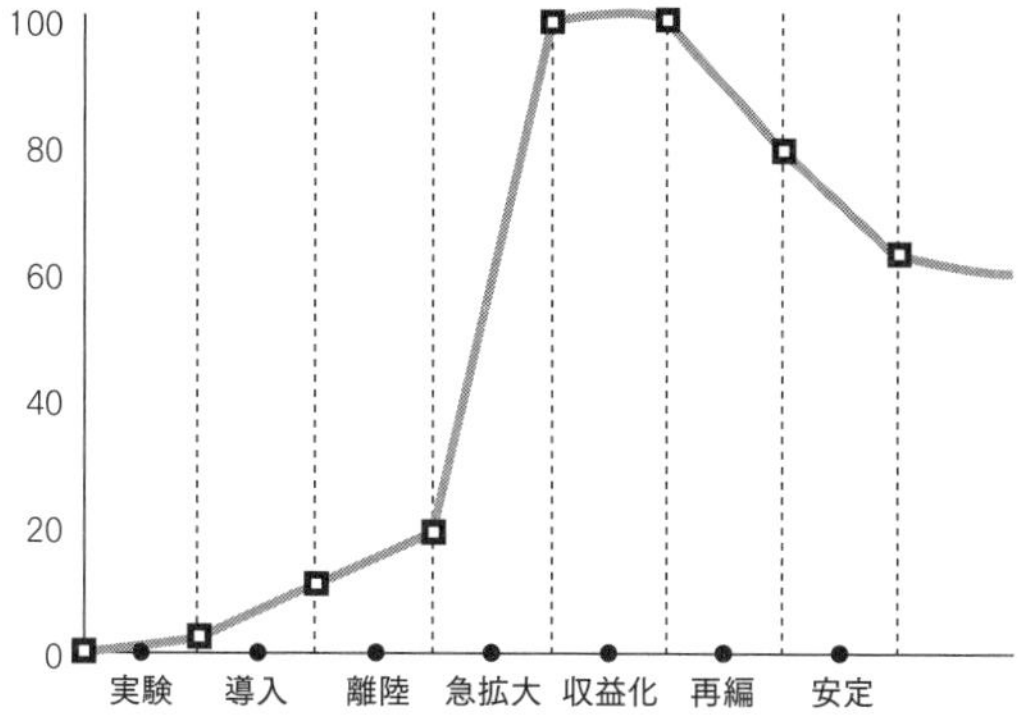

ある。しかも、顧客が使っているのと同じ、普及の目覚しいサービスを利用するのが不可欠だ。

デイビスによると、ニューメディアのライフサイクルは七段階からなるという。

1. **実験**——新しいプラットフォームやサービスが、コミュニケーション、共有、コンテンツ創造のかつてない方法を提供する。この段階では、少数の利用者が頻繁にコンテンツを追加するのが特徴である（一般に品質は低いが頻度は高い）。

2. **導入**——幅広い層が使いはじめ、たいていはコンテンツの質を高めようとする。

3. **離陸**——初期導入者の中心をなす人々が媒体の価値の理解に努めて、媒体にふさわしい上質なコンテンツを幅広い層に向けて頻繁に提供するため、やや注目度が上がる。この段階では、どこかのプラットフォームやサービス上で「ネット上の有名人」が誕生する（ユーチューブの『Will It Blend?（混ざるだろうか？）』シリーズで脚光を浴びたトム・ディクソンもそのひとりである）。

4．**急拡大**——利用者（一般には世界中に分散している）がコンテンツづくりにたびたび貢献するため、急激な普及が起きる。マスメディアが注目し、離陸期の成功例にあやかろうとする利用者が続々と現れる。この段階ではもともと知名度の高い人々も集まってくる（俳優のアシュトン・クッチャーがツイッター・デビューしたのも急拡大期だった）。最も勢いのある時期には、模倣サービスが雨後のタケノコのように生まれて、少しばかり差別化を図ろうとする。

5．**収益化**——この段階になると、主立った利用者はこの媒体を利用する効果（ROI＝投資収益率）をどう測ればよいのかを考えはじめる。企業は往々にして、この新しい現象は果たして利益につながるのかどうか、首をひねったままの状態である。利用者は収益モデルのあるほかの媒体を試すようになり、この媒体の拡大はゆるやかになる。

6．**再編**——収益化を模索する段階が終わってその可否が分かると、利用者やコンテンツ提供者の離反が頂点に達する。きわめて価値あるコンテンツを提供する人々は、同じような仲間を探してより大きなコミュニティを作ってビューを増やそうとする。皮肉にも、慎重で動きが鈍いせいで様子見をしていた多くの企業は、この段階になってから腰を上げる。

7．**安定**——実績ができて収益化も果たすと、ようやく安定段階に入る。参入と離反の率がほぼ同じくらいになる。

セカンドライフの検索件数の推移

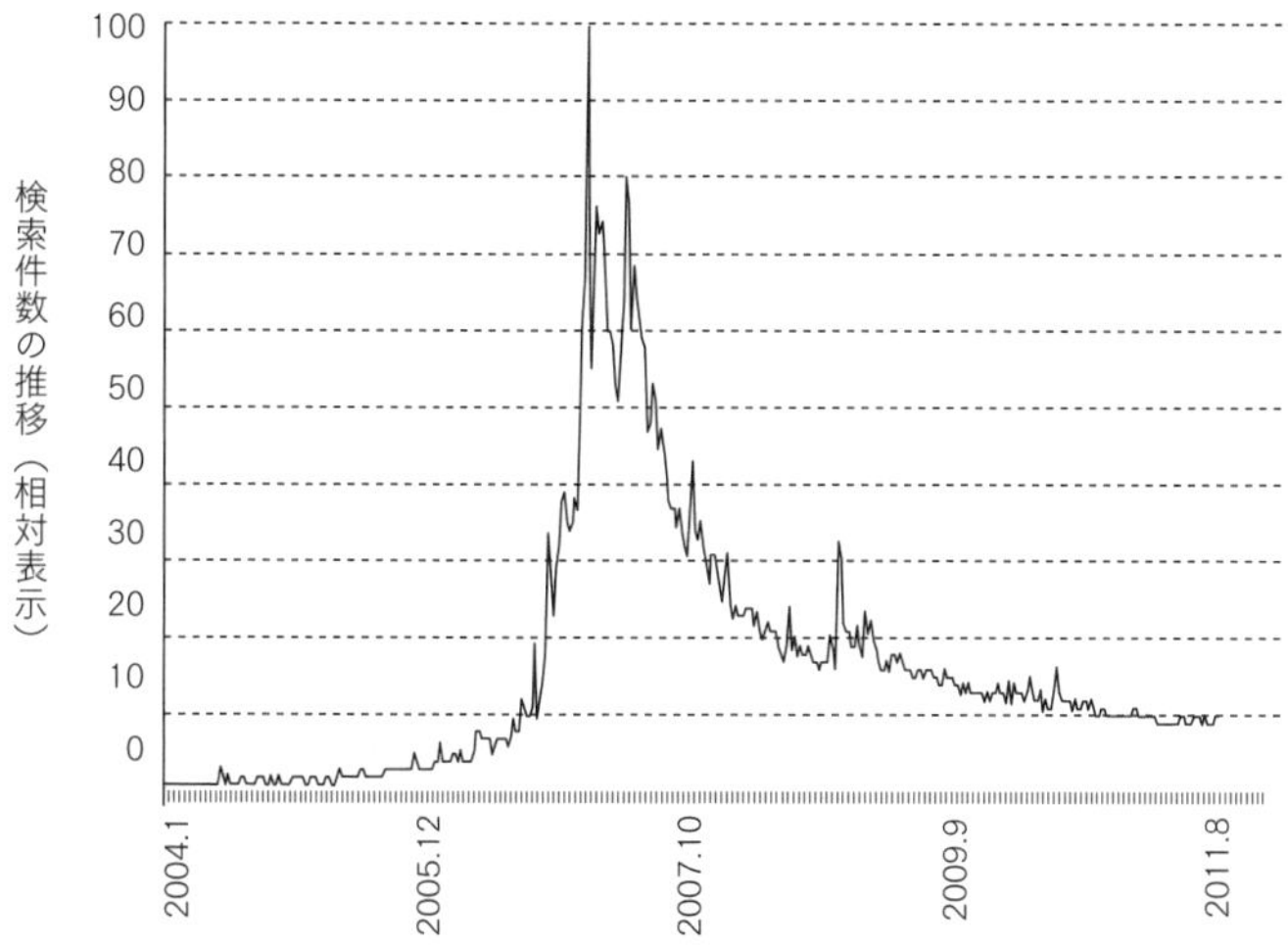

データ元：ティッピングポイント・ラボ、グーグル・インサイト

これらすべての段階を経たのが、無料の三次元仮想世界セカンドライフである。ユーザーはここで音声や文字の無料チャットをとおした社交、つながり、創造などを楽しめる。ネット上の使いやすい三次元世界のはしりだったため、二〇〇六年から二〇〇七年にかけて大きな関心を集めた。ＩＢＭ、ロイターなど多くの企業がこの仮想世界に参入した。以後、利用はかなり落ち込んできているが、現在でもなおネット上で最大のユーザー参加型の三次元仮想コミュニティである。

ここから言えるのは、この期におよんでセカンドライフに参入するのは、世間の注目を引くうえで最善の選択ではないだろうということだ。依然として熱心に活動するユーザーもいないわけではないが、大半は去ってしまった。人気も萎んできているため、メディアやブロガーからも大きな注目は集めていない。

グーグル・トレンド上では、ティッピングポイント・ラボが分析したデータをもとに、セカンドライフの盛衰がグラフ化されている。グーグル・トレンドは、グーグル上での検索を分析して、全検索に占める各検索ワードの比率を定期的に算出している。検索ワードを入力すると、その平均検索数を指数化したものが表示され、ここからはセカンドライフの最近の注目度が低いことが分かる。

この原稿を書いている時点では、タンブラーが右肩上がりのソーシャル・ネットワーキング・プラットフォームの典型である。タンブラーは文字情報や写真、引用、リンク、音楽、映像といったコンテンツを簡単に共有するためのサービスだ。前述のアンドリュー・デイビスは、「最近もかのレディー・ガガが新たに利用者になるなど、タンブラーは爆発的な急拡大期に差しかかっています。……タンブラーは離陸期を終えようとしていて、近い将来、すさまじい成長が始まるはずです」と語っている。

その一方で、異例のスピードで拡大してきたツイッターは、デイビスによれば収益化すべき段階を迎えている。二〇〇六年末にサービスを開始したツイッターは、二〇〇八年末に人気に火がついた。旧来メディアが取り上げたほか、有名な俳優、ミュージシャン、政治家などがツイッターを使っていっそう知名度を上げるようになった。実験段階でツイッターを使いはじめ、導入期にも熱心にツイートしつづけた個人（ニューメディア戦略家のクリス・ブローガンなど）や企業（ザッポス、

タンブラーの検索件数の推移

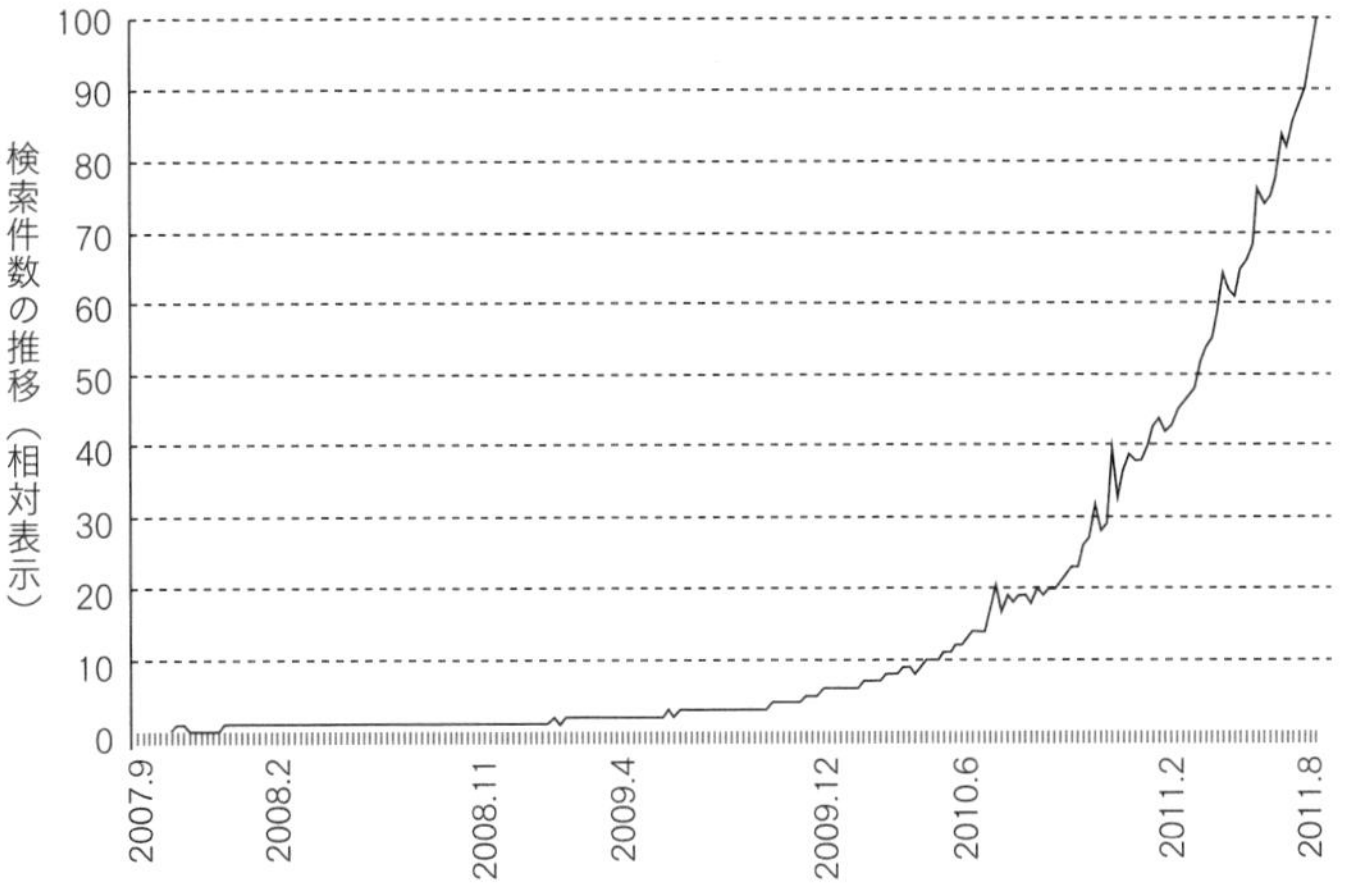

データ元：ティッピングポイント・ラボ、グーグル・インサイト

ジェットブルー、コムキャストなど）は、現在ツイッター上で高い人気を誇っている。

ここからは、ソーシャルメディア上で有名になりたいなら、急成長の途上にあるサービス（タンブラーなど）を見つけて早い時期に利用しはじめるのが一番の近道だといえる。もうひとつ、急成長の初期段階にあるサービスの例としてグーグル・プラス（グーグル＋か、単にG＋とも書く）がある。これは、グーグルが二〇一一年六月に開始したソーシャル・ネットワーキング・サービスだ。すさまじい勢いでユーザーが増えていて、開始一カ月で二五〇〇万人が登録をすませた。わたしの経験から言えばグーグル＋にはヘビー・ユーザーが多く、平均的ユーザーは日に何回も誰かとコンテンツを共有している。

ツイッターの検索件数の推移

データ元：ティッピングポイント・ラボ、グーグル・インサイト

アンドリュー・デイビスはこう語る。

「誰もが、次にウィルスのように広まるサービスを探しています。ですが、急拡大をはじめた後にそこに参入したのでは大きな注目を引くのは至難の業です。……急拡大期にはユーザー数は膨大になっています。人々はいつでも最新の流行を追いかけていますし、誰もが影響力を強めようと必死です。この喧騒を打ち破るのは不可能にも近いでしょう」

早め、つまりデイビスの区分にある導入期あるいは離陸期にサービスを利用しはじめるのが、自分のコンテンツを際立たせる何よりの方法なのだ。もし、世界中の人がツイッターやフェイスブックに押し寄せて何とか目立とうと鎬を削るなか、自分は何年も前からそれらサービスを使い、後続を大きく引き離すフォロワー数を誇っているとしたら——。ライバルが追い上げを狙っているのをよそに、あなたはすでにほかのサービスを実験的に使いはじめているだろう。ここで、「実験」がミソである点を強調しておきたい。新しいサービス上で活発にメッセージを発信するにはかなりの時間を費やさなくてはならないから、そのサービスがすぐに普及しないようなら、途中で断念してもまったく構わないのだ。

念押しになるが、目的は顧客とつながることである。このため、新しいサービスを探して利用するにあたっては、顧客に水先案内人になってもらおう。顧客がどういった理由でどのサービスを使っているかを探り、彼らのニーズに対応できる可能性を最大限に高めるのである。

ファンに声を届ける

実在か架空かを問わず、古今東西の人物のなかで、ファンの数やその熱烈さにおいてハリー・ポッターの右に出る者はまずいない。だから、この若き魔法使いの生みの親であるJ・K・ローリングが、「ポッターモア」を二〇一一年六月二三日の正午（イギリス時間）、つまり、アメリカ東部時間の午前七時にネット上で紹介すると、この話題は魔法のように広まった。

だが、運命の日に向けて時を刻む時計の針を見つめるファンには、「それはそうと、ポッターモアって何?」という謎が残されたままだった。その結果、世界中に広がる無数のハリー・ファンが、さまざまな憶測で沸き返ったのは当然の成り行きだった。

ようやく六月二三日が訪れたものの、ファンたちはここでさらにお預けを食う。分かったことは、ポッターモアとは「『ハリー・ポッター』シリーズの読者にワクワクするオンライン体験を提供する無料ウェブサイト」ということだけ。公開予定は一〇月一日とされていた。しかも、「ポッターモアに先行入場するチャンスをものにする方法を知りたければ、七月三一日にもう一度アクセスするように」というお達しも下された。

二〇一一年七月三一日にこのサイトを訪れたファンは、毎日リアルタイムで催されるコンテストに勝ち抜けば、ポッターモアに先行アクセスできると知らされた。その日から八月六日まで、毎日、ごく短時間だけ——わずか数分間——ヒントが公開された。幸運に恵まれるか、あるいは、辛抱強く待ったおかげでヒントを目にできた人は、大急ぎで謎を解いた。時間内に解ければ特設の登録ページにつながり、そこから一〇月一日の一般公開前にサイトに入ることができた。

これは最も忠実なファンを最も優先するという鉄則に基づく巧みなマーケティングだ。

ポッターモアのキャンペーンは二重の意味で妙案だった。ファンの好奇心を利用してソーシャルメディア上に大量の話題を振りまきながら、一銭もお金をかけなかったからである。マーケターが提供したものといえば情報と先行アクセス、それだけだった。

ほとんどのマーケターは、散発的に何かを発表するだけで終わりにしてしまう。それも、プレスリリースと大差ない中身でお茶を濁すのが普通である。ファンに最初に告知することまで考える人は、ほとんどいない。ファンの情熱を集約し、それを使って世界規模でPRのうねりを起こそうとする例となると、さらに珍しい。

しかしまた、ハリー・ポッターについては、すべてに対してファンの関心が非常に高いため、よほどの失敗でもないかぎり、イベントは大きな注目を集めること請け合いだ。世界に名立たる魔法使いが仲間なら、ファンの関心をひきつけつづけるのはいともたやすいのである。

トロントを拠点とするケルティックロックのバンド、エンター・ザ・ハギス（ETH）は、一〇年以上も前からオリジナル曲のアルバムを発表して、世界各地でライブツアーを行ってきた。メンバーのひとりブライアン・ブキャナンが言う。「僕らはもの凄くラッキーだった。なんたって、活動当初からファンを惹きつけることができたからね。みんな、寄り合い所帯の僕らに馴染んで、いろいろな方向性にチャレンジするよう背中を押してくれた」

わたしはブキャナンへのインタビューを、「カバーイットライブ」というツールを使って実施した。一時間のあいだ文字メッセージでQ&Aをやりとりし、それをETHのファンやわたしのフォロワーに生中継したのだ（わたしたちふたりは事前にツイッターでこれを告知してあった）。生中継はブキャナンの発案だった。彼はファンにじかに、しかもリアルタイムで語りかけることにとても熱心なのである。

ETHは多彩な場所で演奏しているため、ファン層も幅広い。だから、ひとつの手段ですべてのファンにメッセージを届けるのは不可能なのである。「フェイスブックと、マイスペースとかツイッターといったほかのソーシャルメディアとじゃ、僕らのメッセージが届く相手が違う。そりゃあ、利用者が重なっている場合もあるさ。けれど、できるだけ大勢に声を届けるには、洩れなくいろいろなサービスに顔を出しておかないと。だから、ソーシャルネットワークの活用には思い切り力を入れている。他方、メールでのニュースレター配信もつづけている。メールアドレスは持っていってもSNSは使っていない、っていう人は山ほどいるからね」

ブキャナンは、ウェブサイトやSNSサイトをリアルタイムで更新するために賢い方法を編み出した。自動化ツールを開発して、ひとつのサイト（たとえばフェイスブックのファンページ）を更新すると、それがほかのサイトにもリアルタイムで反映されるようにしたのだ。「Ping.fmのようなアグリゲーター・プログラムにはまった。これを使うと、更新情報をいろんなところにリアルタイムで送れるんだ。……フェイスブックは即席コンテストに使っている。ちょっとしたクイズを出して、最初の正解者にサイン入りアルバムをプレゼントしているんだ。ライトバンで移動中にビデオクリップを録画して、（無線で）フェイスブック上に公開し、そこから公式サイトのメインページにも転送したりする。すると、突然メインページの中身が変わって、サイトを訪れた人は真っ先にその動画を見ることになる」

ＥＴＨはこのほかにも心憎いリアルタイム・コミュニケーションを実践している。Ｕｓｔｒｅａｍを使ってコンサートを無償で生中継しているのだ。コンサートのつど、本番前にカメラとマイクを設置してネットと接続し、「オンステージ間近！」とファンに告知する。

たいていのバンド（とそのマネジメント会社）がコンテンツの開放に消極的ななか、ＥＴＨはコンサートのライブ映像を無償開放しているのだ。「僕はずっと『タダであげようよ』という考えだった。営業マンが訪問先に名刺を置いてくるようにね。……こうしておおぜいの関心を惹きつけて、コミュニティに加わってもらうんだ。……僕らのバンドは以前からコミュニティとしての性格を持っている。音楽祭に出演して、五〇人のお客さんが五つか六つの州から聴きに来てくれたとしよう。彼らは「キャンプ・ハギス」って書いた旗のもとに集合してキャンプを張って、僕らのバンドを応援してくれる。言ってみりゃ、同じ釜の飯を食うわけだよね。どうも、それに惹きつけられて仲間が増えるようなんだ。そして、末永いファンになってくれる」

そうは言っても、コンサートを無償で生中継するとは。わたしはブキャナンにもう少し説明してほしいと頼んだ。「タダで生中継するさ。ファンが僕らのアルバムを一〇枚コピーして誰かにタダで配って、そのお陰で次からコンサートのお客さんが一〇人増えるなら、そのほうがいいと思う。……コンサートの観客動員数こそ、バンドにとっての勲章だ。ヒットチャートの順位でも、アルバムの売り上げでもなくてね。心から応援しようというファンは、コンサートに来てくれるはずさ。バンドのＴシャツを着て、友だちにもバンドの話をする。ならば、アルバムの売り上げに頼らなくてもコンサート・ツアーで生計を立てられる」

ここで章の冒頭に立ち返ってみよう。そして、たったいま読んだ内容、つまり、ブライアン・ブキャナンとＥＴＨがファンとリアルタイムでコミュニケーションを取るためにどれだけの熱意と誠実さを傾けているかを、胸に刻んでおこう。

あなたの勤務先が、顧客とつながるためのツールとしていまだに自動音声によるまどろこしい電話応対に頼るような殿様商売をしているなら、ぜひとも実行してほしいことがある。電話応答をさらに込み入ったものにするための会議に次回参加したら、立ち上がって「『こんなの時間のムダ以外の何物でもない』とお考えの方は『9』を押してください！」と声を大にするのだ。

第11章 モバイル環境ではすべてがリアルタイム

一部の人をたまにリアルタイムでつかまえるだけなら、それほど難しくない。デスクトップPCの利用者はデスクにいる時はつかまる。ノートブックPCの利用者も、Wi－Fiの使えるスターバックスにいる時はつかまるだろう。ただし、いつなんどきでも全員をつかまえるとなると、やはりモバイル環境でないと。だからこそ、モバイル機器は急速に普及しているし、モバイルはリアルタイムでの市場とのつながりを考えるうえで最も興味深い分野なのである。

ブラックベリーやiPhoneなど、ブラウザを搭載した機器が急速に普及しているため、常時オンライン状態にあるアメリカ人の数が年々百万人単位で増えており、アメリカはインドやアフリカのようなモバイル中心の市場に追いつきつつある。そう、携帯電話が高嶺の花ではなく、ワイヤレス網のほうが一般電話網よりも信頼性の高い国々では、モバイル・インターネットはアメリカよりも普及しているのだ。光ファイバーがオフィスや住宅まで届くなど、アメリカより格段に進んだ日本でさえも、主役はモバイルである。なぜなら、日本人は通勤・帰宅に毎日平均二時間以上を費やすとされ、最もネット利用が多いのは電車に揺られているあいだなのだ。

アメリカの非営利調査機関ピュー・リサーチ・センターのインターネット・アンド・アメリカン・ライフ・プロジェクトによると、携帯電話はアメリカ人がリアルタイムに情報を取得するための重要ツールになっている。携帯電話を持つ成人の半数（五一％）が、過去一カ月間に少なくとも一回は、すぐに必要とする情報を携帯電話経由で入手していた。また、手元に携帯電話がないために行動に支障が生じるような状況を、過去一カ月のあいだに四分の一（二七％）が経験した。

以下では、シンプルな機種からｉＰｈｏｎｅまですべてを一括りにして「モバイル（機器）」と呼ぶ。モバイルをいくつかに分類する場合、何より重要なのはＧＰＳ（全地球測位システム）を搭載しているかどうかだろう。

モバイル機器にＧＰＳ機能が加わると、ネットの世界全体と幅広くつながるだけでなく、現在位置のまわりに焦点を絞ったつながりも可能になる。ＧＰＳを介して、近くの人、場所、サービスなどの位置情報が得られるのだ。このため不案内な土地でも豊富な現地情報が手に入る。「地下鉄の入口はあそこ、郵便局は隣」というように。

建物を「透視」してなかにどんな店があるか、背後の通りには何があるかなどを確かめられるから、こちらのほうが、現地の光景そのものよりも役に立つくらいだ。後で述べるが、さらに一歩踏み込んで、「ここはどうか」と紹介を受けてそのビルを正確な遠近で眺めることも可能になる。

しかも、すぐそばの店から自分の嗜好に合った情報が届くかもしれない。「マルガリータがお好きなようですから」といって近隣のバーから「半ブロック先の当店では、これから三〇分のあいだマルガリータを通常の半額でご提供します」などとメッセージが舞い込むのだ。

東京のように店舗が密集した恐ろしく競争の激しい環境では、こうしたサービスの登場によって勢力地図が大きく塗り変わるだろう。

六本木の歓楽街では、地下鉄の駅から歩ける範囲に何百軒ものバーがひしめき合っている。目抜き通りから見える店もあれば、裏通りのビルの一四階という奥まった店もある。多くのバーは他店との違いを際立たせようとしてきわめて洗練された顧客ニーズに対応している。このため、一九三〇年代のデンマーク・ジャズを聴きたい、モンゴル産ウォッカを飲みたい、芸者コスプレに挑戦したい、鉄道模型で遊びたいといった希望も、東京なら、叶えてくれるバーがきっとあるだろう。これらすべてを実現してしまう店さえもあるかもしれない。「どうして分かるのか?」などという詮索はなしにしよう。

ただし、六本木には気が遠くなるほどたくさんの店が寄り集まっているから、希望に叶う店が目の前にあってもまったく気づかない恐れがある。だからいつも、大通りから見える馴染みのクラブ、モータウン・ハウスに足を踏み入れてしまう。あの店には金融情報をリアルタイムで表示するダウジョーンズ・テレレートのスクリーンが設置されていて、わたしはかつて、このシステムのオプションサービスの営業をしていた。

もっとも、GPSの普及を受けて、六本木の人気店の顔ぶれは激変しているに違いない。ぜひ現地調査をして確かめたいものである。

これは世界中のあらゆるビジネスにとてつもなく大きな意味合いをもたらす。自分の店が、すぐそばにいる人にとって渡りに船のような存在だったら。そしてその人にすぐに連絡できるとしたら。これは願ってもない新しいパワーだろう。どうしても来店者を増やしたいなら、相手が心を動かすまで、リアルタイムで価格を下げていくという手もある。

世間のお奨め情報を活かそう

毎月のように見知らぬ土地を訪れるわたしにとって、GPSがもたらした「超能力」はいたく有難いものだ。空腹時は特に。しかも、わたしはとにかく好みがうるさいのだ。空腹といってもそれほど深刻でなければ、タイ料理は悪くない。いざとなれば中華やインドネシア料理でもかまわない。だが、飢え死にしそうなほどお腹が空いていて、妻や娘が言うようにそのせいで機嫌が悪いような時は、一〇分以内にブリートにありつけなければ癇癪玉を破裂させるだろう。最近までは、ホテルのコンシェルジュにタイ料理かメキシコ料理の店を教えてもらうか、グーグルで検索するのがならわしだった。

いまでは迷わずiPhoneを取り出して、GPS情報連動型アプリのフォースクエアかLayar《レイヤー》を使う。わたしが訪れる町ではたいてい、この両方が話題を呼んでいる。

フォースクエアは世界でもひときわ成長著しいＳＮＳである。これを起動して、表示された店のどれかに「チェックイン」し、友人たちにも情報が届くようにする。いまいる地域に関するほかのユーザーからのお奨め情報はとりわけ有益だ。たとえば、ボストン近郊でチェックインを行った時は、こんなメッセージを受け取った。「あなたはいま、『ニーリオズ・グルメ・キッチン』のすぐそばにいるみたいだ。デレック・Ｐからこんなコメントがある。『フォカッチャ・パンのベーコンターキー・テリフィックを食べてみたら』」。ありがとう、デレック。試したら絶品だった！

大きなカンファレンスに参加した時にはフォースクエアはいっそう威力を発揮する。姿を見つけられなかった知り合いの参加情報をキャッチして、居場所を突き止めるのを助けてくれるからだ。二〇一一年三月にテキサス州オースチンで開催されたＳＸＳＷ（サウス・バイ・サウスウエスト・インタラクティブ）では、数千人がフォースクエアを活用していた。ブロガー・ラウンジなどを訪れた際にチェックインすると、友人の誰がそこに居合わせるかがたちどころに分かる。一番楽しそうなパーティーを見つけ出すのにフォースクエアを使う人たちもいた。おおぜいの友人が参加しているなら、自分もそこに顔を出してみるべきだろう。

こうした諸々の状況がマーケティングにどういった意味合いをもたらすかは、それほど想像を逞しくしなくても見当がつくはずだ。まずもって、あなたがニューヨークの裏通りに店を持っているなら、的を射た宣伝をすれば、ＩＴで武装して五番街を歩く人々を残らず引き寄せられるだろう。以下に、フォースクエアをマーケティングやＰＲに活用する方法を紹介したい。

・**ユーザーになる**。フォースクエアを介して市場とつながるには、ユーザーになりさえすればよい。フォースクエアは、各ロケーションへのチェックイン回数の最も多いユーザーに市長を意味する「メイヤー」の称号を贈っている。これは、フォースクエアを壮大なゲームと見なす大勢の人々にとって大変な名誉だ。だから、もしあなたが地場のピザ店を営んでいるなら、毎日チェックインして自分がメイヤーになればいい。簡単なことだ。自分の店のメイヤーになったら、初めてチェックインした来店者に「メイヤー・スペシャル」を提供してはどうだろう。

・**伝道者《エバンジェリスト》を育てる**。別の誰かがあなたの店のメイヤーになったら、その人が仲間を連れて来店するたびにドリンクをサービスしよう。サービスが魅力的な場合、これまでの例では、顧客は次のメイヤーの座をめぐって競うようになる。何人かがこうして奮起すれば、各人がかなりの売り上げをもたらすはずだ。メイヤーの地位をめぐってクチコミやツイートが増えれば、店もおのずと話題になる（ちなみに、わたしはボストン近郊のインド料理店『クシュブー』のメイヤーである。こういう自慢が、店にとっては無償の宣伝になるわけだ）。

・**馴染み客に意見をもらう**。足繁く通ってくれるお客さんの顔や名前を覚えたら、何かを決める際に意見を聞こう。メニューをどう変えればよいか尋ねるのだ。メイヤーには「メイヤー・スペシャル」の中身を考えてもらうとよい。

ＳＸＳＷカンファレンスに参加するためオースチンに滞在していたある晩、『バッファロー・ビリヤード』にチェックインしたら、「メイヤーはその座から陥落しないかぎり、一週間の代金がすべて四〇％引き。チェックイン五回でビリヤードとビールが無料」という知らせが届いた。わたしは、フォースクエアのメイヤーの地位を賭けて、西部劇に出てくるような酒場での決闘が展開するのだろうかと、期待に胸を膨らませた。

マイホーム購入の検討

フォースクエアもいいが、二〇一一年半ば現在わたしがもっとぞっこんなのは、アムステルダムで見つけたｉＰｈｏｎｅアプリのＬａｙａｒ《レイヤー》だ。

モバイル機器対応の無償アプリケーションであるレイヤーを起動すると、携帯電話のカメラレンズに映った風景に重ね合わせて、ＧＰＳの位置データをもとにしたリアルタイム情報が表示される。レイヤーの設立者たちはこれを「拡張現実（ＡＲ）」と呼び、わたしは「粋なサービス」と呼んでいる。

どこかの都市にいる時、ｉＰｈｏｎｅを取り出してまずレイヤーを起動してからカメラを覗き込む。そして風景のうえに「レイヤー」を重ねると、視線の先にあるレストラン、クラブ、売り物件、観光スポット、エンターテイメント会場などの情報が表示される。

地域情報の検索機能があるから、たとえば「ピザ」と入力すると、iPhoneのディスプレイ上に近隣のピザ店が表示される。アメリカでは情報案内サービスもあり、「食」というレイヤーではレストランのお奨めも表示してくれる（何が食べたいか自分でも分からないような時に役立つ）。iPhoneカメラをかざし、風景のうえに表示されるいくつものレストラン名やロケーション情報を眺めるのだ（レイヤーの情報提供元は、ほとんどが特定の国だけでサービスをしている）。

街中でカメラの方向をぐるりと変えると、建物に重なるようにしてマーカーが浮かび上がり、次々とレストランの説明が表示される。だから、カメラをずっと移動させていれば、そのうちにメキシコ料理店が見つかるだろう。痺れるサービスだ。

レイヤーの経営陣はリアルタイム情報提供会社と提携して、自社のアプリケーションにコンテンツを提供してもらっている。『イン・アンド・アウト・バーガー』のようなレストランチェーンはレイヤーを持っている。大学も地図入りのレイヤーを作成して、キャンパス内のナビゲーションを実現している。次に日本に滞在した時にお腹が空いたら――たぶん空くだろう――「ホットペッパー」のレイヤーを頼りに東京ほか大都市のレストランを探すつもりだ。

レイヤーをケーブルテレビ会社、携帯電話をテレビになぞらえてほしい。何百にものぼる多彩なコンテンツ提供会社はおのおのケーブルテレビ会社のようなものである。各社が提供する番組はあなたの居場所、つまりGPS座標に応じて異なる。

オランダ最大の不動産ポータルを運営するファンダ・リアルエステートは、レイヤー（これもオランダ企業である）と提携してレイヤー対応の初の不動産ポータルを開発した。国内の売り物件――通常は二〇万件を超えている――すべてを網羅しており、毎月三〇〇万人近いユニーク・ビジターを惹きつけている。

「売り出し中の物件情報をファンダ・レイヤーに登録しています」。こう語るのはファンダ・リアルエステートのマーケティング責任者、ジャルーン・ヴィルヘルムである。「ふつうに街路を通っても、玄関先に『売物件』という看板の立つ家はいくつか目に入るでしょう。ですが、カメラを介して眺めると、看板が出ていないものも含むすべての売り物件に目印が表示されますから、リアルタイムのレイヤー情報によって目視情報が補われるわけです」

ファンダ・リアルエステートが表示する目印をどれでもよいからクリックすると、価格、部屋数、床面積、問い合わせ先など、詳しい情報を参照できる。「みなさん街中でこの機能をご利用になります。あたりを見渡して、『よさそうな地域だから、売り物件を探してみよう』というわけですね。……ですが、情報はこれだけにとどまりません。家をお探しの方は、近くにどういった店やレストランがあるかも知りたいとお考えでしょう。ほかのレイヤーをとおしてその情報が得られます。すると近隣一帯の様子がわりますよね。利用者の位置情報をもとに、網の目のように膨大なデータを提供しているわけです。これは新たな旋風を巻き起こしますよ」

ヴィルヘルムの話では、地域によっては不動産サイトへの訪問数の一〇～二〇％がモバイル経由だという。彼はこの分野が大きく成長するだろうと見ており、だからこそファンダはいまの時点でモバイル・マーケティングに投資をしているのだ。

驚いたことに、ファングはレイヤーと協力して次なる拡張現実を開発している。設計段階の物件の仕上がり予想図を正確な縮尺で表示しようというのである。カメラのレンズをとおして空き地を眺めると、そこに物件の仕上がり予想図が三次元で重ね合わされるのだ。感動ものである！

モバイル経由で顧客とつながる

いまのところ、アメリカの市場に出回っているモバイル機器でＧＰＳ機能を搭載したものは多くないため、位置情報に頼ったマーケティングやＰＲがフルに威力を発揮するのはまだ先だろう。しかし差し当たっても、モバイルの力を活かす方法はいくつもある。

多くの国ではすでに、携帯電話のカメラをバーコード・スキャナとして使い、ＱＲコード（ＱＲは高速読み取り《クイック・レスポンス》の略）から地元の情報を集める動きが広がっている。一例として、東京の地下鉄では乗客の半数超はモバイル・インターネットを利用しているように見え、車内広告の多くにはＱＲコードがついている。乗客がそのＱＲコードを写真に撮ると、詳しい情報を掲載したウェブサイトにつながる。行き先のサイトは割引クーポンを提供している場合もある。さきごろ日本を訪れた際、わたしがもらった名刺の何枚かはＱＲコード入りだった。相手の連絡先を簡単にダウンロードできて便利である。

「マーケティング戦略計画テンプレート」がダウンロードできるQRコード

わたし自身もこの手法を講演に取り入れ、聴き手のみなさんが資料を簡単にダウンロードできるようにした。たとえば、「マーケティング戦略計画テンプレート」（わたしが無料で提供しているマーケティング計画策定用のシート）を共有したい時は、自分のQRコードをスクリーンに映すだけでよい。聴き手は、手元の携帯電話のQRコード・リーダーでその画像を読み込むことにより、テンプレートをダウンロードできる。

QRコードは海岸、スポーツイベント会場、劇場など、どこにいる相手に対してでも、興味を抱いたその瞬間に情報を提供するのに打ってつけだろう。qrcode.kaywa.comをはじめ、QRコードの無料作成サイトはたくさんある。

QRコード技術が日本で開発されたのは意外ではない。というのも、日本はさまざまな意味でモバイル・マーケティングの最先端を走る国なのである。その理由のひとつは、すでに述べたとおり、日本人の多くは勤務先への行き帰りに何時間も電車に乗っていて、その時間にネット接続を楽しんでいるからだ（ちなみにソニーのウォークマンも、混雑した電車のなかで充実した時間を過ごしたいというニーズから生まれたという）。

ソニーの話が出たついでに……ソニー・ピクチャーズエンタテインメントは、映画『天使と悪魔』の日本でのプロモーションに、会員数二〇〇〇万人以上を誇る和製SNSのミクシィを活用した。会員の七〇％はモバイル経由でミクシィを利用するため、ソニー・ピクチャーズは映画を紹介するためにモバイル機器用のインタラクティブ・アプリケーションを開発して、居場所を問わず映画の話題に花を咲かせてもらおうとした。

モバイル経由で顧客とつながるには、携帯メールを使うのも一案である。だが、携帯メールが広告だらけになるのは誰も歓迎しないから、中間業者が登場した。

サンフランシスコ周辺ではモバイル・スピナッチという会社が、携帯メールを使ってメンバーにお得情報を送るサービスを開発した。モバイル・スピナッチの気が利いているのは、会員がライフスタイル、好みの商品カテゴリー、望む連絡方法（メッセージの頻度など）に応じて自分に合った内容だけを受け取れるようにした点だ。この会社では、地元にあるショッピング、ナイトライフ、イベント、旅行、レストラン・食事、アート・音楽、スポーツジム・エステサロンといった、ライフスタイルと関わりの深い分野の企業や商店のお得情報に力を入れている。

モバイル・スピナッチの最高マーケティング責任者ジョン・ヴィッティが語る。「地元の情報を届けると、顧客は自分の望むショッピング体験を得るために腰を上げようとします。……サンフランシスコ在住の方でしたら、特定の日にちと場所、価格帯を指定したうえで、『イタリアン・レストランの情報を携帯電話に送ってほしい』と要望を出すことができます。ここまで細かく指定できるのです。分かったのは、先方の要望を受けて、ぴったりの情報をぴったりのタイミングで届ければ、利用者はお得情報を信頼して仲間にもそれを紹介するということです。これは、企業や商店とお客さま、両方にとって有益ですよね」

消費者が自分の嗜好を詳しく明かして積極的に情報を受け入れる姿勢を示すと、モバイルユーザーへのリアルタイムでの勧奨はいっそう妙味を増す。土曜日の昼下がりに楽しむために、サンフランシスコ周辺のお得ワイン情報があったら。火・木曜夕方のレストランのお勧めが届いたら。ライブ演奏の割引情報ならいつでも歓迎……。こうした希望を表明しよう。

ヴィッティが言う。「お勧め情報はその時かぎりのものが多いのです。……サンフランシスコの人気レストラン、たとえば超高級フレンチのミディ、有名なペルー料理店のイマーンなどですと、『残席わずか』という情報を発信するかもしれません。サンフランシスコ・バレエなら、当日チケットの割引情報などが考えられるのではないでしょうか。こうした情報を受け取った人は『急がなくちゃ』と感じるでしょう。その時かぎりの貴重な情報ですから、送り手と受け手のニーズがかみ合って両者の距離が縮まるのです」。消費者は自分の希望をとことん絞り込むことができるため、望まないメッセージが送られてくる可能性はごくごく小さくなる。わたしの場合、週日午後のインド料理店やメキシコ料理店からのお勧め情報は受け取るが、ハンバーガーや寿司の情報は要らないからお断りするだろう。

「本日の目玉商品」で人気のグルーポンが、さきごろ「グルーポンなう」というサービスをはじめた。これは、すぐに使える割引クーポンを携帯電話に送るサービスである。グルーポンなうのユーザーは現在地を入力し、見たい商品の種類（ヘアカットの割引など）を選ぶ。すると割引商品（割引率は通常五〇％以上）が表示されるから、グルーポンなうをとおして携帯クーポンを事前購入する。あとは店を訪れて割引を受けるのみだ。

こうした格安サービスは、店舗にとって手っ取り早く新規顧客を集める格好の手段になりえるが、大きな欠点があることも忘れてはならない（第10章を参照）。

モバイル機器を介したリアルタイムでのマーケティングやPRは、いまだ揺籃期にある。ただし、ライフスタイル分野をはじめとして、産業界にとっては凄まじいメリットがありそうだ。モバイル・スピナッチ、フォースクエア、レイヤーなどの関連ビジネスモデルが成熟して新たなサービスが登場すると、食品、コンサートや劇のチケットなど、旬ものを売る企業や商店にとってはチャンスの宝庫になるだろう。航空業界はすでに何十年も前から臨機応変な価格設定をしている。これからはモバイル技術の恩恵によって、地域性の強いビジネスを展開する人々がリアルタイムで在庫をさばいて収益の最大化を目指せるのだ。

こちらの提供する商品やサービスを求める相手に、タイミングと**場所**を計ったうえで情報を届ける。これはネット・マーケティングの次なる展開としてごく自然なものだろう。注視しておこう。この波は迫ってきている。

第12章 顧客は待ってはくれない

二〇〇二年、わたしは金融市場向けに新商品を開発・提供するチームに属していた。企業の業績発表を詳しく報じるサービスは、ジャンルとしてはすでに存在していた。だがわたしたちは、会見の終了と同時に全文を知らせることを売りにしていた。

この章で述べるように、リアルタイム性を実現して通常よりも早く何かを届ければ、えてして新たなニッチ市場を切り開き、競争優位をつかみ取れる。

二〇〇二年にわたしが請けていたのはＦＤｆｎという会社の仕事である。ＦＤｆｎは企業の業績発表を取材してその中身を世界中の契約者にリアルタイムで配信していた。アメリカでは証券法のもと、株式公開企業を対象とした公平開示規則があり、業績発表の公開が義務づけられているため、ＦＤｆｎもメディアや証券アナリストとともに各社の四半期ごとの会見に参加していた。

ＦＤｆｎがリアルタイム・サービスを提供する以前、業績発表の情報を入手する方法はふたつあったが、どちらも至れり尽くせりとはいかなかった。無料電話やウェブキャストで会見をライブで視聴するか、資料として公表されるまで何日か待つかである。両方とも不便を伴った。会見は一時間以上にもわたるのだが、聴き手の多くが待ち構えるのは、たとえば次年度の業績見通しのような特定の情報なのだ。同じ日に各社の会見が集中するため、ひとりですべてを聴くのは不可能に近い。だからといって、要旨が文字となったものが公表されるまで何日も待つのでは、記者やアナリストは迅速な論評などできない。

どの業界にも、既存のサービスを迅速化してリアルタイム性を高めるチャンスが転がっている。

ＦＤｆｎの業績発表リアルタイム全文提供サービスを利用してはどうだろう。ＦＤｆｎ（現在はトムソン・コーポレーションの傘下）は、会見内容を同時進行で文字にする独自技術を活用して、何千社もの業績発表を四半期ごとに文字情報で配信している。文字になった情報は、スタッフが会見の音声をわずか遅れで聴きながらチェックし、誤りがあれば訂正する。完成原稿は通常、会見終了の数分後には配信される。このリアルタイム・サービスは市場のニーズに見事に応えるものだったから、開始と同時に、原稿を無制限に利用できるサービスには千件を超える申し込みが殺到した。リアルタイム・サービスを武器に新たな企業が誕生したのだった。

「いますぐ欲しい」

いつでもネットにつながってリアルタイム情報が得られるいまのカルチャーのもと、顧客のウォンツを即座に満たせば、その商品は威力満点だといえる。どんな分野にせよ、ほかよりも早くこれを実現すれば市場シェアを伸ばせるはずだ。グーグルは猛烈な勢いで興隆したが、その起爆剤となったのはリアルタイム性を備えたネット広告だろう。グーグルは検索エンジンで有名だが、この会社を世界でも稀に見るほどの繁栄へと導いたイノベーションとは、グーグル・アドワーズというリアルタイム性の高いアプリケーションである。これによって検索連動型の広告が実現したのだ。

グーグルは決してネット広告の分野に一番乗りしたわけではない。しかし、誰でもリアルタイム性の高い文字広告を出せるようにセルフサービス型の使いやすい仕組みを設けて、ネット広告に革命を起こした。

グーグルの検索結果とともに表示されるのは、こうして作られた広告である。一例として、サンディエゴのある不動産仲介会社は、「サンディエゴ　不動産」というキーワードにもとづく検索結果の画面に広告を出そうとするかもしれない。だが、同じ地域の同業者がまったく同じ発想をするだろうから、広告料金は吊り上っていく。グーグル・アドワークスのリアルタイム機能を活用すると、いつでも広告内容を修正できるため、かぎられた広告予算のなかでできるだけ露出を増やそうとするうえで役立つ。このリアルタイムの広告ツールは非常に人気が高く、年間数十億ドルをグーグルにもたらしている。

どの市場でも、気の利いた企業がリアルタイム性の高いサービスを提供すれば、市場シェアと利益をつかみ取る余地はある。

あなたの対象市場について考えてみよう。何にリアルタイム性を添えられるだろうか？　リアルタイム性を高めれば、顧客は上乗せ価格を支払おうとするだろうか？　リアルタイム・サービスの出現を待つ未開拓市場は存在するだろうか？

グレイトフル・デッドとリアルタイムにつながる

わたしはグレイトフル・デッドの大ファンで文字どおり心酔している。一九七九年に初めてライブ・コンサートに行って以来、彼らの音楽を聴いている。このバンドは一九六〇年代半ば、サイケデリック文化の草創期にサンフランシスコで産声を上げ、活動を広げていった。ほかのバンドが消えていくなか、彼らは各世代から新たなファンを獲得してきた。なぜだろうか。「デッドヘッズ

（熱狂的なファン）」を自任するわたしに言わせれば、真っ先に思い浮かぶのは「比類ないサウンドだから」という答えだ。ただし、スーツ姿でビジネスマン然とした髪型の自分に立ち返って考えると、グレイトフル・デッドはマーケティングに非常に秀でていて、それが息の長い人気の秘密であると認めないわけにいかない。

七〇年代以降、彼らはコンサートの来場者に演奏の録音を勧め、最高のサウンドクオリティが得られるように、機材を設置するための「録音コーナー」を設けた。ほかのバンドがほぼ例外なく録音を拒否するなか、「もちろんどうぞ」と応じ、インターネットが登場する以前に、録音テープを交換する人々の巨大なネットワークと協調していた。

グレイトフル・デッドが活動していた四五年のあいだに、何千ものコンサートでファンによる録音が行われた。必ず即興演奏が入ったから、コンサートは毎回趣が異なる。つまり、彼らにぞっこんのファンなら、ひとりで何百回分ものテープを持っている可能性があるのだ。バンドの側では、デッドヘッズたちが無償ダウンロードを提供したり、テープを複製して友人に渡したりするのも歓迎している。CDのロイヤルティ収入がどれだけ減ったとしても、新たなファンが次々と誕生して、先々まで予定の詰まったコンサートに来てくれるなら、十分すぎるくらい元が取れるというものだ。

一九九五年、リーダーでボーカル兼ギターのジェリー・ガルシアが死去したのを受けて、「グレイトフル・デッド」としてのツアー活動には終止符が打たれた。ただし、以後もザ・デッド（存命メンバーにほかの仲間を加えた布陣）、最近ではファーザー（ベースのフィル・レッシュ、ギターのボブ・ウィアーほか）などさまざまな名称で演奏活動をつづけている。ファーザーはツアーの際に、創意に富んだ多彩なリアルタイム商品をファンに提供している。

コンサートの開始前や休憩時間に売店へ行き、その日の演奏を高品質で録音したCDを注文すると、閉演後すぐに実物を受け取れるのである。

リアルタイムでこれが実現するカラクリを説明しよう。CDを注文して二〇ドルほどを支払うと、特製リストバンドが渡される。開演すると、録音スタッフが三枚組CDの作成に取りかかる。最後の曲が終わると三枚目の完成だ。その後スタッフは、聴衆が会場から出て行くのを横目に猛スピードで複製と梱包を行う。CDの注文者はブースで行列を作り、リストバンドと交換で出来立てのCDを受け取る。以上がリアルタイム・サービス実現の一部始終である！

マサチューセッツ州ウォーセスターで開かれた最近のコンサート会場でわたしの隣にいた男性は、バーモントまで車で三時間かけて帰るあいだにもう一度演奏を聴きたいから、CDセットを購入すると言っていた。わたしにとっても高品質の録音とミキシングはとても有難い。ネット上の自家録音よりもずっと耳に心地よい。

ザ・デッドの二〇〇九年のツアーでは毎回、長年に渡ってグレイトフル・デッドを撮りつづけたジェイ・ブレイクスバーグによる写真集も販売されていた。コンサートごとに、販売されるハードカバー写真集の中身は異なる。ファンがブラーブ・コム（Blurb.com）上で自分の参加したコンサートの写真集を注文すると、数日後にお目当ての品が郵送されてくる。自分が居合わせたコンサートで撮られたショットばかりが掲載されているのだから、多くのファンにとって、ふつうの写真集よりも心惹かれる一冊なのだ。

ブレイクスバーグはわたしにこう語ってくれた。「写真集の構想は、ザ・デッドのマネジメント会社、とりわけ、ジル・レッシュと話している時に浮かんだんだ。フィルの奥さんでマネジャーも務める彼女は、とても先進的な考えを持っていて、単なるコンサート・プログラムとは一線を画した写真集を望んでいた。コンサート・プログラムを作ると在庫を抱えることになるから、資金負担が大きいんだ。そこで、各コンサートのフォトアルバムみたいなものを作ろうと思ったわけさ」

ブレイクスバーグはツアーに帯同して、写真集のために思いのままにシャッターを切った。「ステージ上でも楽屋でも、みんなの打ち解けた様子をカメラに収めたんだ。……バンドメンバーしかいない内輪の場で、とっておきの瞬間を写真に残すことができた。こうした機会を僕にくれて、写真をファンに公開するなんて、凄いことだと思う。たいていのファンは楽屋には入れないからね。参加したコンサートの録音CDばかりか、そのコンサートだけの特製写真集まで手に入る。素晴らしい思い出の品だ」

ザ・デッドは、リアルタイムCDと即席写真集をファンに紹介するために特製ポストカードを配った。「コンサートのたびに駐車場の車に合計数千枚のカードを挟んだ。販売コーナーには必ず置いたし、指定席にも撒いた。二〇回これを繰り返したら、カードが十分に行き渡ったのか、写真集やCDの存在が知られるようになった」

ＣＤと写真集をリアルタイムで制作するのだから、裏方の作業がどれだけ緊迫しているかは想像がつくだろう。ブレイクスバーグによれば、同じ現場で仕事を進める両チームにとって、とてつもない挑戦だという。「コンサートが終わると、ザ・デッドの公式サイトやツアーの模様に関心を持つほかのサイトに写真をアップする。それから写真集の編集作業に取り組む。毎回、どの写真を載せるか、どの一枚を表紙に使うかを決めるんだ」

コンサートのたびに特製写真集を作るのだから、凄まじいスピードが要求されるわけだが、ＣＤ制作にいたってはまさに超特急である。「最後の一曲が終わった時は二枚が出来上がっている。三枚目は文字どおり電光石火だね。空のＣＤを大量に用意しておいて複製機にセットすると、ブンブン音を立てて複製が始まる。ＣＤが出来上がるとすぐに機械から外して、一〇〇枚ごとに箱に詰めて販売ブースに急いで届ける。ブースの前に並ぶ先頭から一〇〇人目までがＣＤを手にするわけだ。スタッフは持ち場に戻って次の一〇〇枚を用意する。購入者全員にＣＤが行き渡るまで、三〇分くらい同じことを繰り返す」

ザ・デッドは『ザ・デッド・ツアー２００９――オール・アクセス』というｉＰｈｏｎｅアプリも公開した。ツアー全コンサートなどのストリーミング映像、ブログ、ブレイクスバーグによる写真が入っている。面白いことに、コンサートのたびに即興などのハプニングがあるため、参加しなかった人にも曲名が分かるようにブレイクスバーグがそのつど曲名を吹き込んだ（このツアーのリハーサルでは合計一五〇以上の楽曲を扱ったはずだ）。「僕のつぶやきが吹き込んであるから、アプリを買った人は何の曲を視聴しているかが分かるようになっている」と彼は言う。「フィル・レッシュとボブ・ウィアーは、ふたりとも恐ろしく技術に詳しい。ｉＰｈｏｎｅを愛用しているから、あのアプリもたいそうお気に入りだ」

このｉＰｈｏｎｅアプリはメディアで取り上げられ、特にテクノロジー系ブログでさかんに紹介された。その様子も、本書の主な主張のひとつ「面白いリアルタイム・アプリケーションは注目を集める」を裏づけている。「ずいぶんいろいろなところで取り上げられた。これは大きな意味を持っているよね」とブレイクスバーグが言葉を継いでいく。「お陰でツアー・チケットの売上枚数が全部で五〇〇〇枚くらい上乗せされたんじゃないかな」。一枚四五ドル前後として、合計で二五万ドルの追加収入があったわけである。これはｉＰｈｏｎｅアプリの開発コストを回収してあまりある金額だろう。

グテイトフル・デッドは以前からずっとテクノロジーを革新的な手法で用いてきたし、いつでも多くのものを惜しみなく公開する姿勢を強調してきた。だから、最近ではリアルタイムの商品やサービスを試行しているのも、むしろ当然だろう。「デビューから四五年経っても最先端を突っ走っているんだから、見事としか言いようがない。……ｉＰｈｏｎｅアプリなんかを活かせばテクノロジーの最前線にいつづけられる。でも、キャンペーン、マーケティング、認知度なども、『コンサートに行こう』と思ってもらうのに役立つ」

グレイトフル・デッドは音楽史上でひときわ人気のあるツアーバンドである。現存するメンバーは、いまなお楽しくしかもリアルタイム性の高いやり方でファンと交流し、絶えず新しいファンを自分たちの音楽世界へ引き込み、古くからのファンを飽きさせず、直近ツアーのチケットを頻繁に完売へと導こうとしている。

歴史上最も偶像化されたこのバンドからは、どの企業も学ぶべきことが多いはずだ。詳しくは、わたしとブライアン・ハリガン（ハブスポットのCEO）との共著『グレイトフル・デッドにマーケティングを学ぶ』をお読みいただきたい。この本には、殿堂入りした元NBA選手でデッドヘッズのビル・ウォルトンによることばも収められている。

あなたの対象市場に向けたリアルタイム商品

あなたが自分の対象市場にリアルタイム商品を投入しようとしているなら、居心地のよいオフィスに鎮座してばかりいないで必ず潜在顧客に会いに行くことだ。人々がリアルタイム・サービスにどれだけの対価を払う用意があるか、時間をかけてじっくり探り出そう。リサーチに念を入れれば入れるほど、誰も考えたことがないような、成功可能性の高いリアルタイム商品のユニークな着想が得られるだろう。

リアルタイムの商品やサービスにいくらくらい払う用意があるか、潜在顧客に尋ねてみよう。

わたしはリアルタイム商品を開発した数多くの企業と意見を交わした経験から、着想はスタッフよりもむしろ顧客から得られる場合が多いと感じている。社内の人材はたいてい視野が狭すぎて、既存商品に毛のはえた程度のものしか思いつかないのだ。

例を挙げよう。住宅の見込み客が何気なく「近くの物件が売りに出たら知りたいわ」と言ったとしよう。すると、気の利く不動産業者は物件情報をリアルタイムでツイートするだろう。

急募情報をリアルタイムで？

どの市場にも、仕事にかかる期間を大きく切り詰めるチャンスはあるはずだ。その方法を見つければ、競争力を高めて新たな顧客を獲得できるだろう。ただし、これで成功するには、お客さまにとっての利点をうまく伝える必要がある。

この点、フェデックスは模範的な存在でありつづけている。フェデックスは一九七〇年代初めに翌日配送サービスという分野を切り開き、速やかな配送を約束して郵政公社を出し抜いた。料金は高めだったが、「絶対確実な翌日配送」をスローガンにして凄まじい数の顧客を獲得した。

フェデックスは問題点に着眼して隙間《ニッチ》市場を開拓した。郵政公社の配送が遅すぎただけでなく、配送日の目安が当てにならなかったのだ。当時はファクスを利用するという選択肢もあったが、ファクスでは原本を送ることはできない。そこに、大きな頭痛の種を解決すると約束する会社が登場したのだから、顧客はそちらに雪崩を打った。

人材紹介の分野でもかつては悠長な仕事がまかり通っていた。空きポストが生じると、条件に合いそうな候補者に目星をつけて採用者を決めるまでには、数カ月を要する例も珍しくなかった。人事部はたいてい、職探しに熱心な人材を追い求めていた。ウェブサイトに募集情報を出し、データベース上の履歴書をあたり、モンスターなどの求人・求職サイトを活用した。しかし、これでは技能を持っているがいまの仕事に満足して職探しをしていない「受身の人材」は決して発掘できない。そこで、突破口を開こうとしてヘッドハンターを雇うことになる。こうして、ヘッドハンターが人脈をたどって適任者を見つけるまでにさらに何カ月も経過し、そのあいだ件のポストは空いたままなのだ。

マサチューセッツ州を拠点とする人材紹介会社ホリスターは、「受身の人材」を掘り起こすために「リクルーティング2・0」という戦略を掲げている。ホリスターのマーケティング＆コミュニケーション担当ディレクター、メグ・トランドが語る。「わたしどもは、いまの仕事に満足しているけれど、募集条件に合った技能を持つ、そんな人材との接点を生み出しています。求人サイトを訪れる可能性が低く、ほかの人材紹介会社のレーダーに引っかからないような人材の発掘にも、成果をあげてきました」

他社は電話という時間のかかる面倒な連絡手段を使っているが、ホリスターはそれを避けてツイッター、リンクトイン、フェイスブックなどいくつものネットワーキング媒体を駆使して候補者とのつながりを得ている。これら各媒体に、会計・財務、総務、クリエイティブ&マーケティング、テクノロジー、営業、人材開発など、募集分野別のコミュニティを設けているのだ。

「みなさん勧誘は敬遠します。ですが、ネットワークづくりには乗り気ですよね。ですから、ボストン地域に限定したコミュニティを立ち上げました。たとえば、フェイスブック、リンクトイン、ツイッターで『ボストンのマーケティング・コミュニティ』を見つけていただければよいと思っています」

ボストン地域を対象としたホリスターの職種別ネットワーキング・コミュニティには以下のようなものがある。

- **フェイスブック：**ボストン・テクノロジー・ハブ、ボストン・クリエイティブ、ボストン会計&財務、ボストン人材開発、ボストン・マーケティング
- **ツイッター：**@BostonHiring、@BostonTechHub、@AccoutingMA、@CreativeBoston、@BostonMarketing

- **リンクトイン**：ボストン・クリエイティブ・グループ、ボストン・ジョブズ、ボストン・テクノロジー・ハブ、ボストン・マーケティング・グループ、ボストンHRリーダーズ
- **ブログ**：ボストン採用ブログ、ボストン求人ブログ、ボストン・ネットワーキング・ブログ

人々は好みのSNSを使ってその時々の状況を追いかける。どのコミュニティでも、ニュース、情報、ネットワークづくりの機会、業界イベント、そして言うまでもなく求人案件が紹介されている。トランドと同僚らは、各グループ（例：ボストンのマーケター）が何を求めているかを押えてそれに合った情報を提供するのが、こうしたコミュニティづくりの肝だと心得ている。

狙いにぴったりのコミュニティを築いておけば、どのような求人案件についても条件に合いそうな人物の集まる場所を突き止められる。会計士はここ、技術者はあそこ、というように。そのなかから適任者を絞り込むには、コミュニティ内でのやりとりを見ればよい。

ホリスターは、募集案件に合いそうな人材の集まる賑わいのあるコミュニティを運営しているから、顧客企業から依頼があれば速やかに空きポストを埋められる。たとえば、急募案件が舞い込むと、ツイッターほかのSNSに「ボストン地域で技術者を急募！」と書き込み、注目を引く。『急募』と書くと、みなさんすぐにクリックしてくれます。機会を逃したくないのでしょうね。大勢がすぐさまリンクをクリックして応募してくるのですから、これまでにない行動パターンでしょう。もっとも、モンスターなどの求人サイトでは、情報掲載に一件ごとの手数料がかかりますから、募

集案件の数はそれほど多くありません。ですから『一刻も早く』といった雰囲気はないですね」。注目してほしいのは、「急募」といったキーワードが、「リアルタイムの機会だからすぐに腰を上げましょう」と読み手の心に訴えかける点である。

この新しい手法は応募者数の増加にも寄与している。「当社のサイトの訪問数は二〇〇八年末には月平均二五〇〇でした。ところが『リクルーティング2・0』を始動させてからは、冷やかしではない貴重な訪問が毎月着実に増えてきています。サイト訪問のきっかけになったのは主にツイッター、リンクトイン、フェイスブック、ボストン採用ブログです。いまも右肩上がりですよ」

ホリスターの収入源は人材を募集する企業からの報酬である。条件に合った人材がすぐに（時には一、二時間で）見つかるようになったため、顧客企業による人材紹介会社の利用にも変化が生まれている。ホリスターが言う。「契約社員を即刻見つけたいというご依頼を頻繁に受けますね。明日から出社できる人材がどうしても必要だといったような。当社では二四もの異なるSNSコミュニティを運営していますから、とても魅力的な急募案件をコミュニティ内の人々に折に触れて紹介できるのです」

ホリスターはリアルタイムの発想を武器に、旧態依然とした業界に風穴を明けたのだ。

リアルタイム出版の具体例

二〇一〇年六月、スタンリー・マクリスタル大将が『ローリングストーン』誌のインタビューで物議を醸す発言をして、オバマ大統領によって解任されると、メディア報道は過熱した。マクリスタルはアフガニスタン駐留米軍の司令官だったため、この解任劇をめぐる旧来メディアやブログの記事は数日間で一万三〇〇〇本を突破した。

では本はどうだろう。本を執筆して刊行するまでには一年以上かかるはずだ。著者がこの熱狂の輪に飛び込むにはどうすればよいのだろう。

リアルタイム電子書籍

オバマ大統領によるマクリスタル解任のニュースが流れた二日後、出版社のサイモン&シュスターはアマゾンのキンドルほかで『トルーマン、マッカーサーを解任』と題した電子書籍を発売した。

凄いな——これこそリアルタイムの商品開発の驚くべき具体例ではないか。

世の中の注目がオバマによるマクリスタル解任に集まる状況に即応して、トルーマンによるマッカーサー解任の内幕に迫る歴史家の作品を発表したのだ。

『トルーマン、マッカーサーを解任』は、デービッド・マクロー著『トルーマン』（一九九二年刊行）の一部を抜粋することによってリアルタイムで制作された。

版元のサイモン&シュスターは、長大な作品から読者の関心を引きそうな中身を抜粋して電子書籍化し、ＩＳＢＮコードを付け、ニュース報道の四八時間後には発売していた。

リアルタイムの先物取引指南

今日ではオンライン研修は巨大ビジネスを形成している。金融分野ではデイトレードでの儲け方指南が花盛りである。株式、債券、商品先物……ありとあらゆる講座があるはずだ。

プロ・トレーディング・コース社のマネジング・ディレクター、リチャード・リーガンは、競合他社とはまったく異なる研修プログラムを開発した。彼は、公開セリ売買方式を採用する最後の商品取引所、シカゴのＣＭＥグループにオフィスを構えている。ここではトレーダーたちがいまなお取引所のフロアで手信号で売買を行っている。その一方、誰でも電子取引が行える。ＣＭＥグループはアメリカ最大の電子取引所でもあるのだ。「わたしたちは電子取引をしています。ですが、目の前に取引フロアがあってあらゆるチャートを一望できますから、市況や取引のありのままを現在進行形でとらえることができるんですよ」。わたしが取引フロアにリーガンを訪ねた際、彼はこう説明してくれた。

リーガンが開発したプロ・トレーディング・コースは、最新情報にもとづいて先物取引のリアルタイム指南を行うためのオンライン仮想取引所サービスである。利用者はストリーミングの映像と音声をとおして、リーガンがＣＭＥグループの取引フロアで使用しているのと同じ画面を見ながら、彼自身の取引の説明をライブで受けるのだ。月額四九九ドルのこのサービスは毎月二五前後の新規契約があり、顧客数は着実に伸びている。

「実は、取引所のフロア内でリアルタイム・ニュースやトレーディングのヒントを提供し、指南を行ってよいと、CMEグループから許可を得たのは、うちだけなんですよ」とリーガンは言う。

契約者は、リーガンが先物トレードを行っているのと同じ画面をリアルタイムで見ることができる。「わたしはハンドセットをしていますから、契約者のみなさんにはわたしの取引内容の詳細が届くわけです。わたしは自分が何を売り買いしているか、トレード内容を洩らさず説明しますから、みなさんはわたしの手の内すべてをリアルタイムで耳にします。わたしはここでツイッターやライブサービスからニュースを得ていまして、それを契約者のみなさんに知らせてどうトレード判断に活かせばよいかを探ります」。彼は、これはテレビのリアリティ番組のようなものだと語る。彼がトレードを実践し、プロ・トレーディング・コースの契約者はリアルタイムで彼の一挙手一投足を眺め、説明をすべて耳にするのだ。

リーガンはプロ・トレーディング・コースをネット上で販売するのにもリアルタイム手法を用いている。ツイッターで市況についてのヒントを無料で提供しているため、これもサービスの販売促進に役立っている。CMEグループの取引フロアから実況ツイートをしているのは、彼のほかごく数人にすぎない。「場が開いているあいだ、時間の許すかぎりできるだけ多くのツイートをしています。売買の中身とか、市場の様子とかいったつぶやきですね。ツイッター上に続々と現れる情報をくまなくチェックする人たちは、わたしのツイートを探し出します。その中身に関心を持ったら、うちの会社のサイトを訪問してくれるかもしれません」

彼は見込み顧客と一対一でつながる手段としてもツイッターを活用している。「ツイッターのお陰で以前はなかったようなつながりが実現しました。ネブラスカ州の誰かから今日の市況について質問がきて、それに答えることもあるでしょう。ツイッター経由だけでも、当社のサイトには月に一〇〇〇件くらいの訪問があります。こうした訪問者のなかからも有料サービスの契約者が生まれています」

先物取引を学ぶには文字どおり何千もの手段があるが、このような競争の激しい市場でリーガンはリアルタイム手法を他に先駆けて編み出した。顧客からも愛顧されている。わたしはある朝、プロ・トレーディング・コースに立ち会った。リーガンがトレードの説明をしてリアルタイムで顧客の利益に貢献し、顧客からは「ありがとう」というメッセージが次々と届いていた。こうして、この事業は急拡大しているのだ。

あなたにどんな機会があるかを述べるのは、ここでの趣旨ではない。それはあなた自身が想像力を働かせるべきテーマだろう。だが、あたりを見渡してほしい。およそあらゆる分野に、スピードを活かした商品を提供し、ことによったら会社さえ興してしまうような機会があるはずだ。

III 事業をすぐに成長させよう

このパートIIIでは、顧客やメディアにリアルタイムで訴求する戦術だけにとどまらず、組織をリアルタイムで動かす方法を見ていきたい。

まずは人材からはじめることだ。チームの全員に活発なコミュニケーションを奨励しよう。明快な指針を示したうえで各自に裁量を与えて、自信を持たせよう。

みんなが腕まくりをしたら、次はウェブサイトやブログほか、オンライン・ツールをリアルタイムの武器へと変える番だ。

何より大切な点として、まずはトップみずからが意識を変えなくてはいけない。リーダーは、リアルタイム性の必要を認識したなら、社内にはっきりとゴーサインを出して、全社の社風変革を積極的に推し進めなくてはいけない。

第13章　いますぐ、コミュニケーションを奨励しよう

新しいコミュニケーション・ツールはどれもみなあまりに型破りであるため、わたしたちを不安に陥れる。おせっかいな人たちは職場の様子を探って息を呑む——これでは同僚たちをコントロールできないじゃないか！　だからこそ、世界中の企業で論争が起きているのだ。職場ではどういった種類のコミュニケーションを認めたり、奨励したりすべきか？

一方の当事者——中心となるのはたいてい人事部や法務部である——は、新しいコミュニケーション形態はよくて軽薄でくだらないもので、悪くすると危険だなどと主張する。こうした人々は、抑制が効かなくなるのを恐れて、社内でのＳＮＳ利用を制限しようとする。

正直なところ、わたしにもこのような主張は**部分的には**理解できる。従業員がＳＮＳに書き込んだ内容はすぐさま世界中の人から見られる可能性があり、そう考えると心配になるのも分からなくはない。ピザ店の店員が鼻にチーズを入れた様子を映した動画が有名になった例を思い起こしてほしい。

いまの時代、セールス担当者がバーに行ってマティーニを三杯も飲み干せば、その場で『ニュー

ヨーク・タイムズ』の記者を罵倒するツイートをしかねないわけだから、危険はあらゆるところに潜んでいる。事業パートナーになるかもしれない相手は、今週あなたが何軒のバーに行ったかをフォースクエアを介してつかめるだろう。いろいろなことが起こり得るのだから、「リアルタイム・コミュニケーションの世界ではみんな少しばかりハメを外すんじゃないか」と心配する人たちがいるのも無理はない。

だが、これと同じような状況はすでに経験ずみだ。わたしが一九八〇年代末に勤務していた会社では、従業員にPCとメールアドレスを割り当てるべきかどうかをめぐり、幹部たちが意見を戦わせていた。やがて彼らは、メールアドレスはディレクター以上にしか与えないと決めた。「下っ端は企業秘密を洩らすかもしれない」というのが理由だった。それに、メールアドレスなどそもそも必要ないだろう、というわけである。電話とファクスで十分ではないか……。

もちろん、メールが広く普及するとこんな愚かな考えは捨て去られた。最近では、情報統制の厳しい中国でさえも、ホワイトカラーはパソコンやメールを使っている。

それなのにいま、従業員をリアルタイム・コミュニケーションから遠ざける理由づけとして、**まったく同じ論理**が用いられているのは、いったいどうしたことだろうか?

(企業からの依頼で講演を行った際に手を挙げてもらうなど)おおまかに調べたところでは、大企業の二五%は従業員にソーシャルメディアの利用を禁じているようだ。ブログ、フォーラム、チャットルームなどに従業員としての立場でコメントを書き込むことについては、禁止している企業の比率はさらに高いと思われる。
これら企業はこの方針をとおして、従業員がリアルタイム・コミュニケーションに関わるのを必死に阻止しているわけだ。本書が勧める先進的なリアルタイム文化を社内に培うプロセスを人類の進化になぞらえるなら、以上のような企業は間違いなくネアンデルタール人並みだろう。

市場との距離をすぐに縮めるには、従業員に自由にリアルタイム・コミュニケーションを実践させるべきだ。

企業がリアルタイム・コミュニケーションを禁じる一般的な理由は以下のとおりである。

- 何か都合の悪いことを書いて会社の評判を落とすかも：「平社員が企業秘密を明かしてしまったらどうするのか？」
- ツイッターはたわいないおしゃべりだから、重要なビジネスに結びつくはずなどない：「ランチに何を食べたかなんて、誰が興味を持つんだ」
- ソーシャルメディアに関わると時間を取られすぎる：「本来の業務はいつこなすのだ？」

結論を述べよう。近年では、惨事の火種になりかねない広大な領域が生じているのは間違いない。しかも、その領域は決して消えてなくなりはしない。だから、禁止したところで根本的な解決にはならないのだ。この新しい時代にはむしろ、現実を受け入れ、つながりを促し、持続的な成長へと結びつくコミュニケーション体制を取り入れたほうが、企業が繁栄する可能性は高いだろう。

大きな組織がこの課題を乗り越えるには、その第一歩として、現実に即していてすぐに理解、応用できる、リアルタイム・コミュニケーションの手引きを設けるとよい。

リアルタイム・コミュニケーションをめぐる方針

リアルタイム・コミュニケーションについて実効ある手引きを設けて、それが全社に根づくよう積極的に働きかけよう。全員の習性になるまで、研修を行い、模範を示し、話し合いをし、中身を振り返ろう。信号機の色を見て自然と取るべき行動を判断するのと同じように、どうリアルタイム・コミュニケーションを実践すればよいかを各人が本能的に察知できるようにするのだ。

世界に展開する大組織のなかでは、ＩＢＭ、テルストラ（オーストラリアの通信会社）、ＴＮＴ、アメリカ空軍などが、組織内の人々に向けて公式ガイドラインを設けて大きな前進を果たした。これらの組織はいずれも、利用しやすさを考慮してガイドラインをネット上で公開しているため、誰でもそれを参照できる。名称はＩＢＭが『ソーシャル・コンピューティングのガイドライン』、アメリカ空軍が『ニューメディアと空軍』である。TNTは、『従業員向けソーシャルメディアの指針：どう自分たちの声を届け、TNTの「なせばなる」という精神をネット上で示すか』を作成した。狙いは共通している。市場や顧客に対して責任ある効果的な接し方がリアルタイムでできるよう、組織内の人材に道しるべを提供しようというのだ。

IBMのガイドラインは、あらゆる種類の役立つ指針で溢れている。ありのままの自分でいましょう。SNSでどう自分を打ち出すかを慎重に考えましょう。著作権や公正使用をめぐる法律を尊重しましょう。秘密情報や独自情報を洩らさないように。付加価値を添えましょう。ケンカを売らないように。本来業務を疎かにしないように。ただし、IBMのガイドラインのなかから取っておきのひとつを選ぶなら「一人称単数を使いましょう」である。実のところ、ここでのテーマを本当に理解するには、一人称単数を用いるのが欠かせないと思う。

あなたの会社の誰かがSNS上で「わたしたち」という言葉を使ったら（例：「わたしたちは新製品を開発して一二月に発売します！」）、たとえ当人に製品発売について語る権限がなかったとしても、読み手は会社からの公式発表の一種と受け止めるかもしれない。これに対して、同じ人物が一人称単数を用いれば（例：「わたしは一二月の発売に向けて新製品の開発に携わっています」）、個人的な記述と見なされる。実に明快である。

以下に、IBMのガイドラインの全文を掲載する。じっくり目を通してほしい。ここには数多くの貴重な教訓が示されているが、紙幅の制約もあってひとつひとつ説明するのは避けたい。

IBMソーシャル・コンピューティングのガイドライン

ブログ、Wiki、ソーシャル・ネットワーク、仮想世界、ソーシャル・メディア

2005年春、ブログを使用する全てのIBMerに向けたガイドラインをWikiに掲載しました。このガイドラインは、実用的なアドバイスを提供し、IBMerのブロガーとIBMを保護することを目的としたものです。その後、2008年と2010年にIBMerの皆さんによる見直しに加え、テクノロジーやオンライン・ソーシャル・ツールの進化に合わせた修正など、皆さんと会社の最新のニーズを反映しました。皆さんのご協力のおかげで、現在のあらゆるソーシャル・コンピューティングを網羅したガイドラインを作成することができました。

以下は、最新の公式〝IBMソーシャル・コンピューティング・ガイドライン〟です。新技術や新たなソーシャル・ネットワーキングのツールの開発に従って随時変更されます。

はじめに　イノベーションと対話への、責任をもった取り組み

オンライン・コラボレーション・プラットフォームによって、IBMerの働き方や、IBMe

r同士、お客様、そしてビジネス・パートナーとの関わり合い方が根本的に変わってきています。

IBMは、ソーシャル・コンピューティングでのオンライン・コミュニケーションを通じて、IBMerをグローバルな意味でのプロフェッショナル、イノベーターおよび企業市民の一員として育てることに力を入れています。これらの個々の交流は、もはやマス・コミュニケーションではない、コミュニケーションの広がりという新しいモデルを示しています。オンライン・コミュニケーションを通じて、IBMの最大の資産である社員の専門知識を、お客様、株主およびそれぞれの地域コミュニティーと共有することができます。

これらを踏まえて、この領域の情報や相互作用、意見交換について充分な認識を持つことは、IBMにとってだけでなく、一人一人のIBMerにとって大変重要であるとIBMは考えています。

習得する：

イノベーション企業であるIBMは、IBMとお客様、そして新興企業やソーシャル・エコシステムを形成している組織との自由な交流が知識の習得に重要であると考えています。ソーシャル・コンピューティングは、組織や個人の成長に重要な場となっています。

貢献する：

IBMは、会社として、イノベーターとして、また企業市民として、世界や、ビジネスとテクノロジーの未来や、さまざまな社会的課題を解決するための公共の対話に大きく貢献していきます。

私たちは、企業活動を通じて、企業、政府、教育、医療、および非政府機関に変革への洞察や高価値のイノベーションを提供しています。現在、私たちが見聞きしていることや展開しているわくわくするような事柄を世界と共有し、他者から学びとることは、ＩＢＭとＩＢＭｅｒにとって重要なことです。

多くの企業が従業員のインターネットへのアクセスをどのように制限しようかと頭を抱えていた中、ＩＢＭは１９９７年に、社員の皆さんがネットを使って外の世界に出て行くことを奨励しました。２００３年、ＩＢＭはブロゴスフィアを提唱する戦略を打ち出し、ＩＢＭｅｒに参加を求めました。ＩＢＭではＩＢＭｅｒの皆さんに責任を持って、急成長を遂げているこの新しいリレーションシップ、ラーニング、コラボレーションの場に参加していただきたいと考えています。

ＩＢＭソーシャル・コンピューティング・ガイドライン：エグゼクティブ・サマリー

1. ＩＢＭのビジネス・コンダクト・ガイドラインを熟知し、それに従いましょう。
2. ＩＢＭｅｒはブログ、ソーシャル・メディアまたはその他のユーザー参加型メディアにおいて、自分が掲載した内容に個人的に責任を持ちます。あなたが書いたものが長期間公開されることになることに留意し、自身のプライバシー保護に努めると共に、ルールを守ってサービスを利用してください。

3. ＩＢＭやＩＢＭに関連した事柄（製品やサービスなど）について書く際には、身元（氏名、必要に応じてＩＢＭでの職務）を明らかにしてください。人称は一人称を使います。書かれたことは、自分の個人的見解でありＩＢＭの意見を代弁するものではないことを明確にしてください。

4. ＩＢＭでの自身の仕事やＩＢＭに関する話題でブログを公開したりコメントを掲載したりする際には、次のような免責文を入れてください。「このサイトの掲載内容は私自身の見解であり、必ずしもＩＢＭの立場、戦略、意見を代表するものではありません」

5. 著作権とその公正使用、および財務情報公開に関する法律を遵守してください。

6. ＩＢＭおよび他社の機密情報やその他の専有情報の提供や、ＩＢＭの業績またはその他の機密情報を公的に発言することは禁止します。

7. 承認を得ずにお客様、パートナー、サプライヤーを引き合いに出したり、言及したりしてはいけません。また言及する場合においては、ソースへのリンクを張ってください。憶測を呼び、その結果お客様を困惑させる、あるいは損害を生じさせるような情報を公表してはなりません。

8. 読者に敬意を払いましょう。人種に関連した中傷や特定の個人への侮辱、猥褻な内容、またはＩＢＭの職場では許されないような行為などは禁止します。また、他者のプライバシーや、政治・宗教など異論が出たり扇動的になったりする可能性のある話題については、充分に配慮してください。

9. オンライン・ソーシャル・ネットワーク参加に当たって、IBMの社員としての自覚を持ってください。IBM社員を名乗る場合は、自分、同僚、およびお客様について記載した内容が誤解されないようなプロフィールや記載内容にしてください。

10. 喧嘩を仕掛けてはいけません。自分の間違いがあればいち早く訂正しましょう。

11. 価値を付加するよう心がけてください。値打ちのある情報と見識を提供しましょう。IBMのブランド価値は社員により示されること、そして皆さんが公表する内容はIBMのブランド価値を左右するものであることを忘れないようにしましょう。

12. 許可なくIBMのロゴや商標を使うことは禁止します。

IBMソーシャル・コンピューティング・ガイドライン：詳細な検討事項

IBMのブログ、ソーシャル・コンピューティングに関する方針とガイドラインは、IBMビジネス・コンダクト・ガイドラインおよび各種の法律に基づいています

IBMビジネス・コンダクト・ガイドラインに定められたIBMerの活動全般に適用される原則とガイドラインが、IBMerのオンラインでの活動にもそのまま適用されます。これにはブログやWiki、ファイル共有、ユーザーにより製作された音楽やビデオ、仮想世界、ソーシャル・

ネットワークなど、あらゆる形態のオンライン出版やオンライン討論が含まれます。

ビジネス・コンダクト・ガイドラインで概説されている通り、IBMは事業を展開する全ての国において社員の法的権利を尊重しています。一般論として、あなたが自由時間に行う活動はあなた自身の問題です。しかしながら、あなたのIBMでの業績や、他の人の業績、あるいはIBMのビジネス上の利害に影響を与えるような職務内外の活動においては、会社の方針に適切に従う必要があります。

IBMは自由な対話や意見の交換を支持します

IBMは、ブログやその他の形態のオンライン対話を、基本的には個人間のコミュニケーションおよびリレーションシップの形態であるとみなしています。当社が企業として公的にコミュニケーションを行う場合には（それが市場に対してであろうと、広く社会一般に対してであろうと）、すでに確立された方法があります。IBMが公式に指名した担当者のみが、会社を代表して話をする権限をもっています。

しかしながらIBMは、IBMer同士の、あるいはIBMとパートナー、お客様、私たちが参加している数多くのコミュニティーのメンバー、および社会一般との対話も重要であると考えています。こうした対話は、IBMのイノベーションのビジネス・モデルやオープン・スタンダードへのIBMのコミットメントにはつきものです。物事の考え方をやりとりすることで、IBMerが重要な利益を引き出したり提供したりすることができると信じてやみません。

IBMerの中核をなす価値のひとつに、「あらゆる関係における、信頼と一人ひとりの責任」があります。IBMは、一企業として、IBMerがソーシャル・メディア活動に携わる際には常に個人の責任を果たすことを信じ、また期待しています。ここには、関係している人たちの信頼を損なわない、ことも含まれます。IBMerはこれらのメディアを、水面下でのマーケティングやPRの用途に使ってはなりません。もしもIBMの広報、マーケティング、セールスその他、当社の提唱（Advocacy）活動にかかわる職責の社員がソーシャル・メディアに参加する権限を与えられた場合には、身元を明らかにしなければなりません。

IBMビジネス・コンダクト・ガイドラインを熟知してください

ある内容をオンラインに掲載すべきか否かで迷ったときには、BCGが解決してくれるでしょう。とりわけ、専有情報についての取り扱いや、誤った表示の回避、市場での競争についてBCGが定めていることに注意を払いましょう。BCGを確認した後でもブログ掲載の適否が不明の場合には、作業を中断して所属長や上層マネージメントのアドバイスを求めましょう。

身分を明かして活動しましょう

当社は透明性と誠実性が重要であると考えており、匿名での活動は禁止しています。IBMでの業務に関連して記載する際には実名を使い、身元を明らかにし、あなたがIBMに勤務していることを明示するように奨励します。自身が述べている内容について利害関係がある場合には、それをいち早く表明してください。ただし、自分自身と自分のプライバシーを守る賢明さも必要です。あなたが公開する内容は長期間そこに存在することになるので、内容については注意深く吟味し、詳細な個人情報を公開する際には十分注意を払ってください。

オンライン・ソーシャル・ネットワークでの自分の位置付けをよく考慮しましょう

オンライン・ソーシャル・ネットワークでは、パブリックとプライベート、パーソナルとプロフェッショナルの境界線は、あいまいになってしまいます。ソーシャル・ネットワークにおいて自分がＩＢＭｅｒであると公表することは、同僚や上長、またお客様にも影響を与えることを認識しましょう。ＩＢＭでの自分の職務に則する内容を発表するよう心がけましょう。ＩＢＭに入社して間もないのであるならば、ＩＢＭのガイドラインに従って、自分のプロフィールを反映しましょう。承認を受けた場合を除き、記載内容やプロフィールなどにＩＢＭのロゴや商標を使用してはなりません。

一人称で語りましょう

自分自身の意見で、個性を前面に打ち出し、思っていることを語りましょう。

免責文を使いましょう

デジタル・メディアに公開した内容は、あなた自身の見解や意見であり、必ずしもＩＢＭの見解・意見を代弁するものではないことを明確にしてください。あなた自身のブログでは目立つ位置に次のような法的免責文を必ず入れてください。「このサイトの掲載内容は私自身の見解であり、必ずしもIBMの立場、戦略、意見を代表するものではありません。」全文を記載するスペースを確保できない場合は、公開する内容には慎重を期してください。

マネージャーおよびエグゼクティブの皆さんへ：

この標準免責文は、IBMのマネージャーやエグゼクティブがブログを書く際の特別の責任を免除するものではありません。皆さんは自分自身の地位のために、そこで公表する私的な見解がIBMの考えを表明するものと誤解されないかどうか、よく考慮する必要があります。また、ブログに掲載された内容はあなたのチームのメンバーたちも読むということを、マネージャーの皆さんは知っておいてください。なお、ブログはIBMの方針をIBM社員に伝えるための場ではありません。

著作権および公正使用に関する法律を遵守すること

IBMとあなた自身を守るために、他者が所有する（IBM自身の著作権およびブランドも含まれる）著作権および著作権で保護されている資料の公正使用について定めた法律を遵守することは大変重要です。他人の著作物は、短い抜粋以上のものを引用してはなりません。他人の著作物のあるサイトにリンクを張ることは、ブログの一般的な習慣として良い方法です。居住地および勤務地によって法律はさまざまであることに留意してください。

機密情報および専有情報の保護

ソーシャル・コンピューティングのコミュニケーションにおいては、内部・外部の一般的な境線が定かではありません。特に外部のプラットフォームを利用する場合、公表する内容をよく考慮してください。ブログには、IBMの機密情報または専有情報、あるいは個人または企業が持ついかなる同様の情報も開示・使用してはならない、ということを肝に銘じてください。例えば、誰かの私的な写真や会話を掲載する場合には、事前の許可を取るようにしてください。

IBMの業績およびその他の機密情報

個人的な見解を述べる場合でも、免責文を掲載している場合でも、IBMに関する機密情報については一切言及してはなりません。例えば、IBMの将来の業績（次の四半期や来期の業績も含む）、事業計画、未発表の戦略や将来展望（提携に関する情報も含む）、買収予定、事業の移管、またはIBMの競合他社に関する同様の情報、IBMが関係している法的あるいは規制関連の事柄、およびその他のIBMに否定的な影響を及ぼす恐れのある同様の情報についての言及、または憶測を述べてはなりません。これは金融アナリスト、プレス、またはその他の第三者（友人・知人も含む）との会話についても適用されます。機密情報かどうか確信が持てない場合は、公表する前に上長または法務に相談するか、その話題について言及することを控えてください。IBMは噂については決してコメントしない、という方針です。噂に対しては「ノー・コメント」で通し、否定・肯定（またはいずれかをほのめかすようなそぶり）や、憶測、または憶測を前提とした会話に参加してそれを広めてはなりません。

IBMのお客様、ビジネス・パートナー、サプライヤーの皆様を守る

お客様、パートナー、サプライヤーに関しては、相手先の承認を得ずに言及したり、それとわかる形で例に挙げたりしてはいけません。公衆に向けて許可なくお客様やパートナー、サプライヤーを名指しで公表したり、お客様とのビジネス案件に関する機密事項の詳細を述べたりしてはいけません。社内のソーシャル・コンピューティングのプラットフォームには、サプライヤーやビジネス・パートナーも参加しているので、注意を払う必要があります。名前を公表することに対して、お客様から明確な承認を頂いていない場合は、ソーシャル・メディアに公表する内容をよく考慮して、必要な許可を得ましょう。

プロジェクトの種類について一般的な詳細を述べることや、お客様の名前が特定されない形での仮名（例：クライアント１２３）を使うことは許容範囲ですが、第三者が簡単にお客様の名前を特定できない形であること、またはその情報がお客様との守秘義務契約あるいは知的所有権契約に違反しないことが条件となります。また、取引のあるお客様、パートナーおよびサプライヤーを第三者が推測できてしまうような情報を誤って公表してしまわないよう充分留意して下さい。これには旅程や現在位置に関する詳細な情報や、いつどこで仕事をしたかなどの情報も含まれます。そもそも、ブログやオンライン・ソーシャル・ネットワークはお客様、パートナーまたはサプライヤーとビジネスを行う場ではありません。

読者や同僚に敬意を払いましょう

ＩＢＭは、グローバルな組織で、そこで働く社員やお客様には多種多様な習慣、価値観、視点が反映されていることを、常に意識しましょう。ありのままの自分を出すことを恐れる必要はありませんが、敬意を払うことを忘れないでください。これには、明白なもの（人種に関連した中傷や特定の個人への侮辱、猥褻な内容などは禁止）に加えて、他者のプライバシーや、政治・宗教などの異論が出たり扇動的になったりする可能性がある話題については充分に配慮する、ということが含まれます。あなたのブログがＩＢＭの所有するサーバーで運用されている場合は、これらの話題を扱うことは避け、ビジネスに関連した内容に絞ってください。あなたのブログを自分自身で運用している場合は、充分な判断を働かせて、表明されている考え方や意見があなただけのものであり、ＩＢＭの公式見解を表すものではないことを明確に述べてください。また、保護されたＩＢＭのイントラネット環境の外で運用されているブログ、Ｗｉｋｉ、仮想世界、ソーシャル・ネットワーク、またその他のツールは、決して社員間の内部的なやりとりに使ってはいけません。ＩＢＭｅｒが異議を唱えることは構いませんが、外部のブログを不適切なやり方で自分の意見の相違点を吹聴するためのツールにしてはなりません。

価値を付加しましょう
IBMのブランド価値はその社員によって示され、皆さんがオンラインで公開するものによって影響を受けます。IBMのドメイン上で運用しているブログやソーシャル・ネットワークは、IBMのビジネスに価値を付加するために使うべきです。
・自分自身や同僚、あるいはIBMのお客様やパートナーの仕事や問題解決に役立つ
・知識やスキルの習得に役立つ
・IBMの製品、プロセス、方針の直接的・間接的な改善することに貢献する
・コミュニティーの形成に役立つ
・IBMの価値を売り込むことに役立つ

上記のようなブログやソーシャル・ネットワークは、価値を付加しているといえます。また自分の専門分野に関してのみ言及し、事実として公表する場合はその真偽を確かめてください。直接ビジネスに関連するものでなくとも、家族の話や個人的な興味といった自分のバックグラウンド情報を披露することは、読者との間のリレーションシップを確立する上で役に立つかもしれませんが、そうした情報を公表するかは完全にあなた自身の選択によります。

喧嘩を仕掛けてはなりません

メディアやアナリスト、他のブロガーがＩＢＭについて書いた内容に誤りを見つけた場合には、当然自分のブログや、その誤りが記載されたブログのコメントやディスカッションで、それを指摘して構いません。ただし常に敬意を払い、事実に基づいて、自分のＩＢＭでの立場を明示した上でそれを行ってください。また、競合他社について語る際には、あなたが話す内容が事実に基づいており、競合他社を非難するものではないことを必ず確認してください。不要な、あるいは非生産的な言い争いは避けてください。喧嘩騒ぎによってアクセス数は増加しますが、結局は誰のためにもならないばかりか、自分やＩＢＭの評判に傷を付ける結果にもなりかねないことを認識してください。恨みを晴らすことや、競合他社または他人を扇動的な論争に駆り立てるような真似はやめましょう。ここでの、あるいは公開討論の他の領域では、必ず事実に照らし合わせて正しいことを語ってください。

自分自身の誤りには、いち早く対応してください

何かを間違えた時には、自分の誤りを率直に認め、早急に訂正しましょう。過去に掲載した内容を修正する方法を選んだ場合には、その旨を明記しましょう。

温かく、公平で、親しみやすさを心がけてください

ＩＢＭのイメージは、ＩＢＭ社員と外部との関わり合い方に大きく影響されるということを念頭に置いてください。ＩＢＭのイメージがポジティブなものとなるように心掛けましょう。個人のブランドと同じように、会社のブランドもあなたのトーンや公平さ、親しみやすさなどに基づいて創りあげられるということを意識しましょう。

最善の判断力を働かせましょう

あなたが書いたものについては、必ず結果がつきまとうということを忘れないでください。掲載しようとしている内容に、ほんのわずかでも違和感があったら、上記の事項を読み返し、それがなぜなのかを考えてください。それでも確信が持てず、掲載内容がＩＢＭのビジネスに関するものである場合には、遠慮なく所属長や上層マネージメントと話し合ってください。しかしながら、自身のブログやソーシャル・ネットワークに掲載した内容は、最終的にはあなただけが責任を負います。

日々の仕事を忘れないでください

オンラインでの活動があなたの仕事やお客様へのコミットメントを妨害することのないよう、注意してください。

（編註）このガイドラインの日本語版はこちらに公開されている。
www.ibm.com/ibm/jp/about/partner/scg.html

ＩＢＭのガイドラインのなかで最もわたしの関心を引くのは、最先端リアルタイム・ツールの登場によってコミュニケーションがどう変化しているかを説いている箇所、そして、その変化を受け入れるよう従業員の背中を押している箇所である。次のくだりには釘付けになった。

オンライン・コラボレーション・プラットフォームによって、ＩＢＭｅｒの働き方や、ＩＢＭｅｒ同士、お客様、そしてビジネス・パートナーとの関わり合い方が根本的に変わってきています。

ＩＢＭは、ソーシャル・コンピューティングでのオンライン・コミュニケーションを通じて、ＩＢＭｅｒをグローバルな意味でのプロフェッショナル、イノベーターおよび企業市民の一員として育てることに力を入れています。これらの個々の交流は、もはやマス・コミュニケーションではない、コミュニケーションの広がりという新しいモデルを示しています。オンライン・コミュニケーションを通じて、ＩＢＭの最大の資産である社員の専門知識を、お客様、株主およびそれぞれの地域コミュニティーと共有することができます。

これらを踏まえて、この領域の情報や相互作用、意見交換について充分な認識も持つことは、ＩＢＭにとってだけでなく、一人一人のＩＢＭｅｒにとって大変重要であるとＩＢＭは考えています。

ネアンデルタール人さながらにリアルタイム・コミュニケーションを禁止する企業と比べると、ＩＢＭは進化の先頭に立っている。進化をきわめたと言ってもよいだろう。さすがＩＢＭ！　他社もＩＢＭを手本にするとよいのだが。

ＩＢＭはどこからこうした内容を引き出したのだろう？　どうやってまとめあげたのか？　ガイドラインを読み終えるなり、わたしはこれらの答えを知りたくてウズウズしてきた。

ＩＢＭワールドワイドのソーシャルメディア制作部門を率いるティム・ワッシャーは、「ガイドラインを起草したのは、ブログ、動画サイト、ＳＮＳなどを活用してソーシャル・ネットワーキングを積極的に行っている従業員たちです」と語る。ワッシャーも起草チームに参加したという。「草稿が仕上がると、法務部や人事部に中身を見てもらいました。四八時間以内に了解が出たのには驚きました。この事実は、ＩＢＭ従業員に世の中とのコミュニケーションを奨励するのがいかに大切かを、まざまざと物語っていますよね」

ＩＢＭには、『ソーシャル・コンピューティングのガイドライン』が完成する前から『ビジネス・コンダクト・ガイドライン』があった。これは四〇万にのぼる全従業員を対象に、倫理上の板ばさみなど、業務上でぶつかるさまざまな問題にどう対処すべきかを説いたものである。従業員の多くは特許技術や機密情報を扱うため、社内情報の公開に関するルールはすでに『ビジネス・コンダクト・ガイドライン』に示されていた。このため、いわば続編である『ソーシャル・コンピューティングのガイドライン』を作成するのはそれほど難しくなかった。

ワッシャーが言葉をつづける。「IBMは従業員に活発なコミュニケーションを期待しています。コミュニティに関与するうえでは、述べてよい内容と悪い内容の区別がついていることが大切ですから、この境界をはっきりさせようとしたわけです。IBM従業員としての自覚があるなら、このガイドラインに従わなくてはいけません。わたしたちは、IBMに関係したテーマについて意見を述べる際には従業員としての立場をわきまえるように、と助言しています」

リアルタイム・コミュニケーションの指針をどう定めるか

四〇万人を擁するIBMのような大企業でなくても、リアルタイム・コミュニケーション・ガイドラインがあれば大いに役立つはずだ。わたしは、従業員数がたとえ一〇人であっても、あらゆる組織が指針を設けておくべきだと考える。指針があれば従業員は、機会が訪れた際に安心してリアルタイムのコミュニケーションに乗り出せる。以下、あなたの組織の指針づくりに役立つよう、作成と実施に向けた八つのステップを紹介する。

ステップ1　まずは、上級幹部、人事部門、PR部門、法務部門などの関係者から、指針の必要性について合意を取り付ける。リアルタイム・コミュニケーションの重要性と、業務中に何をしてよいかを定めた網羅的なルールの必要性を説明しよう。この理解が得られたら、草稿の作成に取りかかれるはずだ。

ステップ2　草稿をまとめるために六人前後のチームを作る。さまざまな部門からコミュニケーションに熱心な人材を発掘しよう。

ステップ3　ＩＢＭの『ビジネス・コンダクト・ガイドライン』のような、参考になりそうな社内ガイドライン（例：就業規則）を読んでみよう。記すべき事柄の多くはすでにそこに書かれているかもしれない。あるいは、あなたが目指すものと相容れない方針が定められているかもしれない（「ネット上のコミュニケーションに当たっては法務部による吟味を経ること」と定める企業もあり、これでは肝心の迅速性が損なわれてしまう）。従来の方針を修正する必要が生じる場合もあるだろう。

ステップ4　自社のガイドラインを作成する際には、ＩＢＭの『ソーシャル・コンピューティングのガイドライン』、アメリカ空軍の『ニューメディアと空軍』、ＴＮＴの『従業員向けソーシャルメディアの指針』など、類似のガイドラインを詳しく読もう。そして、自社の規制環境、社風、市場の特性に応じて翻案してはどうだろう。

ステップ5　草稿ができたら前出のような関係者に見てもらい（ステップ1を参照）、承認を取り付けよう。あらかじめ十分な賛同を得ておけば、円滑にことが運ぶだろう。

ステップ6　手順が迷走しないよう気をつけながら、集まった意見を反映させる。果てしない手直しによって袋小路に入り込むのは避けたいはずだ。

ステップ7　完成したガイドラインを社内サイトに掲載しよう。可能なら、ＩＢＭ、アメリカ空軍、ＴＮＴのように対外的にも公表するとなおよい。

ステップ8　ガイドラインの中身を組織の全員に伝え、彼らが自然とそれに従うようになるまで啓発に努めよう。

（編註）日本語で書かれたソーシャルメディアのガイドラインとしては次のようなものがある。
・インテル・ソーシャルメディア・ガイドライン
www.intel.com/sites/sitewide/ja_JP/social-media.htm
・シックス・アパート ソーシャルメディア利用ガイドライン
www.sixapart.jp/social/guideline_for_employee.html

ガイドラインの発行

オーストラリア最大の通信会社テルストラもまた、リアルタイム・コミュニケーションの指針を作成、公表している。『テルストラのソーシャルメディアと関わる際の３つのＲ』では、代表（Representation）、責任（Responsibility）、尊敬（Respect）という三つのＲを切り口に、リアルタイム・コミュニケーションについて説いている。これはコミック形式で発行されており、従業員にメッセージをうまく伝えようという熱意の表れに違いない。こうした指針を公表しているからには、この会社もリアルタイム・コミュニケーションの意義を理解して関係者にそれを知らせたいと考えているはずだ。

わたしは、テルストラが全世界で四万人超の従業員に指針を紹介した方法に関心を引かれた。指針そのものがコミック形式になっていたばかりか、社内研修用ビデオにも3つのRを扱ったコースが盛り込まれたのだ。それどころか、研修ビデオの冒頭部分はユーチューブに掲載されていて、誰でも見ることができる。

テルストラの事例は、指針を作っただけで後は棚で埃をかぶるままにしてはいけない、という教訓を示している。従業員の頭にルールの中身を叩き込み、たとえ疲れ切っていたり、機嫌が悪かったりしても、ルール破りを踏みとどまるレベルにまで到達させなくてはいけない。メッセージを十分に浸透させるために面白い趣向をほどこす努力をすれば、きっと得るものがあるだろう。

コミュニケーションを奨励する

イギリス政府も、公務員にリアルタイム・コミュニケーションを奨励する目的で指針を作成した。わたしは、その指針についてイギリス政府の最高情報責任者ジョン・サフォークと意見を交わす機会を得た。

指針の趣旨を一言でまとめると「尻込みしていないでブログでも書こう」ということだと彼は語

る。指針は、相手を尊重しよう、こちらの意図とはまったく違った解釈をされる場合もあると念頭に置いておこう、としている。立案中の政策についてのコメントは控えるように釘をさしている。「ブログに書くのは、すでに公表されている中身や、議会を通過して成立した法律に関する事柄に絞るべきです」

サフォークは、ツイッターなどのSNSを積極的に活用する国会議員や政府高官の名前を挙げた。「あれもこれも使うべきだと述べているのではありません。自分に合ったツールを使うと、国民とつながり、人々のニーズを理解するのに役立つでしょう。これはよりよい政策立案に寄与します」

政府によるリアルタイム・コミュニケーションの利用で特筆すべきは、戦略や政策に関わる多くの文書が、パブリックコメントを求めるために、起草段階からソーシャルメディア上で公表される点だ。「具体例を挙げましょう。わたしは三週間前、政府のICT(情報通信技術)戦略を公表しました。これについては、段落ごとに意見を寄せていただいて結構です。各段落にコメントできるようになっていますから。多方面からのご意見、大歓迎ですよ」

人々の暮らしに影響する政策についての意見をリアルタイムで求めるとは、好ましい潮流が生まれたものだと思う。イギリスはリアルタイム型民主主義の模範を示しているようだ。世界中の政府がこれに倣う姿を見るのが楽しみである。

リアルタイムを正しく実践するノードストローム

二〇一一年春の晴れた朝、わたしは春物の新商品を見ようと、近所にあるノードストローム百貨店にふらりと立ち寄った。「紳士もの」売り場に足を運び、アシスタントマネジャーのデビッド・アンジウロの助けを借りて紺のスーツに合うシャツを選んだ。

アンジウロは一緒にレジのほうに歩きながら、ツイッターをやっているかと尋ねてきた。いたって控え目で何げない尋ね方だった。厚かましさは少しもない。

その点に興味をひかれた。

わたしは「もちろん」と答え、「君は?」と聞き返した。

アンジウロが差し出した名刺には、@NordstromDave というアカウント名が印刷されていた。

いやはや、さらに知りたくなってしまった。

アンジウロはわたしに、ツイッターを使って顧客にどう最新情報を伝えているかを教えてくれた。お気に入りアイテムの写真を添えて、「旅行をご計画ですか? このファソナブルの半袖の麻シャツなら、あなたらしいお洒落を演出できます」などとツイートするそうだ。

旬の話題にリアルタイムでコメントすることもある。たとえば、アカデミー賞の授賞式をテレビで見ながら、次のようにツイートしたという。「わたしなら、昨夜のベストドレッサー賞はコリン・ファースに投票します。あるいは、定番の着こなしが無難なことを改めて示したトム・ハンクスかもしれません」

アンジウロはまた、大勢の顧客にDMを送っているそうだ（DM＝ダイレクト・メッセージとは特定の相手に宛てた私信ツイートである）。顧客の好みが分かっているから、新作が入荷したら、すぐに個別に知らせるのである。顧客のサイズと支払情報と郵送先住所がすでに手元にあるので、このリアルタイムの対応が売り上げに直結することも多い。注文を受けたら、ただちに商品を発送する。見事なものだ。

多くの企業が社員にソーシャルネットワークを使わせることをためらうなか、ノードストロームは模範的なやりかたをしている。@Nordstromという会社の公式アカウントもある。だが、個人的な親しみを込めるアンジウロ方式は、じかに顧客と接する社員に対応を任せるものであり、ツイッターをビジネスに活かす素晴らしい方法だ。

たしかに、これはアンジウロがみずから発案し、実践しているものである。しかし、ノードストロームはこの取り組みを全面的に支持している。職場のコンピュータやｉＰａｄからツイートできるのだ。写真はたいてい、自分のｉＰｈｏｎｅで撮影するという。

賢明な企業は、リアルタイムで顧客に対応する権限をすべての社員に与えているが、デビッド・アンジウロを見ればその理由が分かる。たしかにリスクはある。だが、販売スタッフのひとりが妙な行動をした場合、実際のところ、紳士もの売り場よりネット上の方がそれを見つけやすいのではないだろうか。

大勢のうちのひとりが迷ったら

H&Rブロックは二〇〇七年から、ソーシャルメディア上でのコミュニケーションに熱心に取り組んできた。税務申告サービスを展開するH&Rブロックは「ソーシャルメディア・ポリシー」という指針を定めており、二〇〇九年の確定申告時期にはソーシャルメディアを使った営業部隊を立ち上げた。

「当社の顧客サービス部門は、ソーシャルメディア部門の指揮のもと、ツイッターやフェイスブックのほか、さまざまなSNSサイトで顧客からの質問、提案、意見に返答しています」。こう話してくれたのは、H&Rブロックのソーシャルメディア担当ディレクター、ゼナ・ワイストである。

「確定申告の期限である二〇一〇年の四月一五日の翌朝、『なるほど!』という経験をしました。当社の顧客サービス担当者、かりにここでは『ジョー』と呼びますが、彼がツイッター上で困ったことをしでかしたのです。『ちょっとした出来心で』同僚をアタフタさせようとしたそうなんですが。彼は自分のフォロワーに、当社のコールセンターの番号をダイヤルして、そこから自分に電話をつないでもらうよう頼んだのです。このツイートがどれだけの騒動を引き起こすか、ジョーは気づいていませんでした。H&Rブロックに助言を求めようとして人々がネットを検索すると、彼の『ちょっとした出来心』によるツイートが検索結果の上位に表示されました」

ワイストをはじめとするソーシャルメディア部門の面々は、ネット上の税金関係の書き込みを熱心に追跡しているから、ジョーのツイートもすぐに見つけた。「一〇分後には、ソーシャルメディア営業チームがジョーと彼の上司を割り出して連絡を取りました。およそ一時間後、ジョーは問題のツイートを削除しました」

では、何が「なるほど」だったのだろう。「わたしたちはお客さまとのコミュニケーションに気を取られるあまり、社内への情報周知を忘れていたのです。もちろん、ソーシャルメディアをめぐる方針を決めた時には、基本は抑えましたよ。全社員に方針を知らせましたし、ネット上で簡単に参照できるようにしてありました。顧客サービス部門がソーシャルメディア営業チームを立ち上げる際にも、主要部門と協議しました。ですが、『従業員にとってどういう意味があるか』という点を見落としていたのです」

〝事件〟の起きた日の午後、ワイストは全従業員に手早くメールを送った。そのなかでは、ソーシャルメディア部門はネット上の情報を鋭意追いかけていることを知らせ、顧客サービス部門のソーシャルメディア営業チームがネット経由の問い合わせにどう対応しているかを説明したうえで、これらの業務が従業員とどう関わるかを述べた。

リアルタイム・コミュニケーションの指針を策定するに当たって大切なのは、従業員にその存在を知らせ、内容を理解したうえで従ってもらうことである。H&Rブロックの事例に出てきたジョー(仮名)のように、誰かが指針から外れた行動を取ったら、すぐさま対処しなくてはいけない。ジョーの例では、まったく悪意はなかった。本人が謝罪して関係者も全員が貴重な教訓を学んだ。

ただし、もっと深刻な事態が起きたら、人事部門が介入して必要に応じて懲罰を行うことになるかもしれない。

最高リアルタイム・コミュニケーション責任者

わたしはリアルタイム・コミュニケーションの重要性を強く信じているから、思い切った提案をしたい。企業は「最高リアルタイム責任者」という幹部ポストを設けてはどうだろうか。

業種や規模を問わずさまざまな企業が、この幹部ポストを設ける必要性に迫られているはずだ。わたしがこう考えるのは、それなりの理由があってのことである。大きな企業では、このポストを補佐するためにリアルタイム・コミュニケーション管理者を何人か指名してもよいだろう。一九八〇年年代末にはＣＩＯ（最高情報責任者）、九〇年代にはウェブマスターが生まれたが、現在わたしたちは、これらポストが生まれるきっかけとなったのと同じような課題に直面している。

リアルタイム・コミュニケーションを担う人々は、リーダーシップを発揮して多様なリアルタイム活動を調整する責任を果たすことになるだろう。その第一歩として、社内向けのガイドラインを作成しなくてはならない。確実な法令遵守、そしてガイドライン完成後はその徹底も図る必要がある。

わたしが各地を飛び回るなかで出会った企業幹部の多くは、全社にリアルタイム・コミュニケーションを実践させるにはどうすればよいか、その方法を探り出すのに四苦八苦していた。最高リアルタイム・コミュニケーション責任者を指名すれば、一貫性ができてリーダーシップも発揮されるため、リアルタイム・コミュニケーションにまつわる不安の多くを軽減できるだろう。大きな組織では、ひとりでは負担が大きすぎるかもしれないから、チームを設けるほうが望ましいのではないか。

実際の肩書きについて一言述べておきたい。企業によっては「ソーシャルメディア管理者」「ソーシャルメディア戦略家《ストラテジスト》」といったポストを設けている。これらポストはわたしの提案する「最高リアルタイム・コミュニケーション責任者」と役割が似ているが、どういった肩書きを用いるかは重要だと思う。最高リアルタイム・コミュニケーション責任者を任命すると、ソーシャルメディアは手段だが、「リアルタイム・コミュニケーション」は発想だという点がはっきりするはずである。この発想こそが欠かせないのだ。

これまでのところ、わたしの提案への反応は好意的なものが多い。二〇〇九年九月にブログ上でこの提案について考えはじめたら、オーストラリアや南アフリカなど遠くの国からも意見が寄せられた。

こうして多くの人々とネット上で意見を交わしながら――つまりクラウドソーシングを実践しながら――最高リアルタイム・コミュニケーション責任者の果たすべき役割を探っていった。そしてまとまったのが以下の内容である。

リアルタイム・コミュニケーションの責任者やチームが果たすべき仕事

- リアルタイム・コミュニケーション関連の戦略や戦術を部門間で調整するために、中央司令室の役割を担う。
- 組織内の法律、規制、法令遵守がらみの課題に注意を払う（例：著作権や知的財産権など）。
- リアルタイム・コミュニケーションにまつわるツール、手法、理念を広める。
- 旧来メディアやソーシャルメディアで自社に影響をおよぼしかねない問題が持ち上がった場合に、主な連絡先や情報集約拠点の役目を担う。
- ソーシャルメディア上で一貫性のある姿勢を保つために、ブランディング、頻繁な更新、許可などに配慮する。
- 自社ブランドをかたるエセサイトに警戒し、必要に応じて削除を要請する。
- ソーシャルメディアの分析や状況把握、測定ツールについて助言を行う。適切なツールを選び、円滑な導入に向けて配慮する。
- 自社に関係ありそうなフォーラムに注意を払い、リアルタイムで対応する。
- 危機対応コミュニケーションの立案と実行に中心的な役割を果たす。
- リアルタイム・コミュニケーションをめぐって従業員に助言、研修、コーチングなどを行う。
- 自社サイトの運営部門と密接に連絡を取り、サイトにリアルタイム性を持たせる。

- リアルタイム・コミュニケーションの指針を作成、配布する際の旗振り役を務める。
- 仕事に関係する従業員ブログの一覧を自社サイトで広く公開し、その時々で更新する。
- さまざまな部門や多彩な文化が混じり合った環境にうまく適応して仕事をする。

では、リアルタイム・コミュニケーション部門は誰に報告義務を負うのだろうか。ＩＢＭとアメリカ空軍では、ガイドラインの作成と更新はＰＲ部門が担っている。一部には、リアルタイム・コミュニケーションはＩＴ部門の所掌範囲ではないかという意見もあるが、わたしは最も相性がよいのはＰＲかマーケティング、どちらかの部門だと考えている。どの部門に置かれようとも、リアルタイム・コミュニケーションを使命とする人々は、最先端のコミュニケーションの実情を深く理解していなくてはいけない。

従業員にいますぐコミュニケーションを実践させよう

リアルタイム・コミュニケーションの専任チームを設けてガイドラインを作成したら、仕事をするに当たって十分な裁量を与えよう！　お膳立てをしっかりしてあれば、誰かがブログに何かを投稿しようとするつど、リアルタイム・チームが法務部門へ相談に駆け込むような必要は、なくなるはずだ。会社が従業員を信頼し、リアルタイム・コミュニケーションの事業上の重要性を肝に銘じているなら、上記のような状況を実現するのが法務部の仕事だろう。

従業員の多くは、勤務先にはいっさい言及せずに、すでにソーシャルメディアを熱心に使っている可能性も高い。リアルタイム・コミュニケーションをのびのびと積極的に行えばよいとゴーサインを出せば、みんな嬉々として市場と接するだろう！　そこからは目を見張るような成果が生まれるかもしれない。

第14章 ウェブサイトはこうしてリアルタイム性をまとう

ウェブサイトはあまりにも普及したため、登場から二〇年も経っていないのが信じがたいほどである。一九九四年にブラウザが開発され、それを機にウェブサイトが誕生したのだ。以後の発展の道のりは四段階に分けられる。

第1段階　当初のウェブサイトは販売カタログ、会社案内、年次報告書《アニュアルレポート》など活字媒体のオンライン版にすぎなかった。

第2段階　巨額の印刷費をかけずにコンテンツを増やせることに人々が気づいたため、一九九七年以降はオンライン・パブリッシングが普及して「コンテンツが王様」の時代に突入した。

第3段階　二〇〇〇年を迎えるころ、検索エンジンがネット上の情報を探す主な手段になると、企業は自社サイトの訪問者を増やすために「検索エンジン最適化戦略」を重視しはじめた。

第4段階　消費者は、調べものや探しものに検索エンジンが大きな威力を発揮すると知り、おのずと、商品の広告ではなく情報の提供を行う企業に褒美を与えるようになった。この新しいビジネス手法については、二〇〇七年刊行の拙著『マーケティングとPRの実践ネット戦略』に書いた。

現在は第5段階を迎えている。ウェブサイトがリアルタイムのマーケティングや販売の手段としての性格を帯びつつあるのだ。もともとは、戸別に配っていたパンフレットを新しいやり方で流通させるのがきっかけで始まった以上、これは発展の自然な成り行きだといえる。

現在では、ネット上ではすべてが文字どおり生きている、そんな状況が生まれようとしている。リアル店舗に足を踏み入れるのと同じように、ネットに接続するとすぐさま実在の人々と遭遇する。彼らはあなたを温かく迎えて名前で呼びかけ、自己紹介をしてくれる。問いを投げかければ、打てば響くような回答をしてくれる。それも、出来合いのFAQではなく、状況に即した回答を示してくれるのだ。現在のネット上ではひそやかに商品棚を見て回り、気に入ったものを購入できる。行列に並んだり、店員と言葉を交わしたりする必要はないのだ。だが、戸惑った素振りを示そうものなら、気の利く店員がすぐさま駆けつけて助けてくれる。

わたしたちはみな、ネット上でのリアルタイムの買い物がどのような経験か分かっている。リアル店舗での日々の経験と変わりないからだ。わたしは、店員のアドバイスが欲しい時に何分間も待たされると、イライラしてくる。店内をただ見て回っている時に執拗に勧奨されると、いい加減にしてほしいと感じる。きわめつきは、何か質問をして、相手がお仕着せのＦＡＱを棒読みした時だ。そんな店は二度と訪れないだろう。

消費者はいまのところ、ネットが調べものに発揮する威力に感嘆しているから、木で鼻をくくったような回答や亀のように遅いメール返信に目をつぶってきた。とはいえ、期待水準はいやおうなしに高まっていくはずだ。それに伴って必然的に、リアルタイム対応が標準になっていくだろうから、あなたの会社のウェブサイトも早くそれに対応しなくてはいけない。

消費者はネット上での経験への期待度をしだいに高めていく。リアル店舗でも、延々と待たされたり、紋切り型の応対をされたりすると誰もが不快になるように、ネット上でもこれらは嫌われる。

あたりを見渡しても、大小の企業が来るべき状況を予測しているようには思えない。たいていの企業はいまだに、活字媒体をネット上に移植していた時代の発想から抜け出しておらず、顧客からの問い合わせには翌日、あるいは翌週の対応で構わないと高をくくっている。

そこでこの章では、顧客が商品を気に入ってくれた**その瞬間に**相手とつながる方法を紹介したい。

買い手がその気になったら、すぐさま対応しよう

個人商店なら問い合わせにリアルタイムに対応するのはわけもない。景気の悪い時はなおさらだろう。売り上げが伸びない時期、わたしたちは注文が入りはしないかと電話機をじっと見つめ、一時間に何回もメールを確認する。チャンスがあればそれに飛びつく。だが、忙しい時はどうだろうか？　あなたが従業員数千人のグローバル企業を舵取りする身だったら、どう対処するだろうか？

答えは自動化である。

自動化といっても、人間味に欠けわたしたちを苛立たせるあの馬鹿げた自動返信や、その後に送られてくる定型メールを使おうというのではない。わたしの言うリアルタイムのウェブ対応の仕組みとは、問い合わせが入るつど**生身の人間が**それに対応できるよう、自動化を賢く活用しようというものだ。

個々の問い合わせに対応した結果、高額商品が売れたり、長期にわたって大きな収益がもたらされたりする可能性があるなら、おそらくこの仕組みをすぐに取り入れるべきだろう。法人向けビジネスを行っているなら必須である。学費一〇万ドル以上の大学が父兄の歓心を買おうとする場合も、慈善活動や政治運動への寄付を集める場合もしかり。

なぜこれが必要かといえば、顧客の関心をつかむのが早ければ早いほど商売をものにできる可能性が高いからだ。しかも最近では、思いつきによるネット検索をきっかけに関心が生まれる例が少

なくない。

パーティーで会った人からケニヨン大学の話を聞いたから、自分の娘にどうかと思い、ネットで検索してみる。あるいは、マドンナが超高級車マイバッハから降りる姿をとらえた写真を偶然目にし、「こういうクルマって、いくらぐらいするんだろう」と知りたくなる。こうした関心が芽生えた時にいち早くそれをキャッチすれば、相手の好奇心を刺激し、欲求に火をつけるチャンスを手にできる。

わたしはウェブがらみの対応の自動化について詳しく知りたいと思い、オムニチュア（アドビのオンライン・マーケティング＆ウェブ解析事業部）の需要マーケティング担当副社長、ミケル・ケルトゥーディと意見を交わした。

彼はこんな話をしてくれた。「機を逃さずお客さまに連絡すると、成約につながる可能性は飛躍的に向上しますよ。たとえば、あなたが携帯電話の最新機種に興味を持っているとしましょう。ブラックベリー・カーブかｉＰｈｏｎｅに目星をつけて、最寄りの販売店を探します。お目当てのウェブサイトを見つけて、問い合わせフォームに「興味があるので連絡をください」と記入したとします。ところが、そのまま二、三日が過ぎたら、先方はあなたをオフィスでも自宅でもつかまえられないか、あなたがすでにどこか別の店で新しい携帯を買ってしまったかして、商売の機会を失うわけですね。他方、もし五分以内に折り返せば、あなたは依然として検討中でしょうから、商談成立の可能性ははるかに高いはずです」

ケルトゥーディは、自動化の過程ではふたつの重要な情報を集めるべきだと語る。サイト上のどこで問い合わせ者が具体的な関心を表明したのかを知っておくと、状況にふさわしい返答ができる。同じく、相手の関心を引いた商品やサービスの特徴を押えておくのも重要である。商品ガイドや電子ブックがダウンロードされた場合には、営業担当者はそれを把握しておく必要がある。

これらの情報が揃ったら、自動化の出番である。「問い合わせがあったら、営業担当者にリアルタイムで通知して、担当者からすぐに電話をかけるようにすればよいでしょう。問い合わせ者の情報をもとに自動的にダイヤルする仕組みを導入することもできますよ。営業担当者の携帯電話を呼び出して、ウェブサイトの訪問者と営業担当者をじかにつなぐやり方さえあります。あるいは、担当者に顧客の要望を記したメールを送り、会話の土台となるそれまでの経緯を即座に知らせるのも、不可能ではありません。以上すべてを自動化できます」

この種の自動化のカギは、ウェブサイトからの情報を自動処理システムを介して、顧客コミュニケーションに用いる社内システムに反映させることだ。この連携はシステム内部で実現し、営業担当者にリアルタイムで顧客対応を促す。言葉を換えるなら、見込み客が興味を示したのをきっかけにして、社内のCRM（顧客関係管理）やSFA（営業支援）といったシステムを動かすのだ。最も重要なのはきっかけが何かである。顧客の側が、問い合わせフォームを記入したり、販売促進プログラムに応募したりして、連絡を取ってきたのが発端なのだ。具体的には、オンラインセミナーへの参加、アンケートの記入、調査報告書のダウンロードなどが、営業担当者を動かす動機になる。

ケルトゥーディは、最善のウェブサイトは行動を促すタイプのものだと言う。「時間に追われた人々が、いまこの瞬間に答えを知りたがっているなら、まさに渡りに船でしょう。その人物の意図がどこにあるのか、あなたの会社のサイト上で何を探しているのか、背景が分かっていれば、それにリアルタイムで答え、相手との関わりを深め、需要を生み出し、販売サイクルを加速させることができます」

オムニチュアが持つ顧客データからは、買い手のニーズに対応するまでの時間を通常の数日から五分以内へと短縮すると成約率が向上する、という結果が出ている。

相手の準備ができたという情報をつかむ

リアルタイム対応の素晴らしい手本を示す企業がある。ロサンゼルス、サンフランシスコ、シカゴほか、全米の三六の市場で結婚写真の撮影サービスを展開するベラ・ピクチャーズ（以下ベラ）である。わたしはベラのチャネル・マーケティング責任者であるテレサ・アルマラスに、結婚情報をどうやってつかむのかと訊いてみた。

ベラはザ・ノットやデービッド・ブライダルのような大手結婚情報サイトと提携したり、検索エンジン・マーケティングを活用したりして、顧客を惹きつけているという。自社サイトでは、四八〇〇ドル相当の結婚写真パッケージが当たるコンテストや、婚約写真の無料講座などを紹介している。洒落たサービスとして、屋内と戸外、ポーズを取った場合とさりげないスナップ写真など、種類の違う二〇枚の写真を見比べて希望順位をつける「スタイル・ツール」を花嫁に提供している（そう、相手は花婿ではなく花嫁と相場が決まっている。男性は小さいころから結婚を夢見て育ったわけではないから）。

「結婚を控えた女性は、写真をあれこれ比べてどれがよいかを決めるのが楽しくてしかたないのです」。アルマラスが説明する。「このツールは、それぞれのカップルにどんな写真がぴったりかを、『あなたはロマンティックな花嫁ですね』といった表現でお知らせします」

ツールを利用したり、サービスに申し込んだりした女性には、顧客登録に必要ないくつかの情報を尋ね、回答を自社の自動化システムに入力する。ベラは、セールスフォース・ドットコム（ベラが利用するCRMシステムの提供元）やエロクア（マーケティング自動化システムの提供元）のデータを解析《マイニング》して、それをもとにリアルタイムで見込み顧客を優先順位づけ《スコアリング》しているという。

「統計を駆使して、さまざまな変数をもとに個々の顧客が撮影予約を入れる確率がはじき出されます。それを受けてわたしたちは、個々の問い合わせ情報をエロクアに登録し、エロクアが営業チームのために有望顧客の優先順位をつけるわけです」

リアルタイム対応の視点に立つと、どれだけ急を要するかを探るための重要な問いは次のふたつである。（1）ご結婚の日取りはお決まりですか？　（2）披露宴の会場はすでにお選びですか？　両方の答えが「はい」なら、写真撮影の予約が**秒読み段階**と考えられるため、「このお客さまからの問い合わせにはすぐに対応すること」という判断が下される。結婚とは儀式であり、儀式は予定どおりに運ぶ可能性がとても高いのだ。

「見込み顧客への対応はタイミングが命です」とアルマラス。「結婚写真を撮ろうとしている方々は、五、六ものスタジオを当たっている場合もあるんですよ。ですから、電話をいただいたら、その場で即決に持ち込めるかどうかが勝負の分かれ目になります」

ベラが使っているエロクア・システムは問い合わせ情報に優先度を添えてデータベースに蓄積し、同時に、適切な営業担当者に送る。各営業担当者はエロクアの画面でその情報を確認する。顧客がスタイル・ツールを使った場合はその結果も表示される。「情報はすぐに飲み込める状態で表示します。営業担当者が電話をかける必要ができた時には、手元に情報があるわけですね。式の日取りと会場、先方の優先度《スコア》、どういった写真をお好みか、など。ですから、担当者はすぐに電話をかけてこんなふうにセールストークを切り出せるわけです。『お客さまはロマンティックな花嫁でいらっしゃいますね。お住まいの地域にそういった写真を得意とする写真家がいまして、ぜひ撮影を担当させていただければと考えています』。担当者が先方のご要望をよく知ったうえで素早い対応をすれば、つながりを育む可能性は高まるでしょう」

まずは検証してみよう！

できるだけ多くの問い合わせを呼び込み、自動化の助けを借りてリアルタイムで対応するには、効果的な案内や問い合わせフォームを作成して公開することが欠かせない。

こうした案内やフォームの作成そのものがリアルタイムのマーケティングとＰＲの実践になりえる。効果を即座に検証できるからだ。やってみてはどうだろう。そうすれば、試行錯誤をとおして最も効果的なやり方を選べるはずだ。いくつもの種類を用意してサイトに掲載し、一番反応のよかったものを選べばよい。

前出のケルトゥーディィによれば、オムニチュアは顧客向けの新しいメッセージやサービスを折に触れて試行し、おのおのの需要を測っているという。「当社では、業界で影響力を持つ専門家向けのオンラインセミナーを月に三、四回行っています。ですが、正式決定に先立って、サイト上で暫定の告知を行うのです。そのうち最も反響が大きかったもの、つまり、問い合わせフォームの記入件数、ダウンロード回数、連絡先を登録した人などが一番多かったものを本実施するのです。セミナーの題名を工夫するのが、最高の結果を引き出すうえで何より大切なようですね」

他社の取り組みを探る

このような新しい分野では、先駆者の動きを観察してライバルと自社を比べるのが有益である。コンピートという会社がある。ウェブ解析とネット上の競争力情報を扱うコンピートは、オンライン・マーケティング力を磨きたいと考える企業にふさわしい知見を探求しており、そのよりどころは二〇〇万人超の多彩なネット利用者の動向である。この二〇〇万超にものぼる消費者は、ネット上での自分の行動、つまりどういったサイトを訪れて何をクリックしているかといった情報をコンピートに提供し、ほかの大勢のデータとともに分析対象とすることに同意している。このように各人の詳しいネット行動が個別に分かるわけではないが、全体の傾向は分析できるのだ。「二〇〇万人のネット上での行動をもとに、詳しい知見を引き出しています」と語るのは、コンピートの最高マーケティング責任者、スティーブン・ディマルコである。「自社サイトの訪問状況だけでなく、幅広い動向を視野に入れると、競合他社などとの比較分析ができ、その結果をもとにすぐに行動を起こせますよ」

コンピートの顧客企業は、前出のオムニチュアやエロクアといった既存システム上で比較分析結果を受け取る。それを活かすのは、時代の先端を行くリアルタイムのウェブ・マーケターである。類似サイトと自社サイトの効果を比べるのだ。他社サイトの成功の秘訣が分かると、往々にしてそこから自社サイトの改善へのヒントが得られる。以下、実例を紹介したい。

あなたが持ち帰り《テイクアウト》専門の中華料理店を経営していて、ウェブ上で注文を受け付けているとしよう。ウェブの効果を高めるために試行錯誤をするのも一案である(たとえば、メインディッシュをリストの最上位に表示すると、平均単価は上がるだろうか?)。しかし、それによって得られたデータに、アメリカの全テイクアウト中華料理店のサイト表示がどうなっているかという情報を加味したらどうだろう。もしかしたら、「ヘルシーメニュー」を目立つ位置に持ってくるという、これまで考えたことのなかった手法にたどり着くかもしれない。

「いまでは多くのマーケターが、サイト上の文字情報、画像などの表示をさまざまに入れ替えて効果を探るいわゆるA／Bテストを行っています」とディマルコは言う。「そしてその結果をもとに、リアルタイムでマーケティングを軌道修正して、サイトの最適化を果たしているのです」。他社との比較分析を加えると、A／Bテストの効果がさらに高まる。「ある大手の携帯通信事業者は、A／Bテストによって十分な最適化を達成したと考えていました。ところが、当社でほかの携帯事業者、類似業種の各社、全業種のなかでピカイチのサイトと比べたところ、いくつかの点で大きな抜けが見つかりました。推奨案をもとにサイトを改変したところ、圧倒的な成果があがりました。たとえば携帯電話メーカーのように、取引量の多い大規模サイトを運営しているなら、少し手を加えるだけでも一、二％の増収になり、金額ベースでは数千万ドルの増収になるわけですよ」

コンピートが提供するデータを用いると、類似サイトと自社サイトをリアルタイムで比較できるのだから画期的である。つまりこれがあれば、他社が長時間の退屈なフォーカスグループや対面調査を行い、何カ月もかけて結果をまとめるのを横目に、今日現在のデータを**日をおかずに**分析できるわけだ。

「従来ですと、マーケティング施策の企画には一年かかっていました。それが最近では、戦略マーケティングは週単位、戦術マーケティングですと分単位で実現します。マーケティング活動を迅速化する余地はありますよ。多くの企業でマーケティング部門は効率化に最後まで抵抗してきましたから」

ここまで紹介してきたような洗練されたツールについて知れば知るほど、以前は大雑把なツールを「これで精緻な測定ができる」などと有難がって使っていたのを思い起こして、苦笑いをしてしまうのだ。

第15章 商談を成立へと持ち込む

ここまで読み進めてきたあなたは、本書で取り上げたいくつもの変化に少しばかり恐怖を抱いているだろうか。そうだとしても、わたしにはあなたを非難することはできない。「(この本の主張は) 理解した」と思っているあなたには、市場の期待水準は急カーブを描きながら上昇しているのだとお伝えしなくてはならない。いまや、一〇〇万人もの顧客に、それぞれのニーズに合ったサービスをものの数秒で提供できるはずなのだから、あなたは、「素晴らしい! これで永遠に稼ぎが途絶えないだろう」と喜びを嚙み締めているかもしれない。

ここで立ち止まって深呼吸をしよう——朗報があるのだ。

きわめて洗練されたツールが登場しており、後続集団から追いつかれないようあなたを助けてくれる。ただし、ツールをうまく活かすうえで必須の、リアルタイムの発想を備えていることが前提となる。

第14章で述べたように、出発点はウェブサイトである。ネット上では、ピカイチのリアル店舗にあらゆる面で引けを取ってはならない。個々のお客さまに合わせた速やかで気の利いた対応。顧客重視を徹底した、ブランド・イメージどおりのサービス……。

この章では、一歩引いて、マーケティングやPR以外の業務の流れを考えてみたい。リアルタイム・データの重視が事業変革、ひいては売り上げの増大にどうつながるかを示すのが、ここでの狙いである。

データを基点としたリアルタイムのマーケティングとセールス

「マーケティングとは何か」という講釈を耳にしたことはあるだろうか？　ある男性が、結婚するかもしれないガールフレンドのおばあちゃんに向かって、「マーケティングの仕事をしています」と自己紹介すると、おばあちゃんは「『マーケティング』という言葉は聞いたことがあるんだけどね、どういう仕事なのかいまだにはっきりとは分からないの。広告のようなものかしら？」と言う。五分後、男性は相変わらずしどろもどろの説明をつづけ、おばあちゃんはポカンとしたままである。

だからこそ、マーケターや彼らを支援する代理店は、巧みなクリエイティブ活動を展開しようとしてあれだけの努力と予算を傾けるのだ。一般の人々も、時としてこのような仕事を理解し、場合によっては高く買いさえするだろう。しかし、データ分析に話がおよぶと誰もが必ず目を丸くするのである。

おばあちゃん、ごめんなさい。今後は、マーケティングはデータをよりどころとする傾向を強めていくはずだ。ネット社会では事業のスピードが速くなっていくため、マーケティングの世界でも、リアルタイム・データを分刻みで集め、分析し、対応するという活動に重点が置かれるようになるはずだ。企業が繁栄するかどうかは、マーケティング部門、営業部門、上級幹部のあいだをデータが効率的に流れるかどうかにかかってくるだろう。

やがて、マーケティング担当副社長がＣＲＭ、ＳＦＡ、解析《アナリティクス》、プラットフォーム最適化などについて立て板に水で語り、豊かな知識を披露する日がくると思われる。といっても、全体戦略やクリエイティブを担う人材が淘汰されるわけではない。なぜなら今後も、ブランドの伝説を熱く語って聞く人の心を揺さぶる必要性などは失われそうもないからだ。ただし、債券トレーダーが顧客に話をする時と同じように、マーケティング分野の幹部は業界を問わずみな、ＣＥＯに電話をかける前に、ＰＣスクリーン上でリアルタイムの数字を確認するようになるだろう。戦略をめぐるＣＥＯとの話し合いは、数字に示されたトレンドを中心に展開するのだ。

重要なのは「どのようなインフラにもとづく、どういったデータを参考にするか」である。

リアルタイムのマーケティングとＰＲを実践する企業リーダーは、さらに踏み込んで、リアルタイム営業を実現するための仕組みを設ける必要がある。

法人向けに高額商品を売り込む営業担当者の将来像を思い描いてほしい。データをもとにリアルタイムで市場が動いていく状況では、彼または彼女の一日はどのように展開していくだろうか？

かつては、顧客リストをもとに勧奨の電話をかけたり、最近の産業見本市で出会った見込み客にご機嫌伺いをしたりしていたものだ。しかし近年では、見本市よりもむしろ、自社サイト上での申し込みや問い合わせが見込み客との接点になる場合が多いだろう。

ネット上での取引が増えていくとの前提に立つなら、次のような点が重要になる。営業担当者は見込み客についてどういった情報を持っているか。顧客のニーズや購入意欲の高さを正確につかんだうえでリアルタイムに対応するには、どのようなツールが役に立つだろうか。

答えをじらすつもりはない。リアルタイム対応を実践する、時代の先端を走る営業担当者像は以下のとおりである。

顧客が自社サイトを訪れオンラインセミナーの申し込みをすると、営業担当者のＰＣ画面にリアルタイムで通知が届く。そこにはサイトの訪問状況をもとにした詳しい顧客情報が盛り込まれている。数日前にサイト上から資料をダウンロードしたことも記されている。資料をダウンロードしてオンラインセミナーに申し込んだとなると、製品購入に結びつく可能性がかなり高いと判断できるため、この顧客は「最優先」に分類されている。勤務先に関する情報も自動的に付加されている。既存の取引先だろうか。この企業からは以前にもサイト訪問があっただろうか。情報提供サービス上ではこの企業について何が分かるだろうか。フーバーズのような情報提供サービスの情報とともに、ダウジョーンズ、ブルームバーグなどのニュースも表示される。サイト訪問者のリンクトイン、ツイッター上でのプロフィールまで……。これらすべてがリアルタイムで実現するのだ。

このような状況でかける勧奨電話は決して「数を打てば当たる」といった類のものではない。営業担当者は最新情報で武装したうえで電話をかけるのだ。しかも、相手の関心が最も高いタイミングをとらえて。

リアルタイム技術

リアルタイムの事業活動を支えるには、金融取引の最前線に少しも劣らないほどの最先端技術が求められる。骨格をなす技術をひとつひとつ見ていこう。

技術基盤：社内の全コンピュータが高速回線でつながり、その回線上をデータが駆けめぐる。

リアルタイムのニュースと解説：主要メディア、アナリスト、各種データベースなどの情報

リアルタイムのソーシャルウェブ：リアルタイムのブログ記事、ツイート、動画ほか、SNS系コンテンツ。

リアルタイムのウェブサイト解析：自社サイトへの訪問状況に関するリアルタイム情報（詳しくは第14章を参照）。

顧客データベース：全既存顧客の情報（購買履歴を含む）と各顧客との接触状況（日時、担当者、用件）。

ジャーナリスト・データベース：著名なジャーナリストやアナリストに関するデータベース。ブロガー、市民ジャーナリストを含む（第6章を参照）。

見込み客データベース：潜在顧客に関する情報（接点ができたきっかけ、営業担当者名、商談の進み具合）。

CRM（顧客関係管理）：CRMシステムは、既存顧客との取引関係を管理するための営業、顧客サービス担当者向けツールである。

ウェブサイト解析：自社サイト上での顧客とのやりとりを把握するためのツール（第14章を参照）。

ソーシャルウェブ解析：ブログやSNSの記述を収集・分析するツール（第8章）。

マーケティングの自動化：買い手とのつながりを深めるためのツール。メールによるマーケティングや見込み客管理などを扱う。

リアルタイムの手引き：買い手との関係を強めて事業を最大限に成長させるうえで模範になる社内の事例集（後ほど解説）。

リアルタイム・ダッシュボード：マーケター、PRの専門家、営業担当者、経営幹部が日々用いるウェブベースのアプリケーション。

モバイルアプリ：自席を離れているあいだも従業員にデータが届くように、ポータル経由でモバイル機器に通知を行う。

これら技術は、社内の適切な基幹テクノロジーとうまく統合しておくと、互いに連携しながらダッシュボードに情報を配信する。そしてそれを、マーケター、PRの専門家、営業担当者、経営幹部などが日々の業務に使う。このような仕組みが全体としてどう実務の場で活用されているか、以下、いくつかの具体例を紹介したい。

富裕層入りを果たしましたね！

リアルタイム・ダッシュボードは、法人向け（B2B）以外の営業にも活用できる。データにもとづくリアルタイム営業はどの企業でも導入できるだろう。寄付集めの必要に迫られた非営利組織を考えてみたい。

リアルタイム・ビジネスを支える技術

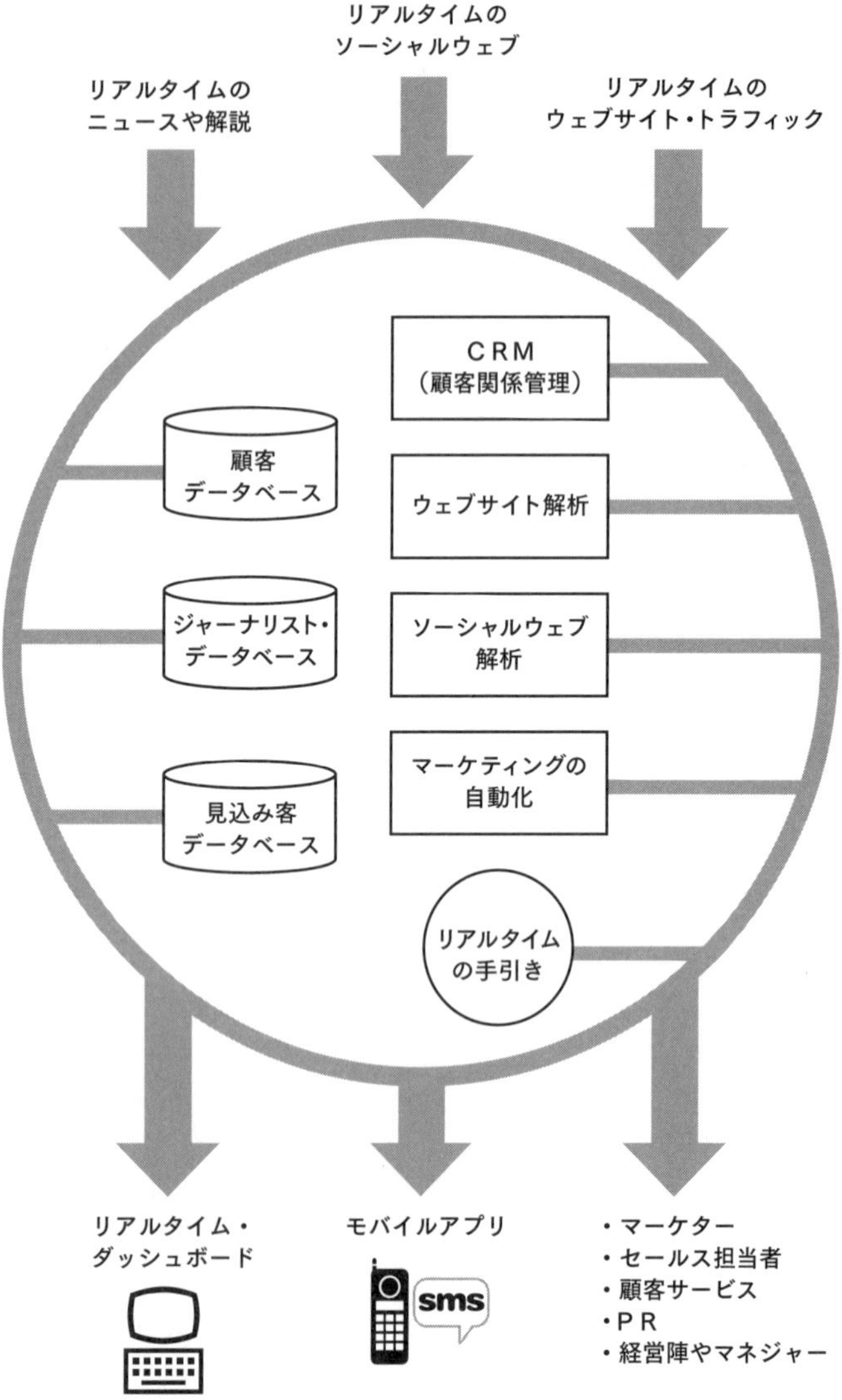

リアルタイムのソーシャルウェブ
リアルタイムのニュースや解説
リアルタイムのウェブサイト・トラフィック
CRM（顧客関係管理）
顧客データベース
ウェブサイト解析
ジャーナリスト・データベース
ソーシャルウェブ解析
マーケティングの自動化
見込み客データベース
リアルタイムの手引き
リアルタイム・ダッシュボード
モバイルアプリ
sms
・マーケター
・セールス担当者
・顧客サービス
・PR
・経営陣やマネジャー

わたしの母校は、オハイオ州ガンビアにある人文系のケニヨン大学である。わたしは母校に熱心に寄付をするほか、卒業生による寄付集めのキャンペーンにも毎年参加している。ところが悲しいかな、たいていの大学と同じくわが母校の寄付集めも、一九五〇年代ごろから進化していないのだ。わたしのもとには年に何回か郵便のダイレクトメール（いっそ「ジャンクメール」と呼んでしまおうか？）で寄付の依頼が届く。年に一度くらいは、善意の在校生から「ぜひ何とかご寄付を」という電話がかかってきて、せっかくの夕食を中断させられる。このお決まりのパターンが崩れたのは一回だけ。先ごろの卒業二五周年を前に、学校側がそれまでの二倍の攻勢をかけてきたのだ。

ケニヨン大学がいまのようなやり方ではなく、データ活用型のリアルタイム技術を備えていたらどうだろう。その場合、大学側はわたしに関して以下のような情報をつかんでいるはずである。

- データベースによれば、わたしの高校生の娘（住所は同一）がキャンパスを訪れて入学説明を受けたため、入試事務局には娘の情報が登録されている。
- ウェブサイトのデータによれば、わたしは最近サイトを訪れて、日ごろは縁の薄い入学案内と、水泳部のページを参照している。以前に氏名などを登録したため、サイト側はわたしの素性を把握している。
- 外部情報によれば、わたしはこの数年に何冊もの著書を上梓し、世界中でマーケティング戦略の講演を行っている。プロフィールに「ケニヨン大学卒業」とあるため、大学側にこの情報が届く仕組みになっている。

では、ケニヨン大学は卒業生への寄付依頼をどう行えるだろうか。わたしに「お嬢さんはいまも当校への入学に関心をお持ちですか？　それはそうと、ご寄付をいただけないでしょうか？」と水を向けてはどうだろう。あるいは、こんなアプローチもあるかもしれない。「新刊の発売おめでとうございます。一〇月には講演のためシカゴに行かれるようですね。いかがでしょう、学生への講義とご著書のサイン会を兼ねて母校にお寄りになっては？　ところで、ますますご活躍ですから、今年は寄付を増やして『エリートトレベル』にお名前を連ねてはいかがでしょう」

これを「ちょっと現実離れしているのでは」と感じる人もいるかもしれないが、何を隠そう、今日ではこうしたリアルタイムのやりとりを実現するのに必要なツールはすべて揃っているのだ。

非営利組織にこれらをどう応用できるかを考えはじめたころ、わたしはソリューションを提供する企業を探してみた。そして、ブラックボードの製品・マーケティング担当上級副社長のジェナ・エガーズに行き着いた。ブラックボードは非営利組織向けのソフトウェアやサービスを提供しており、イェール大学、アメリカ赤十字、リンカーンセンター、WGBH教育財団などを顧客にしている。具体的には、資金集め、支援者との関係管理、ウェブサイト管理などを支援しているのだ。

製品のひとつ、リサーチポイントというアプリケーションは、一般に公開されたデータベースからリアルタイム・データを抽出して、非営利組織で資金集めを担う人々のダッシュボードに配信する。

エガーズが語る。「略歴、所属・関連組織、資産データは日々変化しています。非営利団体の素晴らしい使命のために寄付金を集める担当者は、寄付者についての変わりゆく情報にうまく対応して、的を射た提案ができなくてはいけません。寄付を見込めそうな人物との会合に臨むにあたっては、要請額を一万ドルから一〇〇〇万ドルへ増やせるかどうか、それともその日は先方の個人的なご事情について話し合うべきか、判断がついていなくてはね。リアルタイム情報を活かすかどうかで、集められる寄付金の額が変わってきます。これは決定的な違いですよ」

ブラックボードはこのほか、非営利組織からウェブサイトの運用情報を受け取り、それをもとに寄付を最大化するためのシナリオを作成する業務も行っている。サイト訪問者の情報をリアルタイムで寄付者データベースに追加し、場合によってはその人物への具体的なアプローチを提案する。「誰かがサイトを訪れて、クレジットカード払いによる寄付を行った場合、その人物の富裕度調査が自動的に行われます」。有価証券報告書や不動産の所有者情報など公開データをもとに寄付者の詳細を調べ、富裕層かどうかを判定するのだ。「一定以上の基準を満たした寄付者に関しては、調査員に情報を通知します。次いで、その寄付者にどう連絡を取るべきか、さまざまなシナリオが提案されます。おそらくじかに面会するのが理に叶うでしょう。一定の基準にあてはまる情報があると、それが行動の引き金となり、非営利組織により多くの寄付をもたらします。威力満点ですよ」。すべての出発点は、クレジットカード支払いによるささやかな寄付である。

営業チームから愛されよう

マーケティング部門と営業部門の蜜月関係は滅多にありそうもない。多くの企業ではむしろ露骨に敵対している。往々にして、ギクシャクした関係は会社の上層部にまで波及する。すれ違い夫婦よろしく、いくら話し合ってもいっこうに溝は埋まらない。営業が「有望な見込み客情報を寄越せ！　こんなクズのような情報ばかりじゃ、売るに売れないじゃないか」と怒鳴り込むと、マーケティング担当は「立派な情報を渡してあるでしょう。悪いのは営業の腕！」と言い返す始末だ。数々の企業の「話し合い」に同席したわたしは、こんなやりとりを耳にタコができるほど聞かされてきた。

幹部の力で全社をリアルタイムの営業・マーケティング部隊へと変貌させれば、おびただしい機会をつかみ取れるはずだ。

そろそろ、いさかいに終止符を打って和解しようではないか。最新鋭ツールを活かせば、営業とマーケティングの足並みを揃えられるはずだ――幹部が模範を示しさえすれば！

リアルタイム営業の手引き《プレイブック》

ＩＢＭソフトウェアに代表される一部の企業は、何年も前から「営業の手引き《プレイブック》」を用いて、成約率を高めるために営業プロセスの標準化に取り組んでいる。こうしたツールには、営業担当者が見込み客に接触して理解を深め、商談を成立へと持ち込むうえで必須の情報がすべて揃っている。定番の情報は折衝段階に応じた電話応対例、パワーポイントによるプレゼン資料のひな型、製品データ一覧ほか、各段階で客先に持参する販促物などである。

こうした手引きは、一般にはマーケティング部門が、やり手の営業担当者から成約にこぎつける手法を教わりながら作成する。狙いとするのは、ものを売るとはどういうことかが分かり、そのとおりに実践できる、そんな指南書づくりだ。ちょうど、パイロットが離陸前点検に用いる、実行しやすい手順を並べたチェックリストのようなものである。

具体例を示そう。保険会社が別荘を対象とした新商品を発売したなら、その手引書は富裕層への勧奨手順を示しているだろう。手引きを使うことにより、何百人もの営業担当者が数千人を超える顧客に対して、いつも同じように新商品を勧奨しやすくなる。

最新のデータ活用型マーケティング・営業手法をこれと組み合わせると、はるかに高度なリアルタイム手引きが出来上がり、営業チームにとっては鬼に金棒である。マーケティングと営業の歯車が噛み合わずにいる企業にとっては、とりわけ有用だろう。理由は簡単である。リアルタイム手引きを用いると、「リアルタイムのマーケティング・営業の瞬発力を最大限に活かして成約を増やす」という共通の目標に焦点が絞られるのだ。

　リアルタイム手引きの自動化もなされている。大人数の営業チーム向けにこの種のアプリケーションを提供するケイディエント社のブライアン・ザンギCEOはこう語る。「わたしどもが気づいたのは、周辺情報がありすぎると、営業担当者はすぐに立ち往生してしまうということです。実は、お客さまにあまりに多くの情報をお届けした場合も、商談がなかなか前に進まなくなります。お客さまの側で重要な情報とそうでないものをふるい分けなくてはなりませんから。当社は手引きを自動化して、それを使うためのアプリケーションを顧客企業の既存システムに移植します。これをお使いいただくと、お客さま対応に必要な情報やツールを、さまざまな状況や商談の進み具合に合わせてご提示します」

　つまり、必要な資料、ネット上の動画、オンラインセミナーなどを、アプリケーションが見繕ってくれるのだ。手引きは営業担当者に、段階ごとにリアルタイムで顧客への勧奨を促し、どういった情報を添えて何を伝えればよいかを示す。「手引きを使用した場合、営業マネジャーは『ひとつひとつの商談を成立に持ち込む可能性を高めるために、営業担当者に対して会社としてありとあらゆる後押しをした』といえる状況を簡単に作れます」

　リアルタイム対応を支える技術基盤に手引きを組み込むと、営業担当者は使い慣れたダッシュボード上で手引きを参照できる。毎日使うダッシュボードに、網羅的な製品データ、顧客との過去の対応状況などの詳細が表示されるのだ。

手引きは、どこに営業機会があるかを、商談成立までのプロセスを分かりやすく説明することによって示している。五から一〇ほどの基本ステップを順番に紹介している。たとえば、買い手に対して予算内で買える商品であることを請け合い、中盤戦では競合他社の提案に対抗し、やがて商談を煮詰めて成約にこぎつけるといった具合である。

案件はそれぞれ異なるため、何かの拍子に不意にチャンスが訪れてもいいように、臨機応変に動ける態勢を整えておく必要がある。テキサス州に一〇〇年に一度の雪が降って除雪車の需要が生まれる、などということもないとはいえないのだ。

営業・マーケティング体制が立ち上がってリアルタイムで稼働しはじめたら、走りながら新しい手引きを作成する必要がある。

「営業チームが特定の市場に注力していて、新規案件をめぐって著名企業と競合しているとしましょう」。ザンギが架空の事例をもとに話をする。「仮にそのライバルが製品リコールなど不利な報道発表を行った場合、以前なら自社のグローバル営業チームは、これがどの潜在顧客に影響をおよぼすのか、いつその顧客に売り込みをかけるべきか、ほとんど探り出せなかったでしょう。ですが今日では、自社の営業活動に影響する発表が他社からあった際にも、手引きに変更を加えるくらい何でもありません。手順をひとつ増やすのは朝飯前。営業の責任者は、競争の状況を見ながら、いまから二四時間以内に担当者をどの見込み客に接触させるべきか、即座に判断できますよ」

リアルタイムの営業手引きがあると、応対用原稿を修正して速やかに各担当者に配信できる。担当者はそれをもとに、顧客と有意義な話し合いができる。購買判断を下そうとしている顧客に、「御社がご検討中のA社は一〇分前に製品リコールを発表しましたね」と語りかければ、効果テキメンのはずだ。

ここまでは大企業の事例を紹介してきた。しかし、同じことは規模の小さい企業にも当てはまる。自社サイトの訪問状況を把握して、リアルタイムで見込み客に連絡を取る必要があるのだ。第8章で紹介した無料ツールを用いて、従来メディアとソーシャルメディアを追いかけておくべきである。既存、見込み、両方の顧客をデータベース化して、すぐに連絡できるようにしておくことも欠かせないだろう。小さい企業のインフラは最先端とはいえないかもしれないが、それでも大きな成果をあげられる。

営業とマーケティングを当て推量で行う時代は終わった。いまこそ、あなたの会社でもリアルタイムで営業とマーケティングを実践する体制を整えよう。競合他社はこうした取り組みを検討さえしていない可能性が高い。**あなたが**、リアルタイムのデータ配信をきっかけにマーケティング部門と営業部門の足並みを揃えさせたら、全社の効率が高まり、結束が強まり、自社の売上増に貢献して他社を引き離せるだろう。

相手はこちらの動きを見抜いている！

わたしが、データをよりどころにしたリアルタイムのマーケティングや営業について語ると、時として相手は眉をひそめる。「自分たちは監視されている」という印象を強く持ち、他人を追い回すような薄気味悪い手法のように感じるのだ。

たしかに、ニュース記事を追いかけて誰がストックオプションを行使したかを突き止め、慈善寄付を求めるのは、少しばかり押し付けがましく思えるのも分からなくはない。だからこそ、こうしたツールを使う際には慎重さが絶対に欠かせないのである。

わたしは、企業が顧客の行動にまつわる情報をどうリアルタイムで活用しているかを詳しく学び、プライバシーがらみの問題点をあぶり出すために、マーケティング自動化技術を扱うエロクアのCMO（最高マーケティング責任者）、ブライン・カードンと意見を交わした。

「少し前までは、消費者はクルマのショールームに行って、購入を検討中の車種について営業担当者に質問を投げかけていました」とカードン。「最近では、ショールームを訪れる前にネット上で車種についての評価《レビュー》をいくつも読み、フェイスブックやツイッターに最新状況を書き込み（「新型アウディA4を検討しているんだけど……どう思う？」）、アウディのウェブサイトから詳細仕様をダウンロードするほか、あれこれと準備をする可能性が高いですよね。いわばデジタル上で身振り《ボディラ》手振り《ンゲージ》を示しているのです」

わたしたちのデジタル・ボディランゲージは、日常的に使う携帯電話、コンピュータ、クレジットカード、ETCカード、ウェブサイト、ATM、ツイッター、フェイスブック、リンクトイン、グーグルなど数々の機器やサービスに刻み込まれており、水面下でそれを記録する消費者向け技術も多数にのぼる。だから実際には、プライバシーを本当に守ろうとするなら、文明の利器を使うのをやめるしかない。クレジットカード、携帯電話、インターネット、クルマ、銀行口座……これらすべてに別れを告げるのだ。

カードンが言う。「消費者は毎日、自分の興味分野、意図、好き嫌いのヒントをデジタル情報のかたちで残しています。デジタルの世界ではいやがおうでも一挙手一投足が記録されています。イタリアでの休暇についての本を購入しましたよね？　はい。この曲をダウンロードしましたね？　はい。フィラデルフィアでの求人情報を参照しましたね？　はい……。というように、あれもこれもすべて記録されているわけです」

エロクアや同業他社は、リアルタイムでデータを収集してマーケターや営業担当者の仕事に役立たせている。「データは半端な量ではありません。エロクアが一日に扱う処理《トランザクション》件数は二〇億を超えています。人手ではとうてい処理できない量ですよね。エクセルも役に立ちません。データを蓄積する巨大サーバー、データ分析用のアルゴリズム、セグメンテーションを行うプログラムなどが必要ですから。マーケティングの自動化とは、突き詰めるなら、膨大な量のデータから傾向を読み取るということです。抜きん出た企業は、これら三つ、つまりサーバー、アルゴリズム、プログラムを統合して、あなたのほか何百万人ものデジタル・ボディランゲージを、しばしばリアルタイムで処理し、ひとつの世界像を浮かび上がらせています」

人間どうしの交流の常として、顧客と接する際に分別は欠かせない。だから、以上のようなツールによってあぶり出される顧客情報は慎重に扱う必要があるだろう。何かの失態によって波紋が広がる事例は間違いなく生まれるはずだ。それでもわたしは、これからの時代にひときわ輝かしい成果をあげるのは、最先端のリアルタイム技術インフラを理解するマーケターだと確信している。ネットに常時つながった世の中では、データを誰よりも正確に速やかに活かす者が勝利を手にするのだ。

第16章 即応型ビジネス

祝、最終章への到達！　ここまで読み進めてきたあなたは、今日の企業がリアルタイム対応を迫られていることを、おそらくわたしと同じくらい強く信じているだろう。「いまだに割り切れない」という人も、少なくとも考える材料と楽しいエピソードを見つけてくれたのではないかと思う。もっとも、本書の主張に納得した人も、多くの仲間と同じジレンマに直面するかもしれない。「どこから手をつければいいのか」と戸惑うのだ。

繰り返しになるが、即応型ビジネスを展開するにはまずは意識を改革しなくてはならない。この課題を受けて立とう。優先課題の上位に「リアルタイム・スピードへの適応」を載せよう。前提を問い直すのである。

この意識改革は、フィットネス習慣を身につけるのと似ている。わたしがリアルタイム思考の話をすると、「いまでも目が回るほど忙しいんだから、そんな仕事を割り込ませるのは無理！」と言う人がいる。フィットネスについても同じだろう。「毎日一時間もフィットネスに充てるのは無理！」というわけだ。ところが、いったんこれを日課にすると、「以前は重要なことばかりに時間を使っていたわけではない」と気づくのである。リアルタイム業務も同じだ。

ひとたびリアルタイム・スピードへの適応という課題に焦点を合わせると、必要な変革を実現するための展望が開けてくる。

この章では、リアルタイム事業の具体例として、三つの異質なストーリーを取り上げたい。巨大自動車メーカー、ゼネラルモーターズ（GM）の経営陣は、破産から再生する過程でどうリアルタイム対応を身につけていったのか。ブライアン・ハリガンがリアルタイム性を土台としたソフトウエア企業ハブスポットを創業したいきさつは。そして、ミュージシャンのアマンダ・パーマーは、いかに惨事と遅延を逆手に取り、走りながらチャンスへと変えたのか――。

マスメディアの脱線

二〇世紀、商売の世界では一方通行のコミュニケーションが幅を利かせていた。売り手がマスメディアを介して買い手に語りかけたのだ。しかし、昔からずっとそうだったわけではない。

近代以前、売り手と買い手は市場《いちば》で顔を合わせ、言葉を交わしていた。売り手が美辞麗句を並べ立て、買い物に訪れた人々はそれを野次る。しばらく交渉をした後、値段の折り合いがつく。これがぼ、っ、た、く、り、だと分かったら、次に市が立った時に売り手は怒った顧客から詰め寄られ、悪評が口伝えで瞬く間に広まっていく。

ところが一九世紀半ば以降、売り手と買い手のあいだに新聞や雑誌が介在するようになっていった。二〇世紀に入ってラジオやテレビという新しいメディアが誕生すると、この媒介役は重要性を増していく一方だった。巨大な広告・PR代理店が登場して買い手の心をくすぐりそうな表現をひねり出し、テーマや展開のペースを決め、雰囲気づくりをするようになった。

そうこうするうちに消費者の声はかき消された。彼らは話し手ではなくなり、聞き役に回らされたのだ。このため、とんでもないぼったくりに遭ったとしても、抗議の声をあげるには大きな骨折りが必要となった。だからこそユナイテッド航空も、「ギターを壊された」というデイブ・キャロルの苦情をやりすごせると踏んだのだろう。

売り手やメディアの威力が強烈をきわめたのは戦後の日本である。片手で数えられるほどのメディア複合企業《コングロマリット》と大手の広告代理店二社が実質的にすべてのメッセージを牛耳り、一億二〇〇〇万人の消費者は信じがたいほど従順にそれを受け止めていた。

わたしが日本に住みはじめた一九八〇年代後半、駐車場は単一の車種トヨタカローラで埋め尽くされていた。「有名デパートの袋に入っていればすべて良い品に違いない」という信仰があったため、値崩れなど起きていなかった。消費者は外国産は劣っていると信じ込まされていたから、輸入品は普及していなかった。不思議なことに若い女性は、しかめ面をした年長の男性から言われるままの衣服を身につけていた。

これらすべては、わたしが日本に赴任するのと時を同じくして崩れはじめた。円の価値がみるみるうちに二倍に跳ね上がり、海外渡航の制限が和らいだため、若い女性のあいだで海外旅行ブームが起きた。ひとたびロサンゼルス、ロンドン、パリでのショッピングを経験すると、彼女たちはもはや農村にとどまってはいなかった。「日本株式会社」ではまたたくまに自由なファッションが広まっていった。

これと同じように近年では、ネット上のコミュニケーションの爆発的な広がりを受けて、買い手を誘導する売り手の力は失われてきている。メール、ソーシャルメディア、新興オンライン・メディアの台頭によって、消費者は突如として市場で仲間とともに声をあげる力を取り戻した。売り文句に対して、かつてのようにヤジを飛ばす、褒める、批判する、比べるといった反応を示して、広く遠くへとその声を届けることができるようになったのだ。

テレビから聞こえる笑いや喝采はすべてサクラによる録音だったと露見した。というのもいまや、スーパーボウルの中継でどこかがトンデモ広告を流すと、全米でブーイングやヤジが飛び交う様子がリアルタイムで伝わってくるのである。

片や日本では、地下鉄の車内で携帯メールを打つ若い女性たちがファッションの流行を左右し、凄まじい勢いでトレンドが広まっていくため、旧態依然としたデパートはたじたじとなっている。

そのうえ、わたしたちはついに人間らしくコミュニケーションする手段を手に入れたのだ。近代以前の市場《いちば》と同じように、人と人との本物のコミュニケーションが復権し、取ってつけたような中身は影を潜めた。個人の意見が重みを持つ時代になった。

多くの評論家の主張とは裏腹に、ウェブはすべてを「新しく」するどころか、むしろコミュニケーションを一〇〇年前の状態に戻したのである。人々が何に反応するか、どう購買判断を下すかは、実のところ少しも変化していない。今日ならではの特徴は、クチコミがかつての威力をふたたびまとったことだ。

ウェブとはいわば巨大な広場である。そこではブログ、フォーラム、ツイッターやフェイスブックのようなSNSがパブ、会員制クラブ、地域の集会所のような役割を果たす。人々はネット上でコミュニケーションし、知り合いを増やし、意見や情報を交わす。そして、そう、モノを売ったりもする。

マスメディアが支配した二〇世紀は、コミュニケーションの歴史に照らすときわめて異例の時期だった。一九五〇年代からの六〇年間は、テレビが幅を利かせて一方的に情報を流すという奇妙な時代がつづき、消費者には発言権がなかった。だが、そんな時代もウェブの興隆とともに幕を閉じようとしている。マスメディア中心の経済は誕生時よりも速いスピードで崩壊へと向かっている。

実のところ世の中は、マスメディア文化の影響で本当のコミュニケーションが途絶える以前の状態に回帰しようとしているのだ。

わたしたちはこの五〇年間にコミュニケーションについて学んだ内容を頭から消し去る必要がある。

どうしためぐり合わせか、マスメディアは消えはしないだろう。メディア広告は大企業のマーケティング・プランに大きな役割を果たしつづけるはずだ。従来のPRやメディア対応も同様である。こうした従来型の広告や広報も、依然として有用な話し合いのきっかけになるかもしれない。幸運に恵まれたなら、これらはようやく完成した暁にも（既存媒体を用いたキャンペーンには長い準備期間がかかる）流行遅れになっておらず、リアルタイムの話題に加えてもらえる可能性はある。ただし、完全に出遅れてしまい、「旬をとっくに過ぎている」と受け止められる恐れは大きくなるばかりだ。

時流に乗っていようといまいと、的を射ていようといまいと、いまでは、豪華なステージに歩み出てメッセージを発表し、舞台裏へと戻るだけでは十分ではない。それにつづく話し合いでも立派に振舞う必要があるのだ。

あなたのメッセージは心の底から出た誠実なものかもしれないし、メッセージの中身を実践しているかもしれない。しかし、正当かどうかは別として、人々はさまざまな理由によってあなたの動機を疑い、「矛盾しているのではないか」と説明を求めてくる。だから、前へ進み出て「ちょっと待ってください。ハッタリではない証拠をお見せしましょう」と応じる備えをしておく必要がある。これがうまくできれば、目覚しい成果が得られるだろう。

ボブ・ラッツ（GM前副会長）とわたし

ゼネラルモーターズ（GM）とわたしのあいだにもこれと同じような出来事があった。

「伝統的なコミュニケーション」の具体例を探すなら、GM以上にぴったりの企業は考えにくい。GMは何十年ものあいだ、テレビCMほか旧来型広告に湯水のように資金を投じていた。ビュイック・ブランドのキャラクターにタイガー・ウッズを起用したりもした。それだけではない。一九八九年にマイケル・ムーア監督によるドキュメンタリー映画『ロジャー&ミー』が公開され、不運なロジャー・スミスCEOがインタビューを逃げつづける様子が知れ渡ると、GMはメディア嫌いの代名詞となった。

批評家たちは何年ものあいだGMを鈍重で無様に肥大化しているとののしり、二〇〇九年六月にこの会社が連邦破産法の適用を申請した時は、溜飲を下げたものだ。わたしもそのひとりだった。

破産申請が発表されると、GMは「再生への取り組み」を始動させ、世間（とりわけ破産のツケを払うアメリカとカナダの納税者）に向けて「合理化を行い、繁栄への備えができた状態で再出発する」と約束した。この取り組みは、ウェブサイト、テレビCM、CEO兼社長フリッツ・ヘンダーソンの手紙を掲載した新聞の全面広告などと連動していた。手紙はこんな一節で結ばれていた。

これからの日々、そして歳月、わたしどもは透明性を高め、説明責任を果たし、何より、顧客であるみなさまをこれまで以上に大切にすることをとおして、名誉を挽回したいと思います。進歩のほどについてはどうぞGMreinvention.comをご覧ください。会社を改善するために額に汗するすべての従業員を代表して、新生GMをみなさまにお見せできる時を楽しみにしております。

これを読んだ時、わたしは思い切り眉に唾をつけていた。GMが衰退をつづけた数十年のあいだに次々と打ち出した旧来型マーケティングと同じようなもの、つまり、一方的で温かみのない大企業然とした中身でどこか嘘くさいと感じたのだ。少し悲しくなってしんみりした後、「GMは要注目！：GMの再生に向けたマーケティング・アイデア上位五つ」と題したエントリーをブログに載せた。

不機嫌のはけ口のようなこのエントリーでわたしは、マーケティングやコミュニケーションを本気で立て直そうという気概が果たしてGMにあるのか疑問を示し、「マディソン街の広告代理店とは契約を解消すべきだ」と書いた。大枚はたいて数々のテレビCMを制作すればGMはご満悦かもしれない。ゴルフトーナメントの支援企業《スポンサー》になれば、幹部はマスターズを最前列で観戦できるかもしれない……。だが、どれもこれもGMの約束する顧客とのつながりには役立たないだろう。

わたしの提案のなかには、「人々が『買いたい』と思うような製品を作ろう」など漠然としたものもあった。しかし、「人間味のある会社になろう」という提案はブログ読者の琴線に触れた。

残念だが、書かずにはいられない。GMは顔の見えない言語道断な会社である。今日の新聞に載った広告にはCEOの署名が入っているが、なぜ写真はないのか？　どこかのマーケターに代筆させたのだろうが、CEOは果たして目を通したのだろうか？　今日から放映になった新CMは、陳腐な写真といくつかの車種を紹介しただけの空疎なものだ。退屈きわまりない。車種を入れ替えれば、クライスラーのCMとしても通るくらいだろう。再生の陰にいる人々はどうしているのだろう？　わたしはクルマの設計者に会ってみたい。最近乗ったレンタカーは不気味な紫色だったのだが、あのボディカラーは誰が選んだのか知りたいものだ。ビジネスは人間とのあいだで進めたいと考えるのが人情というものだろう。おいGM！　トントン、トントン！　なかに誰かいたら素顔を見せてくれないか？？？

このエントリーをアップすると、即座にいくつものコメントが寄せられ、GMに人間らしさを取り戻させる必要性を何百人もがツイッターでつぶやいた。エミリオ・ベロは「GMはこのエントリーをぜひとも読む必要がある！」、キャルは「ご指摘もっとも。だがGMは聞く耳を持っているだろうか？　まあ、期待できないだろうね」とコメントした。アンドリュー・ロジャーズは「GMは人間味を帯びることによってしか復活できないようだ。銀色に輝く本社タワーに鎮座していないで、顧客の声に耳を傾けなくては」、ロバート・パリッシュは「二〇世紀の恐竜に二一世紀のマーケティングを理解するのは不可能に近いんじゃないかな」。同じようなコメントはほかにもたくさん届いた。

正直なところ、旧弊なGMのことだから社内の誰もわたしのブログになど気づかないだろうし、ましてや反応などしてこないだろうと思っていた。

いやいや、ちゃんと聞いている！

だから、エントリーを公開してほどなくGMから連絡があった時の驚きといったらない。GM社内が創業以来の慌しさに包まれたはずのあの週、ソーシャルメディア担当ディレクターのクリストファー・バーガーがわざわざ時間を取って、わたしのブログにこんなコメントを残したのだ。「お言葉ではありますが、ソーシャルメディア上ではあなたのご提案のかなりの部分をすでに実践しています」。バーガーは詳細を説明したうえ翌日もコメントを書き込んでくれた。

何と、バーガーが主張するとおりだった。

「再生への取り組み」を詳しく調べてみると、たしかにGMは人間味のある企業へと変貌しつつあるではないか。リアルタイム・コミュニケーションも実践している。驚いた！

バーガーが思い切ってわたしのブログにコメントを寄せたところ、当事者の発言を受けてほかのコメントの論調はたちどころに一変した。これには目を見張ったが、珍しいことではない。リック・フリーセンは「バーガーさん、コメントありがとう。素晴らしい対応だと思う。GMと従業員のみなさんの幸運を祈ります！」、エリオット・ロスは「@christopher、さすがですね。再生がうまくいきますように」、ジョン・キャスにいたっては、わたしに向けて「デイヴィッド、GMについてのこのエントリーは書きすぎじゃないか？　GMがあなたに何をしたというのか」と書き込んだ。

バーガー以降のコメントがすべてGMに好意的なわけではない。それでも、GMからコメントがあっただけでも、間違いなく場の空気が批判一色から賛否両論へと変わり、多くの応援者が生まれた。しかも、わずか数分を費やして数行のコメントを書いたところ、何万もの人々に読んでもらえたのだ。

数週間後の七月一〇日、「新生GM」の船出にあたっては、定番のメディア向け報道発表のほかにソーシャルメディア上で一般の人々へのリアルタイムの発表も行われた。このさりげない取り組みも、わたしが提案した人間味のある会社になるうえで役立った。

それからしばらくして、わたしはバーガーの招きでデトロイトにあるＧＭの世界本社へ赴いて幹部と面会し、人間味のある会社になるため、そして顧客とリアルタイムでつながるためにどういった努力をしているのかを尋ねた。

この誘いを受けた時にわたしは感嘆した。というのも、すべては、ＧＭの破産を取り上げたわたしの不機嫌なブログから始まったのである。率直に認めよう。バーガーや彼の同僚が示したリアルタイムの対応、率直さ、人間らしい交流に接して、わたしは、やかましい批判者から実体験にもとづく支援者へと変わった。そこでモータウン（デトロイトの愛称）へ飛ぶことにした。

モータウンのTweetDeck

デトロイトに着いてバーガーと向き合った際、わたしが真っ先に知りたかったのは、ＧＭ破産に関連した書き込みがネット上で氾濫するなか、どうやってわたしのブログを探り当てたのかだった。バーガーはＴｗｅｅｔＤｅｃｋ（ツイートを簡単に参照するための人気ツール）を使っており、そのＴｗｅｅｔＤｅｃｋ上では、ＧＭがらみのリツイートの多くにわたしのブログへのリンクが張られていたのだという。

「当社が破産を申請した週は、わたしのチームは全員がＴｗｅｅｔＤｅｃｋにかじりついていました。……みんなで手分けして『シボレー』『ゼネラルモーターズ』『連邦破産法第一一条』などに関係したつぶやきを探したのです」

一〇〇人以上がＧＭに関するわたしのブログについてツイートし、そのなかでＧＭ（@gmblogs）とわたし（@dmscott）、両方のＩＤに言及したため、バーガーはＴｗｅｅｔＤｅｃｋを介して容易にわたしにたどり着くことができた。「怒涛のようにツイートが押し寄せるなか、こうしてあなたを見つけたのです」

ブログ上で何が書かれているかを追跡するために、代理店の力も借りているという。トレンド・データのとりまとめや旬の話題の抽出を行ったうえで、世の中の意見を代表するブログ、あるいはとりわけ重要なブログを集めて紹介してもらっているのだ。

バーガー配下のリアルタイム・チームは片手で数えられるほどの人数だが、彼らの仕事の成果は全社で活かされている。「わたしたちがこれまで実現に向けて努力し、幸いにも実を結んだものを挙げるなら、全社が世の中とつながる必要性、世の中の動きへのアンテナを高くしておく必要性を心から理解しはじめている点です。……リアルタイム性の高いコミュニケーション・ツールは貴重なもので、消費者とじかに意見を交わす場を提供してくれていますよね。この点への気づきが芽生えているのですから、素晴らしいですよ。これはとても大切なことです」

人間らしさを示す術を身につけるＧＭ

デトロイトへ赴いたきっかけは、「GMは人間味のある会社になるべきだ」というわたしの無作法な挑発だったから、GMでソーシャルメディアと既存メディア両方への対応を統括するメアリー・ヘニゲに会った際、彼女にこのテーマをぶつけてみた。

ヘニゲは、GMと自身との関わりから説き起こしてくれた。父親と夫はともにGMに勤務した経験があり、自身も二三年間在籍しているという。

「GMを嫌うのはわけもないことでしょう。……でも、シボレーを嫌いはしないでしょう。乗り手はシボレーを気に入っています。キャデラックを気に入っています。そして、シボレーやキャデラックの仕事をする従業員は、この会社とブランドに愛着を抱いているのです」

GMは現在、ウェブ上で自身やGMについて語るよう、従業員、顧客、納入業者ほかの利害関係者の背中を懸命に押しているのだという。「ストーリーを語れるとなると、わたしたちはその中身を自分に引きつけて考えます。いまでは、ユーチューブやブログを活用できますから、ストーリーはとても心のこもった印象になります。何かを語って『消費者に振り向いてもらえた』と実感できるのは、醍醐味でしょう。当社は既存メディアへの対応もつづけていまして、既存メディアは現在でもとても重要な存在です。ですが、記者の書いた記事への反響はわたしたちにはつかめません。他方、自分で何かを語って消費者からじかに反響が届けば、それはそれは大きい意味を持ちますよね」

真打ち、ボブ・ラッツ登場

副会長のボブ・ラッツに会ったら、GMの変革が本物だという証拠をこれ以上集める必要などなくなった。一九八〇年代、マイケル・ムーアは哀れなロジャー・スミスCEOを突撃取材で追い回したが、三〇秒分のビデオクリップをものにするのが精一杯だった。その二〇年後、わたしは気難しいブログを書いただけだ。それが何としたことか！　次に気づいた時は、GMの世界本社があるルネサンスセンター上階の幹部専用フロアから、デトロイトを一望していたのである。

歯に衣着せぬ物言いで知られる巨漢のボブ・ラッツは、二〇一〇年五月に七八歳（！）で退任したが、その足跡は自動車産業の歴史に長く刻まれるだろう。ラッツはスイスに生まれ、アメリカ海兵隊などを経てGM入りした。毒舌で知られる彼は、二〇〇八年には地球温暖化論を「まったくの絵空事」と切って捨てた。

ラッツはさまざまな事柄に一家言あり、進んで自分の意見を公表する性質《たち》であるため、早くも二〇〇四年にブログを書きはじめた。「ファストレーン（追い越し車線）」と題したそのブログは、GMがソーシャルメディアの世界に足を踏み入れる道を開いた。

彼はわたしにこう語ってくれた。「CEOほか、企業のリーダーにとって、コミュニケーション以上に重要な仕事はありません。われわれは自社のブランドや製品の象徴なのですから」

ソーシャルメディアの話題を振ったところ、ラッツは滔々《とうとう》と持論を披露しはじめた。わたしはただ背筋を伸ばして聞き入るだけでよかった。

「ゼネラルモーターズについて一点、アメリカ人の多くから反感を持たれている理由を述べますと、象牙の塔にこもってお高くとまった集団だと思われているからです。……わたしどもは、そういう見方を気にかけていません。ただ、自分たちの考えるGMのあるべき姿を目指して行動するのみです。人々とつながることで世の中の先入観を打ち消し、メールに返信し、ブログを書き、ツイッターでつぶやき、ユーチューブに動画を投稿するといった取り組みをすればするほど、自分たちの実像を伝え、信頼を勝ち取り、身近な存在と見なしてもらえるでしょう。顔の見えない組織人としてではなく、『いい仕事をしよう』と汗を流す生身の人間として受け止めてもらえるのです」

ボブ・ラッツとマイケル・ムーアの対談をぜひ拝聴したいものだ。

リアルタイム・コミュニケーションを利益につなげる

イメージが好転すればGMも嬉しいだろうが、それ以上に、容易には上がらない利益を押し上げる効果が生まれている。では、GMはインターネットをどう収益改善に活かそうとしているのだろうか。

GM幹部の話では、消費者がブランドや車種を選ぶ際に何より物をいうのは友人や家族の意見だという。こうした影響力を築くのがソーシャルメディアを活用するうえでのGMの主眼である。

GMは従業員や満足した顧客の前向きな意見を糧にして、メッセージを「民主化」しようとしている。信頼できる情報源からもたらされる偏りのない意見の力を活かそうというのだ。

このため新生GMのマーケティング・モデルでは、リアルタイムのクチコミ——友人や家族がクルマについて語る内容、あるいはネット上に書き込む内容——が従来と同じく決定的に大きな意味を持つ。この章の冒頭で紹介した、消費者の意見が大切だという昔ながらの発想、わたしたちが常日頃から話題にしている発想を、GMもはっきり理解している。だが、人々がネット上で個人的に発信するアイデアもまた、乗用車やトラックの販売を考えるうえでとても興味深い切り口を与えてくれる。

巨額を投じた広告はもはや単独で展開されるのではない。GMにとってこれは、認知度や関心を高め、人々の足をショールームに向かわせ、願わくは新車を購入してもらうための多彩な手法の一環なのだ。

わたしはGMがこれを実践する様子を、二〇一〇年三月にテキサス州オースチンで開催されたSXSWで目の当たりにした。SXSWのスポンサーであるGMは、来場者に電気自動車の新型シボレー・ボルトをお披露目し、試乗の機会まで用意したのだ。電気自動車の登場がしきりに話題になっていたところに、シボレー・ボルトは発売前だったから、人々の好奇心はいやがうえにも高まった。近くの試乗コースとのあいだをシャトルバスが運行し、大勢が試乗を楽しんだ。本格的な販売促進ははじまっていなかったから、SXSWにボルトが登場したのはいわば、この革命的な車種のお披露目パーティーのようなものだった。

ボルトを目にしたり、試乗したりする機会は以下のような成果につながった。

- 一万三四四〇ツイート。
- 一二一六件のブログ投稿。
- 一二六八件の投稿（コメント、写真、動画など）。
- フェイスブックとChevySXSW.comのページビューが合計三万三五〇〇件。
- ChevySXSW.comへの利用者による好意的なコンテンツ投稿が三〇〇件超（うち二五〇件超は動画）。
- SXSWの開催月はツイッター・アカウント（@Chevrolet）のフォロワー数が六八％の増加。
- シボレーのフェイスブックページのファン数が八七六四人増加。
- USAトゥデー、アドエイジ、アドウィーク、ブランドウィーク、シャーロッテオブザーバー、デトロイト・フリープレス、WXYZ‐TV、オースティン・アメリカン・ステーツマンほか、二五〇超の既存メディアによる取材記事。

GMのバーガーは「これらは短期的な成果を示すものにすぎません」と語る。リアルタイムのやりとりを活性化させる究極の目的は、ボルトが発売になった暁に多くの人々にGMのショールームを訪れてもらうことだ。「素晴らしい数字が揃いました。当面の成果、シボレーの存在感の高まり、人々とのつながりには感激しています。ですが、ＳＸＳＷが掛け値なしの成功といえるかどうかは、あと数カ月しないと分かりません」

リアルタイムで始動する

ＧＭのようなとてつもなく巨大な既存組織にリアルタイム対応を身につけさせるには、凄まじい努力が必要である。新興企業を初日からリアルタイムで稼働させるのとはわけが違うのだ。「インターネットの影響まで事業のスピードは根本から変化している」と語るのは、インターネット・マーケティング企業ハブスポットの共同創業者兼ＣＥＯ、ブライアン・ハリガンである（彼はわたしにとって、『グレイトフル・デッドにマーケティングを学ぶ』の共著者でもある）。「わが社はネットが普及してウェブが空気のような存在になった時代に創業したから、独自の経営手法を用いている。命令や統制を行うのではなくて、最前線の人材に大きな権限を与えている。そのためには、採用、昇進、社内の序列などの制度も改めることになる。信頼や裁量のありかたが、たいていの企業とはまったく違うんだ。これはリーダーにとって大きな意味を持つ」

多くの企業は「幹部室のドアを開放する方針を取っています」と宣伝するが、ハブスポットではドアそのものを設けない方針なのだ。ＣＥＯでさえも個室を持っていない。「誰もがアイデアを持って顔を見せにくることができると、組織の階層が実際よりも少ないように感じる。個室をあてがわれてその外では秘書が門番のような役目を果たしているようではダメ。そうでなければ、その時々の状況に即応できる」

ハリガンはハブスポットを経営するにあたって、ネットとのつながりを絶やさないリアルタイムの事業運営を心がけているため、仕事とプライベートの境界があいまいになり、休暇をめぐる方針を撤廃した。各自が必要だと思った時に休むようにしたのだ。「父の時代には、みんなが朝九時から夕方六時までオフィスで仕事をしていた。少しも融通が利かず、オフィスにいないと仕事にならなかった。けれどうちの従業員はｉＰｈｏｎｅを持っているし、週末でさえいつもネットにつながっている。日曜日に自宅で仕事をすることもあるのに、週日に休む際には休暇を申請しなくちゃいけないのは、すごく馬鹿げているように思えてきた。休暇についての方針すべてが滑稽に見えるから、『いつでも取りたい時に休暇を取ってくれ。みんなを信頼しているから』と言ったんだ。命令や管理はいらない。それよりも、みんなを信頼して裁量を与え、最前線の人に判断を任せてリアルタイム対応を実現できるかどうかが肝心だろう」

ハブスポットは、もっぱらスクラムというアジャイル開発手法を用いている。「従来の手法は『ウォーターフォール』と呼ばれている。ウォーターフォール手法では、詳細をきわめた仕様を作成して、その仕様に沿って一年くらいかけてソフトウェアを開発する。ところがいまの事業環境では、その一年のあいだに、求められる中身が大きく変わってしまうから、出来上がったものは市場からまったく受け入れられない。スクラムはまったく逆だ。詳しい仕様やプランは決して書かない。代わりに毎月『スプリント』を行う。つまり、製品マネジャー、設計者、何人かの開発者からなる四、五のチームが製品要求条件《プロダクトバックログ》を作成する。何を開発するかを決めるにあたっては、スプリントの前日までに一〇回くらいは考えを変える。これは秀逸な手法だ。なぜなら、競争環境はリアルタイムで変化しているからね。顧客から新しい情報が入ったら、たちどころに対応できる」

ハリガンからスクラム手法によるソフトウェア開発の話を聞いた時、わたしの胸は躍った。わたしがコミュニケーション分野で探求してきたのとぴたりと重なる原則が、製品開発の分野でも用いられていたのだ！　マーケティング計画を練るには、従来の手法では恐ろしいほど長い時間を要していたが、ソフトウェア開発でもそれは同じだったのである。どちらの領域でも、時間がかかる分だけチャンスは遠のくわけだ。

ハリガンによれば、ハブスポットの事業はスピードが命であるため、スクラム手法は社内の他部門にも広まっているという。「いまではマーケティング部門もこの手法に倣っている。一年をかけてプランを練ったうえで長期間のマーケティング・キャンペーンを展開するのではなく、すべてを月単位のスプリントで行うんだ。学習とできるかぎりの試行をして、それから調整をはかる。スプリントと次のスプリントとのあいだに何度となく方針を変えて、たいていは次のスプリントの前夜に固める。うちのビジネスを回していくうえでは、素早く動くという発想がとにかく重要だ」

ハリガンがハブスポットで実践するリアルタイム経営は確実に成果をあげている。「うちみたいな会社で働きたい、という人は多いみたいだ。うちは従業員に大きな権限を与えてリアルタイムで判断を下していて、指揮命令型の綿密なプランニングはしていないからね。だから、優秀な人材が集まってくる。四年前にたったふたりで起業したのに、いまでは三〇〇人の所帯になった。顧客ゼロから出発したのが取引先は五〇〇〇にもなった。去年は事業規模が三倍になって、今年も同じくらいの成長を見込んでいる」

ハリガンが実践するリアルタイム経営は、間違いなくハブスポットに成果をもたらしているし、投資家も注目している。二〇一一年三月には、史上初めてベンチャーキャピタル大手のセコイア・キャピタルとグーグル・ベンチャーズにセールスフォース・ドットコムを加えた有力三社が揃って投資を行い、シリーズDの投資ラウンド（ベンチャーキャピタルによる投資段階のひとつ）でハブスポットに三二〇〇万ドルを増資した。また、ハブスポットは『ボストン・ビジネス・ジャーナル』からボストン地域の最も働きやすい企業（中規模企業部門）に選ばれ、授賞式ではこう称えられた。「ハブスポットでは独特の企業文化に刺激されて、形式張らないが目まぐるしい環境のなかで革新的なアイデアが生まれています。……それが多様なチームメンバー間の協働や結束を醸成しています。不満を持った社員を見つけるのは至難の業でしょう」

考えてほしい！　どうすれば**あなたの会社**は、市場の変化にすぐに対応できるよう従業員に権限を与えて、迅速性を高められるだろうか？　これが実現すれば、従業員の満足度も高まるだろう！

打てば響くような対応に関しては、これから紹介する最後の例を考えてほしい。今シーズンの大きな売上機会が水の泡となり――いやむしろ灰になり――珍妙な状況に置かれてしまった時、あなたなら、この事例に登場するロック・スターよりも素早く活路を見出せるだろうか?

火の粉が降りかかるなか一気に突破口を開く

アマンダ・パーマーはドレスデン・ドールズのリードボーカル。パンクキャバレー分野のソロ活動もしているが、ツイッター(@amandapalmer のフォロワー数は五〇万人を超える)、ブログ、フェイスブック、マイスペース上での熱心な書き込みでも知られる。彼女はファンと即時性の高いコミュニケーションをするためにツイッターを使っていて、ファンからの質問や意見に頻繁に答えている。パーマーはわたしにこう語ってくれた。「ツイッターは独特なツールよね。とても気軽に使えて、娯楽の場でおしゃべりをするような雰囲気があるから。……メーリングリストに登録したファン全員に、ひとりひとりを意識せずに一律のメッセージを送るのとは違う。大勢のファンと同じ部屋にいて、『こちらに行きましょう』って言葉をかけるようなものだわ」

パーマーはツアー中も、ファンの心をリアルタイムでひとつにするためにツイッターやブログを活用する。「たとえば『このバーで即席コンサートをやるわ。みんな来て、無料だから』とか『チケット発売。すぐに買ってね』なんて書くわけ」。彼女はこうした即席パフォーマンスを『忍者ギグ』と呼んでいる。ロサンゼルスでお忍びギグを開催するとツイートした時は、五時間後に三五〇人のファンが倉庫に集結して、ピアノ演奏に聴き入ってくれた。

パーマーはウェブキャストも活用していて、手持ちのさまざまな品をオークションにかける。最新プロモーション・ビデオの撮影に使った小道具。手書きの歌詞。果ては空のワインボトルのような、自分のアパートメントから無造作に持ってきた品まで。「何と空きボトルに数百ドルの買い値がついたのよ！」と言って彼女は笑った。「でも、大切なのはモノそのものよりも、わたしとつながろう、支援しようというファンの思いなの」

ファンとのつながりを愛する気持ちはデビュー当初から抱いていたという。「わたしは文字どおりひとりずつファン層を広げてきたわ。空港との往復のような移動時には、誰かヒッチハイクさせてくれないかってツイッターに書くの。この『ツイッチハイキング』はお金の節約になるばかりか、大勢の人と知り合うきっかけになる。効果はバッチリ！　もっとも、物怖じしない度胸と信頼できるファン層が必要だけどね。どこの町へ行っても、練習用キーボードをホテルの自室用にレンタルする代わりに、地元の人から借りて、五〇〇ドルくらい節約している。宿泊費まで切り詰めているわ。サンフランシスコでは、一泊六〇〇ドルのスイートに一週間、一五〇ドルで泊まらせてもらった。ツイッターで『安上がりな方法を教えて』ってつぶやいたら、ホテルの支配人をしているファンが返事をくれたの。ファンは**喜んで**力になってくれる」

これらのアイデアが浮かんだのは二〇一〇年四月、コンサートのためボストンからグラスゴーへ赴く途中、乗り継ぎでアイスランドのレイキャビクにいる時だった。乗り継ぎ時間は四五分のはずだった。

この日はアイスランドのエイヤフィヤトラヨークトル氷河の火山が噴火して空中に大量の火山灰を撒き散らしたせいで、ヨーロッパから大西洋一帯にかけての空の交通がマヒした。パーマーが搭乗する予定だった便も欠航になり、ヨーロッパでの予定は一瞬にして白紙に戻った。

こうした知らせに接して航空会社からホテルの宿泊券を手渡されたら、おそらく大多数の人は、バスに乗り込んでふくれっ面でホテルへと向かうだろう。しかし、アマンダ・パーマーは違う。

レイキャビクで足止めされた彼女はツイッター上でつぶやいた。すると世界中の人々からたちどころにアドバイスが届いた。「アイスランド出身の歌手ヘラ（@herasings）がニュージーランドからつぶやいて、幼なじみを紹介してくれたわ。そしてまるで魔法のように、ホテルまでクルマで送ってくれる人が現れた。お陰さまでギュウギュウ詰めのバスに乗らずにすんだわ。その人とはものの数分で友だちになれた」パーマーはいくつかの景勝を眺め、地熱温泉《ブルーラグーン》に浸かってリフレッシュし、夜が更けないうちにホテルに着いた。

そしてレイキャビクで迎えたその晩、忍者ギグを敢行しようと思い立った。「ボブという名前のアイスランド人がわたしのツイートを見て、ナイトクラブと楽器を探してくれたの」。ギグの開催はすぐに本決まりになり、パーマーはクラブの住所を添えて「九時にここに集まって」とつぶやいた。

「レイキャビクの街に繰り出したわ。わたしは街の雰囲気に接して、『@amandapalmer のギグに行きたいけど、たぶん満員だろうな』などとツイートする孤独なアイスランド人を元気づけようとした。来てくれるのはきっと六人くらいじゃないかしら、ってね。ギグは二時間半くらいつづけた。ほとんど全曲がリクエストよ。最終的には一〇〇人近くが聴きに来てくれた。わたしはウォッカを六杯飲んだけど、お代は要りませんて言われた。終演後は、バーの奥でアイスランドを代表する英語紙から予定外のインタビューを受けたわ。誰かからこっそり拝借して、一カ月ぶりにタバコをくゆらせながらね」

彼女はただものではない！　朝方は異様な自然災害のせいで、こともあろうにアイスランドのレイキャビクなどという見知らぬ土地の空港で立ち往生した。何とも予想のつかない異例の事態ではないか。ところが彼女は少しも動揺せず、夜には地元の人でさえ準備に何週間もかかるはずのコンサートを実現していたのだ。

ツールが活きるかどうかは発想しだい

この本で最初から繰り返し述べているように、**肝心なのは発想**である。わたしは、ツールを使う際のさまざまな発想をいくつもいくつも紹介してきた。発想とツールをうまく活かしてリアルタイムで人々とつながった事例を取り上げたのだ。

アマンダ・パーマーは、慎重に練り上げたプランが空中分解してしまった場合に、考え方しだいでどう事態を切り抜けられるか、鮮やかな手本を示している。リアルタイムの発想をお手のものとする彼女は、夕方にはプラン全体を完全に組み替えていた。それができたのは、新しいツールを使いこなしたからだ。支援者とつながり、その場で現地の人脈を築き、創意工夫によって大勢の力を得る――これをリアルタイムで成し遂げた。しかも、ウォッカ六杯の無料サービスまで勝ち取ってしまった。

さあ、今度はあなたの番だ。あなたに追い風が吹きますように。

謝辞

最初に断り書きを。わたしはアドバイス、セミナー講師、有料講演などの活動もしており、執筆活動とテーマが重なるため、どうしても利害の衝突が避けられない。この本、ブログ、講演では、友人の属する組織を取り上げる場合もあるし、この本で紹介した数社を対象にセミナーや助言を行ってきた。

ジョン・ワイリー&サンズの発行人マット・ホルトと編集者シャノン・ヴァーゴは、本書ほか何冊もの著書を世に出すうえで専門的な立場から相談に乗ってくれていて、いまでは友人である。同じくジョン・ワイリー&サンズのキム・デイマン、デボラ・シンドラー、ピーター・ナップ、エレイナ・シャルマン、ロリ・セイデ＝メーテンズの支援に謝意を示したい。

全体の構成を見直す助けをしてくれたジョン・ハリスには、ことのほか感謝している。彼の提案がなければ、これほど面白い本にはとうていならなかっただろう。

ダウジョーンズのデニス・デイリーは、一部図表の元データを提供してくれた。その図表をデザインしてくれたのはダグ・エイマーである。

妻の由佳里と娘のアリソンにとりわけ深い感謝を。ふたりはわたしの仕事を支えてくれるばかりか、わたしが締め切りに追われていたり、世界のあちらこちらを講演に飛び回ったりしているあいだも、理解を示してくれている。

解説

楠木 建

とにかく猛烈に忙しい本である。

マーケティングにかぎらず、戦略の策定や計画の立案の基本は「5W1H（How muchを加えれば+1H）」に答えることである。そのなかで本書は徹底的に「When（いつ）」に焦点を合わせている。その答えは至ってシンプル。「いますぐ」である。『リアルタイム・マーケティング』というタイトルは伊達ではない。

この種の先端的なビジネス手法を扱った本には「将来はこうなる」という未来予測を記述したものが多い。しかし、本書はそうしたスタンスをとらない。情報技術の発達によって人々がリアルタイムに反応できるような状況にすでになっているのだから、企業も「いますぐ」に対応すべきだ、というまことにストレートな主張である。本書ではこうした主張を裏づける多くの事例が紹介されており、「いますぐ」何をするべきか、「いますぐ」どうするべきかについての実用的なアイデアも満載である。とにかく最初から最後まで「いますぐ」であり、読んでいるだけで何やら忙しくなってくる。

本書は、デイヴィッド・ミーアマン・スコットによる『Real-Time Marketing & PR』の全訳である。著者はマーケティングやPRについてのストラテジストであり、プロの講演者として活動している。これまでに『マーケティングとPRの実践ネット戦略』や『グレイトフル・デッドにマーケティングを学ぶ』（共著）が日本語訳されている。

著者の「いますぐ」という主張を象徴する事例が、冒頭にあるユナイテッド航空の話である。デイブ・キャロルというミュージシャンが、ユナイテッド航空の飛行機で移動したところ、大切なギターを粗末に扱われ、壊されてしまった。同社のサービスセンターに何度も訴えたが、たらいまわしにされ、取り合ってもらえなかった。そこで、頭にきたデイブは『ギターを壊すユナイテッド航空』という曲を作り、それを歌う動画をユーチューブに投稿する。すると、その動画が爆発的な広まりを見せ、テレビや新聞などのメディアを席巻する。ある楽器ケースメーカーは、この盛り上がりに即座に反応し、「デイブ・キャロル仕様旅行用ギターケース」を発売するという動きをとる。それでもユナイテッド航空は公には謝罪しなかったのだという。

この、ものすごいスピードで進む〝ジェットコースター・ストーリー〟で明らかなように、リアルタイムに対応してチャンスをつかんだ人もいれば、対応しなかったがために大失敗をやらかした企業もある。問題にされているのは常に時間軸である。時間の次元でスピードを極限まで早めることの重要性が、これでもかというほど数多くの事例で強調されている。

本書に含まれているさまざまな事例や手法に通底している本質は、「時間（より正確に言うと、反応時間）のコモディティ化」であるというのが私の見解である。商品やサービスの多くがコモディティ化しているといわれて久しい。情報技術の進歩により、情報もコモディティ化していく。この本が興味深いのは、情報技術が進むにつれて、情報そのものだけでなく、時間までもコモディティ化してしまうという現実に正面から向きあっているという点にある。

これまでは、「反応時間の早さ」は、それなりの技術やノウハウがある企業や人だけが実現できたものだった。ところが、情報にかぎって言えば、ソーシャルメディアなどの情報技術をフルに活用すれば、安価にかつ大量の人に向けて、誰でも即座にさまざまな手が打てるようになる。これが時間のコモディティ化である。

かつては、『タイムベース競争戦略』（1993年、ダイヤモンド社、原題：Competing Against Time）で考察されていたように、反応時間の早さは貴重な競争優位の源泉であった。たとえば、トヨタやホンダなどの日本企業は、マーケットへの反応を早めることで、「時間」を競争の優位に使っていた。リードタイムを短くすることで相手よりも有利な状況を作り出すという戦略である。

リアルタイムということは、リードタイムがゼロだということを意味している。これは行き着くところまで行き着いた世界である。宅配ピザにたとえると、それまで一時間かかっていたのが、三

○分で届くようになり、地域によっては一五分となるように、反応時間を短縮するほど競争上の優位になる。ところが、「リアルタイム」であれば、電話した瞬間にピザが届くわけで、話はここで終わりである。これ以上の早さはない。反応時間にマイナスはないからである（しいて言えば、「電話する前にピザが届く」というのは反応時間がマイナスであるけれども、わりと迷惑な話である）。

もちろんピザやクルマといった物的な商品であれば、反応時間がゼロになるのは不可能である。しかし、マーケティングやPRの担当者にとってカギとなる「情報」について言えば、リアルタイムの世界が現実になっている。情報で完結しない商品やサービスについても、要する反応時間の多くの部分は情報の出入りに左右される。情報の出入りがリアルタイムになれば、全体として要する反応時間も格段に短くなる。前述したユナイテッド航空の例では、デイブ・キャロルの動画がブレイクした時に、彼が使用しているギターのメーカーは、すぐさま、移動の際にギターをどう荷造りして運べばいいかを解説した動画を投稿し、注目を集めている。「デイブ・キャロル仕様旅行用ギターケース」をたちどころに市場化するメーカーも出てくる。そうした手法や成功事例については、本書でふんだんに紹介されている

ただし、である。「リアルタイム・マーケティング」の手法が十全に機能し、現実のビジネスのなかで成果に結実するためには、その背後にあるロジックをじっくり考えてみる必要がある。本書を深読みすれば、少なくとも次の三つの論点を詰める必要がある。

まず初めに、デイブ・キャロルの動画である。彼の動画はなぜここまで注目を集めたのだろうか。時間がコモディティ化している状況では、誰でも即座にユーチューブに動画をアップすることができる。ユーチューブに毎日、多種多様な情報が膨大に上がるという成り行きである。時間がコモディティ化した世界では、供給側が情報を供給する（具体的にはユーチューブにアップする）ことは簡単である。ところが、この話は需要側の反応を見落としている。無数にある動画のなかから、なぜ多くの人がデイブの映像を見たのだろうか。なぜ数多くのほかの動画は注目を集めなかったのか（こちらのほうが何万倍も多い）。すぐには答えの出ない問題である。

実際には、このデイブ・キャロルだけではなく、航空会社のサービスの不手際でギターが壊されてしまった人は、ほかにも多くいただろう。さらに、頭にきて、自分が歌を歌った映像をユーチューブ上で発表した人もいたかもしれない。デイブ・キャロルは「氷山の一角」にすぎない。海のなかに沈んでいる部分のほうが大きいのである。なぜ、多くの注目されなかった人たちが海のなかに沈み、彼が一角になったのであろうか。デイブは別に、メジャーなミュージシャンではなかったのである。

ふたつ目は、本書で繰り返し出てくる「正規分布の法則」。これは、ある出来事が注目を集めた時に、時間の経過を横軸に、人々が話題にした回数を縦軸にとると、正規分布の釣鐘曲線になるというものである（第3章参照）。マーケティングやPRの担当者がリアルタイムに対応しても、話題にならなければ、このような正規分布は現れない。どうすれば話題になるか。それがそもそも需要側（情報の受け手）の反応に依存しているというのが第一の論点だった。

仮に情報の受け手がうまく反応して、その反応が正規分布になったとしよう。ところが、ただ釣鐘曲線ができればいいというわけではない。釣鐘曲線の形をとるということは、猛烈な口コミで曲線が早く立ち上がったとしても、それだけ人々から忘れ去られる時間も早くなるということだ。一瞬だけ話題になって、一週間後にはみんな忘れてしまうのであれば、あまり商売になりそうもない。つまり、本当の意味での価値は、曲線の立ち上がり部分の微分値の大きさではなく、曲線全体を積分した面積なのである。ゆっくりと立ち上がって、長引いたほうが面積が大きくなる場合も少なくないだろう。競争優位を獲得することと、優位を持続させることは違う。商売の鍵は、いまも昔も、情報技術があってもなくても、「持続可能性」にある。これも、リアルタイムにやるということだけでは答えが見えない論点である。

三つ目は、情報の出し手としての企業に関連した論点である。ありとあらゆる情報がリアルタイムで飛び交っている状況においては、企業がそれに対応するスピードが死命を制する。これが本書の主張である。そのためには、現在の話題を瞬時に把握しなければ、対応がおぼつかない。ところが、潜在的に対応するべき（かもしれない）情報というのは、無限にある。そのすべてにリアルタイムに対応することは不可能である。おそらく担当者を三億人くらい雇わなければならなくなる。そこまで多くなくても、中国共産党のネットの検閲のようなコストをふんだんにかけた体制を用意しなければならないだろう。ということは、いくら「リアルタイムに対応する」といっても、対応するべき情報と対応しなくてもよい情報、対応するべきでない情報とを瞬時に選別しなければならない。それは、「デイブの動画をみんなが見たのはなぜか」というひとつ目の論点と、ちょうど裏腹の関係になっている。どうやって対応すべき情報を取捨選択すればいいのかについては、やはり明確な答えはないのである。

例えば、第8章では、ネットで自社を話題にしている様子を目撃した時に、それに意見を寄せるか、やりすごすのかについて、どうやって判断すればいいのかという話がある。著者は、「誰が思慮深いか見極めろ」という、GMのソーシャルメディア担当ディレクターの言葉を紹介している。つまり、自社について話題にしているのが、「思慮深そうな人」であれば、たとえネガティブな話をしている時であっても、返答するのがいい、思慮深さを選択の基準にしろというのだ。

それまで、リアルタイムで対応しなければ企業は生き残れないという最新のマーケティングの手法について話をしてきたのに、どうやって情報を選別するかとなると、突然話が「思慮深さ」という古典的な基準に回帰する。このギャップが興味深い。思慮深さとは何か。これまた簡単には答えが見つかりそうにない問いだ。無数に飛び交う情報のなかからどうやってリアルタイムに対応すべき情報を選ぶのか。考えれば考えるほど、一筋縄にはいかない問題である。

ここでお話しした三つの論点、つまり、情報の需要側にいる受け手がなぜ特定の情報に注目し、そのほかの多くの情報に注目しないのか。どうすれば正規分布する反応曲線を積分した面積を大きくできるのか。どうやってリアルタイムに対応すべき情報を選別すればいいのか。これらの問題の背後にあるカギを一言でいえば、人間の「注意」である。

ノーベル経済学賞を受賞したハーバード・サイモンは、「インフォメーション(情報)」と「アテンション(注意)」を対にして考えるべきだ、という。なぜならば、このふたつはトレードオフの関係にあるからだ。「情報の豊かさは注意の貧困をもたらす」という名言を彼は残している。例えば、かつてメディアとしての活字が本しかなかった時、人々が一ページにそそぐ注意の量というのは、いまよりも一万倍くらいあったのではないかと思う。現在、インターネットでは、人は一ページに〇・五秒くらいしか注意を払わないですぐ次のページを見ようとする。百年前であれば、一冊の本には現在とは比較にならないほどの大量の注意がそそがれていたはずである。

情報を送り出すためのコストが大幅に減った結果、情報の供給量が結果として膨大になる。そうなると、ひとつの情報にそそぐ人間の注意は必然的に減少する。その理由は、人間の脳が処理できる情報のキャパシティには一定の制約があるからである。情報技術の発達に伴う情報量の増大に、人間の脳の処理能力がパラレルに増えていくのであれば何の問題もない。ところが、幸か不幸か(幸であると思うが)、人間の脳のキャパシティは、おそらく今後五〇〇〇年ぐらいかけても、たいして変化しないだろう。だから情報と注意のトレードオフは厳然として残る。これまでもこれからも、情報の豊かさは注意の貧困をもたらすのである。

デイブ・キャロルの動画が注目された一方で、話題にならなかった情報が大量にあったということは、人間の注意が、取捨選択のスクリーニング装置となっていたということにほかならない。膨大な情報量が飛び交っているなかで、的確に、かつリアルタイムに対応しようとしたら、人間の注意が物をいう。こればかりは情報技術では解決がつかない。解決がつかないどころか、情報技術が発達すればするほど、ますます手薄になるのである。

あらゆる物事がものすごいスピードで進む（進んでいるかのように見える）現代において、リアルタイムでマーケティングやPRに取り組むことは重要である。だがそれは、人間の注意というものがあってこそ成り立っている。人間の注意を無視しては、どんな手法もうまくいかないだろう。とても忙しい本である。しかし、それだけに、読み終えた後は本書の背後にある本質と論理をじっくりと考えなければならない。「急がば回れ」である。

著者紹介

デイヴィッド・ミーアマン・スコット

David Meerman Scott

オンライン・ニュースや電子商取引《eコマース》企業で幹部職を歴任し、買い手とリアルタイムでつながるための企業戦略に詳しい。現在はハブスポット、エロクアほか何社もの顧問を務めるかたわら、最前線のマーケティングとPRをテーマに世界中で講演を行い、企業、非営利団体、政府機関を対象にワークショップも開催している。

ビジネスウィーク誌のベストセラー『マーケティングとPRの実践ネット戦略』、『グレイトフル・デッドにマーケティングを学ぶ』（ブライアン・ハリガンとの共著）（ともに日経BP社）など著書多数。『マーケティングとPRの実践ネット戦略』の続編ともいえる本書は、リアルタイム時代に適応するための実践的なステップを紹介しており、ウォールストリート・ジャーナルのベストセラーとなった。

ウェブサイト　www.weblinknow.com
ツイッター　　@dmscott

解説者紹介

楠木 建（くすのき・けん）

一橋大学大学院国際企業戦略研究科教授
1964年生まれ。92年一橋大学大学院商学研究科博士課程修了。一橋大学商学部助教授および同イノベーション研究センター助教授などを経て、2010年から現職。専攻は競争戦略とイノベーション。著書に『知識とイノベーション』（共著、東洋経済新報社）、『ストーリーとしての競争戦略』（同）など。

訳者紹介

有賀 裕子（あるが・ゆうこ）

東京大学法学部卒業。ロンドン・ビジネススクール経営学修士（MBA）。通信会社勤務を経て翻訳に携わる。訳書に『ハーバード流ボス養成講座』（日本経済新聞出版社）、『つながらない生活』『トレードオフ』（プレジデント社）、『予測力』（朝日新聞出版）、『ブルー・オーシャン戦略』（武田ランダムハウスジャパン）、『コトラーのマーケティング講義』（ダイヤモンド社）ほか。

リアルタイム・マーケティング
生き残る企業の即断・即決戦略

2012年5月1日　第1版第1刷

著　者　デイヴィッド・ミーアマン・スコット
解　説　楠木 建
翻　訳　有賀裕子
発行者　瀬川弘司
発　行　日経BP社
発　売　日経BPマーケティング
〒108-8646
東京都港区白金1-17-3 NBFプラチナタワー
TEL 03-6811-8650（編集）
TEL 03-6811-8200（営業）
http://ec.nikkeibp.co.jp/
装　丁　東京ピストル
制　作　アーティザンカンパニー株式会社
印刷・製本　株式会社シナノパブリッシングプレス

Printed in Japan　ISBN 978-4-8222-4904-5